21 世纪高职高专财经类能力本位型规划教材
会计专业教学改革教材

预算会计

主　编　冯　萍
副主编　梁　亮

北京大学出版社
PEKING UNIVERSITY PRESS

内容简介

本书依据现行的《财政总预算会计制度》《行政单位会计制度》《事业单位会计制度》《事业单位会计准则》以及财政部最新颁布的《政府收支分类科目》的一系列知识编制而成。本书本着适应改革、积极稳妥、循序渐进的原则，进一步强化学生职业思想、职业道德和职业素质；本着以“项目为导向”的宗旨，具有前沿性、应用性和可操作性。本书内容新颖全面，结构严谨，实用性案例丰富，基本达到了集“理论课程实务化、实务课程实践化、实践课程整合化”为一体的目标。

本书可作为高职高专培养会计人才必备的实用教材，还可以作为业余培训和从事财政总预算、行政单位和事业单位各部门会计人员的资金核算、资金监督和资金管理等工作的参考用书。

图书在版编目(CIP)数据

预算会计/冯萍主编. —北京：北京大学出版社，2012.5

（21世纪高职高专财经类能力本位型规划教材）

ISBN 978-7-301-20440-5

Ⅰ.①预…　Ⅱ.①冯…　Ⅲ.①预算会计—高等职业教育—教材　Ⅳ.①F810.6

中国版本图书馆 CIP 数据核字（2012）第 055772 号

书　　名： 预算会计
著作责任者： 冯　萍　主编
策 划 编 辑： 赖　青　李　辉
责 任 编 辑： 李　辉
标 准 书 号： ISBN 978-7-301-20440-5/F・3131
出　版　者： 北京大学出版社
地　　址： 北京市海淀区成府路 205 号　100871
网　　址： http://www.pup.cn　http://www.pup6.cn
电　　话： 邮购部 62752015　发行部 62750672　编辑部 62750667　出版部 62754962
电 子 邮 箱： pup_6@163.com
印　刷　者： 三河市博文印刷有限公司
发　行　者： 北京大学出版社
经　销　者： 新华书店
787mm×1092mm　16 开本　20.5 印张　480 千字
2012 年 5 月第 1 版　2016 年 7 月第 2 次印刷
定　　价： 39.00 元

前　言

预算会计是我国两大会计体系之一，是国家预算管理、行政单位和事业单位财务管理的一项基础工作，是会计学领域中的一个重要组成部分。

随着财政制度改革的进一步深化，预算会计改革也不断地向前推进。以当前三年制高职理念培养目标为指导，本书突出以职业能力培养为重点，以案例为导向，紧扣改革新形势，新制度，在书中插入各种案例、图表，实用性强，有利于培养高职学生知识应用、技能掌握、职业意识、协调创新的复合型职业能力，可实现由单纯的专业技能拓展向综合职业素养提高的转变，也充分体现高职教育的职业性、应用性和实践性的全面结合等特点。

本书依据现行的《财政总预算会计制度》《行政单位会计制度》《事业单位会计制度》《事业单位会计准则》以及财政部最新颁布的《政府收支分类科目》的一系列知识编制而成。本书本着适应改革、积极稳妥、循序渐进的原则，进一步强化学生职业思想、职业道德和职业素质；本着以“项目为导向”的宗旨，具有前沿性、应用性和可操作性。本书内容新颖全面，结构严谨，实用性案例丰富，基本达到了集“理论课程实务化、实务课程实践化、实践课程整合化”为一体的目标。本书可作为高职高专培养会计人才必备的实用教材，还可以作为业余培训和从事财政总预算、行政单位和事业单位各部门会计人员的资金核算、资金监督和资金管理等工作的参考用书。

本书编写具有如下特点。

(1)“项目导向”的编写结构。充分体现预算会计的工作过程特点，激发学生适应职业变化和努力学习的潜能，有利于学生职业能力的培养。

(2)“仿真性强”的会计资料。符合预算会计单位的工作实际，提高学生从事预算会计工作和理财工作的能力，有利于学生职业能力的培养和职业迁移能力的顺利发展。

(3)“理论实践一体化”的教材体例。以理论够用为度，立足实务操作能力的训练，有利于培养学生的动手能力和应对智慧，强化理论实践一体化的教学效果。

(4)“集先进性于一体”的课程设置。预算会计课程专业性非常强，本书吸收了先进的教学手段和方法，以项目教学为主线，集案例教学、问题教学、启发式教学和引导式教学法于一体编写，以增加学生的感性认识，启迪学生的科学思维，注重理论联系实际，提高教与学的效果，也充分体现高职教育的前瞻性。

(5)“整体性协调”的教材设计。每个项目编有学习目标、案例导读、项目小结和职业能力训练，充分调动学生学习的主动性和积极性，便于学生学习重点和难点，有利于提高学生的学习兴趣，起到课后巩固提高的促进作用。

本书课后职业能力训练配有参考答案和提供立体化教学资源，方便教师教学和学生自学。

教学建议

根据教育部制定的培养目标，结合高等院校人才培养计划和目标而制定。在教学中一切从学生实际出发，以学生为主体，充分调动学生学习的积极性和主动性。课堂采用多媒体教学，同时结合实物和现代先进的教育技术，以增加学生的感性认识。紧跟当前形势适当引入新的教学案例启发学生科学思维，注意理论与实操相结合，考核手段与教学方法相结合，课堂提问、学生作业和平时测验与考试情况相结合等，以综合评价学生期末成绩。

课时分配

序号	课程内容	总课时数	理论学时	课内（实践）学时
1	预算会计概述	2	2	
2	财政总预算资产的核算	3	2	1
3	财政总预算负债与净资产的核算	3	2	1
4	财政总预算收入的核算	3	2	1
5	财政总预算支出的核算	3	2	1
6	财政国库集中支付业务与预算外资金财政专户会计核算	3	2	1
7	财政总预算会计报表	4	2	2
8	行政单位资产的核算	3	2	1
9	行政单位负债和净资产的核算	3	2	1
10	行政单位收入和支出的核算	3	2	1
11	行政单位会计报表	4	2	2
12	事业单位资产的核算	3	2	1
13	事业单位负债和净资产的核算	3	2	1
14	事业单位收入和支出的核算	4	2	2
15	事业单位会计报表	4	2	2
合　计		48	30	18

本书由广东茂名职业技术学院冯萍担任主编，提出编写构思，并进行统稿和审稿；由广东茂名职业技术学院梁亮担任副主编。具体分工为：前言、项目1、项目2、项目3、项目4、项目5、项目6、项目7由冯萍编写；项目8、项目9、项目10、项目11、项目12、项目13、项目14、项目15和附录由梁亮编写。

本书在编写过程中参阅了大量的相关论著、文献和资料，在此谨向有关作者表示感谢和致敬。同时，感谢学界和实务界专家的关心、支持、帮助和指导。

教材编写是一项严肃而认真地工作，尽管编者付出了很大努力，但由于水平有限，编写时间仓促，书中难免有不足之处，恳请广大读者批评指正。

编　者

2012年1月

目　　录

第一部分

总论与财政总预算会计

项目1 预算会计概论

学习目标

(1) 了解预算会计的产生；
(2) 熟悉预算会计要素的概念和分类；
(3) 明确预算会计的组成体系、记账方法、会计凭证和会计账簿的分类；
(4) 理解预算会计的一般原则和预算会计假设；
(5) 掌握会计等式的平衡原理和预算会计的基本核算方法。

案例导读

某市财政总预算单位经公务员招考，录用一名某财经大学会计专业的高材生李萌萌，该单位的性质属于财政拨款，也是当代大学生梦寐以求的好单位，李萌萌非常满意。她决心刻苦钻研业务，好好表现自己，决心在工作之余努力学习，争取早日通过资格考试实现自己的目标——考取会计师。同时，也要尽快成为单位的骨干。为此，李萌萌非常自信，自认为有很多优势，自己是会计专业毕业，毕业前还在一家会计师事务所实习了几个月，为此李萌萌信心十足。后来，经过单位的会计岗前培训以及会计仿真操作，李萌萌有种失落的感觉，新的工作具有一定的挑战性，李萌萌感慨地说：真不容易啊！

【讨论】 分析说明李萌萌这样说的主要原因。

【解析】

根据李萌萌刚到单位的表现，真的非常自信，也非常陶醉，后来为什么她要说真不容易呢，主要原因有如下几点：一是学校学习的课本理论知识与所在单位的会计岗前培训以及会计仿真操作有一定的距离。并非她想象得那么容易，确实需要有一段时间去磨炼；二是财政单位的会计与会计师事务所实习会计的内容有很多不同。在学校学习的专业知识不但要全面、细致，而且还要学会融会贯通处理问题。这样，在今后工作中才能得心应手；三是在校实习实训是简单的业务操作，是某个单元的实训操作过程，感觉容易，而在单位会计岗前培训及会计仿真操作的业务是全面而复杂的，还要受到很多会计原则和会计制度的限制，只有通过亲身经历才感觉到问题的存在；四是李萌萌刚刚步入社会，接触工作，对企业的会计准则、会计制度和会计特点与财政单位预算会计的会计准则、会计制度和会计特点等概念的理解不是十分清晰。所以，在单位会计岗前培训以及会计仿真操作时李萌萌才感觉很难。如果李萌萌经过一段时间的努力学习，把自己在学校里没学透的知识学透，在工作中虚心向同事们请教，及时纠正自己的学习及工作态度，积累一定的工作经验。相信李萌萌在今后的工作中，难题就迎刃而解了。

1.1 预算会计

1.1.1 预算会计的产生

会计是人类社会生产发展到一定阶段的产物，也是随着组织和管理的客观需要而产生、发展和不断完善的。早期预算会计又称“官厅会计”，主要用于记录官府税赋收支，是实现国家财政管理的基本手段。官厅会计始于西周时期。到了民国时期，北洋政府财政部下设会计司，主管总预算决策、会计事项与会计工作。新中国成立以后，预算会计宣告诞生。预算会计是以预算管理为中心的宏观管理信息系统，是核算、反映和监督中央与地方各级政府预算以及行政事业单位收支预算执行情况的会计体系，这个体系包括财政总预算会计、行政单位会计和事业单位会计等。

预算会计以国家预算为基础，也是国家的年度财政收支计划，和国家预算有着内在联系。国家预算的执行必须依赖预算会计为记录、核算、反映和考核。没有预算会计为其服务，国家预算就不能顺利执行。预算是预算会计工作的依据，离开预算，预算会计就失去了灵魂。各级国家预算的编制和确定，只是整个预算工作的开始，各级政府要据以组织收入和安排支出。要执行国家预算收支任务，就必须认真地搞好国家预算的执行和管理工作。

特别提示

预算的执行和管理，是一项经常的、艰巨的和十分复杂细致的工作。要搞好这项工作，实现国家预算收支任务，就必须借助预算会计这个重要的经济管理工具。

1.1.2 预算会计的概念

预算会计是国家预算管理的重要组成部分，是以预算管理为中心的管理信息系统与管理活动，是核算、反映和监督各级政府财政总预算、行政事业单位的预算资金运动过程及其结果的专业会计。要正确把握这一概念，就必须理解以下内容：预算会计以预算管理为中心，为预算管理服务。预算会计中的“预算”二字，不仅指国家财政预算，同时也包括受约束的行政、事业单位预算。随着社会主义公共财政管理机制的逐步建立和完善，预算会计也不断发展变化，规范非税资金管理，扩大约束收支范围；精简行政机构，转变政府职能；调整约束收支结构；政府逐步退出直接管理经济领域，部分事业单位参与市场经济，开展生产经营和有偿服务的业务，增加预算会计难度；拓展预算会计核算的内容，编制部门预算，实施国库集中收付制度和政府采购制度等。

特别提示

预算会计既掌握预算执行情况，实行宏观调控的重要信息系统；又强化预算约束，是维护财经秩序的监督手段。

1.1.3 预算会计体系

预算会计体系是依据国家预算管理体系和宏观调控的需要而建立的会计体系和信息网络。我国国家预算的管理体系由两个部分组成：一是从中央到地方五级总预算，二是本级政府及所属部门的单位预算，两者是统一的有机整体。单位预算是财政总预算的基础，财政总预算是单位预算的综合反映。预算会计是为预算管理服务的，预算管理体系决定预算会计体系。预算会计核算统一采用借贷记账法，将预算会计要素划分为资产、负债、净资产、收入和支出5项。

相关链接

预算会计体系从外部关系来看

预算会计是以预算管理为中心的宏观管理信息系统和管理手段，是核算、反映和监督中央与地方预算以及乡镇事业单位收支预算执行的会计，它同企业会计共同构成我国会计的两大体系。

从内部构成来看，预算会计体系由各级财政总预算会计、行政单位会计、事业单位会计和参与预算执行的国库会计、收入征解会计、基本建设拨款会计、预算外资金财政专户会计等组成。

1. 财政总预算会计

财政总预算会计是各级政府财政部门用以核算、反映和监督政府预算执行等各项财政性资金活动的专业会计。财政总预算会计是国家预算的筹集和分配预算资金的基础，是对财政总预决算进行分析检查的前提，是预算执行和监督的重要保证。

(1) 财政总预算会计的管理体系分为五级。具体包括：国家财政部设立中央级财政总预算会计、省级(包括自治区和直辖市)财政厅设立的省级财政总预算会计、市财政局设立的市级财政总预算会计、县财政局设立的县级财政总预算会计、乡(镇)财政局设立的乡(镇)级财政总预算会计。

(2) 财政总预算会计的职责包括5个方面：一是处理日常会计核算业务；二是合理调度财政预算资金；三是反映预算执行情况，实行预算监督，参与预算管理；四是负责组织、指导和监督本地区的整个预算会计工作；五是做好预算会计的各项事务管理工作，保证预算工作的顺利完成。

(3) 财政总预算会计与行政事业单位会计相比具有如下特点：一是以收付实现制为基础进行会计核算；二是通常不进行成本核算，不计算损益；三是没有现金收付业务，没有采购材料和固定资产等实物业务核算；四是与预算管理有密切关系。

2. 行政单位会计

行政单位会计是指各级行政单位以货币为主要计量单位，对行政单位的财政性资金的领拨、使用及其结果进行核算、反映和监督的专业会计。行政单位不仅仅是指政府行政机关，同时还包括各级立法机关、行政机关、审判机关和检察机关等。

(1) 行政单位会计按照机构建制和经费领拨关系可分为三级。具体包括：主管会计单位、二级会计单位和基层会计单位。需要特别说明的是三级会计单位之间，存在着大量的行政单位与事业单位会计交叉现象。

(2) 行政单位会计的职责包括两个方面：一是完成国家交给的各项行政管理任务。他们虽不直接参与物质生产，但他们为社会再生产创造良好的社会环境，提供有效的服务和社会安全保障；二是行政单位为完成自身的任务需要相应的活动经费。他们一方面要按照财政部门或上级主管部门核准的预算，有计划地领拨经费，另一方面又要按照预算规定的用途使用经费。

(3) 行政单位会计与财政总预算会计和事业单位会计相比具有如下特点：一是行政单位会计以收付实现制为基础进行会计核算；二是行政单位会计一般不进行成本核算；三是行政单位会计的收支核算必须服从预算管理的要求；四是行政单位的业务的最终目标是能够满足社会公共需求。

3. 事业单位会计

事业单位会计是以货币为主要计量单位，以事业单位实际发生的各项经济业务为记录、反映、监督事业单位预算执行过程及其结果的专业会计。

(1) 事业单位会计根据机构建制和经费领拨关系可分为三级：主管会计单位、二级会计单位和基层会计单位。向国家同级财政部门领拨经费，并发生预算管理关系，下设有所属会计单位。

(2) 事业单位会计的职责包括两个方面：一是实行独立核算，本部门和本单位的预决算是独立的；二是有的单位人员少，经费不多，不具备实行独立核算的条件，应实行单据报销制度，作为“报销单位”管理处理。

(3) 事业单位会计与财政总预算会计和行政单位会计相比具有如下特点：一是事业单位的经费来源主要是财政拨款；二是自己创收收入；三是会计核算一般采用收付实现制核算，如有经营性业务收支业务的也可采用权责发生制并可以进行成本核算；四是事业单位会计核算按事业单位所处的行业不同，又具有不同的分类。

4. 国库会计

国家金库简称为国库，它是各级财政的总出纳机关，主要负责办理国家财政资金的收入和支出。国库分为中央国库和地方国库。县以上各级预算必须设立国库，具备条件的乡镇也应设立国库。中国人民银行和有关专业银行代理国家金库，设立核算预算的收纳、划分报解和库款支拨等业务的国库会计。它提供的会计核算资料是各级财政总预算会计核算收入的基本会计资料来源。

5. 收入征解会计

收入征解会计由国家税务机关、海关等系统设立，主要负责国家工商税收、关税以及国家指定其征收的其他预算收入，并对预算收入的征收、减免、缴库等进行会计核算。

6. 基本建设拨款会计

基本建设拨款会计是办理国家基本建设预算拨款的基本建设拨款会计。

7. 预算外资金财政专户会计

预算外资金财政专户会计是指各级政府财政部门核算、反映和监督政府预算外资金计划执行过程及其结果的会计，是以货币为主要计量单位，以事业单位实际发生的各项经济业务为记录、反映、监督事业单位预算执行过程及其结果的专业会计。

上述 7 类会计共同构成预算会计的有机整体，形成了国家预算执行的会计核算体系。预算会计组成体系及分级见表 1 - 1。

表 1-1　预算会计组成体系及分级

预算会计	财政总预算会计	中央财政总预算会计	
		地方财政总预算会计	省级财政总预算会计
			市级财政总预算会计
			县级财政总预算会计
			乡(镇)级财政总预算会计
	单位预算会计	行政单位会计	主管会计单位
			二级会计单位
			基层会计单位
		事业单位会计	主管会计单位
			二级会计单位
			基层会计单位
	部门会计(参与国家预算执行)	国库会计	
		收入征解会计	
	预算外资金会计	预算外资金财政专户会计	

特别提示

财政总预算会计占预算会计的指导地位，行政单位会计、事业单位会计以及参与预算执行的国库会计、收入征解会计等在财政总预算会计的业务指导下展开核算工作，并向财政总预算会计报送会计报表。预算外资金财政专户会计独立于财政总预算会计，但与行政单位会计和事业单位会计在预算外资金方面存在着密切联系。

1.1.4　预算会计的特点

预算会计是核算和监督社会再生产过程中分配领域里的政府预算资金运作及其结果的专业会计。政府、行政和事业等预算单位主要完成行政事业的业务工作，其业务目标在于谋求最广泛的社会效益。它们的资金大部分是来自纳税人及其他出资者。因此，预算会计具有以下 4 个特点。

1. 预算会计具有公共性、非盈利性和财政性

预算会计主体包括政府、行政事业单位，同属于公共部门，主要以实现公共职能为目标，以公共资金为核算对象，以公共事务为核算依据，以公共业务成果为主要考核指标，具有公共性特点；同时预算会计主体不以营利为目的，主要注重社会效益，而不求经济效益，一般不进行成本核算，也不计算损益，具有非营利特点；单位预算与国家财政存在着密不可分的资金领拨关系。各单位预算会计虽然都是独立的会计主体，但都必须遵守财政规定和财政纪律，具有自主性，又有统一性，两者相辅相成。总之，财政总预算就是直接核算政府财政资金的，具有财政性特点。

2. 预算会计是一门以预算管理为中心的专业会计

政府财政总预算和行政事业单位预算是经过法定程序批准的政府财政和行政事业单位财

务收支计划。政府财政总预算和行政事业单位预算一旦经过批准，就必须依法执行，加强管理。预算会计作为会计学在政府财政总预算和行政事业单位预算中的运用，是围绕政府财政总预算和行政事业单位预算管理展开的，是以预算管理为中心的一门专业会计。

3. 预算会计以收付实现制为主

在预算会计中，政府机关、行政单位和不从事生产经营活动的事业单位，属于非营利组织，为了正确反映当期的预算收入和支出执行情况，应以各期实际收到和实际支出的款项作为各期的收入和支出，而不应把应收未收的收入和应付未付的支出作为各期的收入和支出记账。只有这样，才能正确核算预算的执行情况，才能及时编制会计报表和落实年度预算收支结余。因此，预算会计应以收付实现制为主要记账基础。而对于从事生产经营活动的事业单位，为了正确核算成本和计算盈亏，在实际操作中应有一定的灵活性，应采用权责发生制为主要记账基础，即属于本期的收入和支出，不论其款项是否实际收付，都应作为本期的收入和支出进行核算。

4. 预算会计具有较强的政策性和纪律性

在社会主义市场经济条件下，随着公共财政机制的建立，预算会计既要按照公共财政管理的要求，核算、反映和监督单位预算执行情况，提供政府宏观管理所需要的重要经济信息，又要按照加强单位预算监督管理的要求，强化单位预算约束、维护财经秩序。

相关链接

财政总预算会计的基本任务

财政总预算会计的基本任务主要有以下5点。第一，正确及时地做好各项核算工作；第二，调度好各项财政资金，提高财政资金的使用效率；第三，实行会计监督，参与预算管理；第四，组织和指导预算会计工作，不断提高预算会计人员的政策水平和业务素质；第五，做好预算会计的有关管理工作，制定或审定本行政区域内预算会计的有关具体核算办法的补充规定。

1.2 预算会计要素与会计等式

1.2.1 预算会计的要素

会计要素就是会计对象的构成要素，预算会计是对会计对象的基本分类。科学地确定会计要素，有助于设置会计科目，有助于构成会计报表结构的基础。预算会计要素分为资产、负债、净资产、收入和支出5个。

1. 资产

资产是指预算会计主体单位占有或使用的能以货币计量的经济资源。它包括各种财产、债权和其他权利。资产具有以下几个基本特征：一是资产的实质是经济资源，具有使用价值；二是资产是由特定主体所占有或控制的；三是资产必须能以货币计量。预算会计资产具体包括以下内容。

(1) 财政总预算会计的资产主要包括财政性存款、有价证券、暂付及应收款项、预拨款项等。

（2）行政单位会计的资产主要包括现金、银行存款、有价证券、暂付款、库存材料等流动资产和固定资产。

（3）事业单位会计的资产主要包括现金、银行存款等流动资产以及对外投资、固定资产和无形资产等非流动性资产。

2. 负债

负债是指预算会计主体单位所承担的能以货币计量、需要以资产或劳务偿还的债务。负债具有以下几个基本特征：一是已经发生，并在未来一定时期内必须偿付的经济义务；二是负债必须能以货币计量或者合理地预计；三是负债一般以货币形式偿还；四是负债有确切的债权人和到期日；五是负债以国家财经法规约束为前提，负债所占比重相对较小。预算会计负债具体包括以下内容。

（1）财政总预算会计的负债主要包括暂存款、与上级往来、已结报支出、借入款等。

（2）行政单位会计的负债主要包括应缴预算款、应缴财政专户、暂存款等。

（3）事业单位会计的负债主要包括借入款项、应付票据、各种应付款项、各种应缴款项等。

3. 净资产

净资产是指预算会计主体单位所拥有的资产净值，在数量上等于资产减去负债的差额。

预算会计净资产反映国家为了满足社会公共需要而拥有的资产净值，预算会计主体对其拥有处置权、管理权和收益分配权。预算会计净资产具体包括以下内容。

（1）财政总预算会计的净资产主要包括预算结余、基金预算结余、专用基金结余等。

（2）行政单位会计的净资产主要包括固定基金和结余等。

（3）事业单位会计的净资产主要包括事业基金、固定基金、专用基金、事业结余、经营结余和结余分配等。

4. 收入

收入是指预算会计主体在执行预算过程中依法取得非偿还性的资金。预算会计主体依法取得预算收入，其目的是更合理地安排使用预算。预算会计收入具体包括以下内容。

（1）财政总预算会计的收入主要包括一般预算收入、专用基金收入、补助收入、上解收入、调入资金等。

（2）行政单位会计的收入主要包括拨入经费、预算外资金收入和其他收入等。

（3）事业单位会计的收入主要包括财政补助收入、上级补助收入、拨入专款、事业收入、财政专户返还收入、经营收入、附属单位缴款和其他收入等。

5. 支出

支出是指预算会计主体为实现其职能需要执行预算计划、开展业务活动而发生的各项资金耗费或损失。预算会计主体各单位的经济业务活动都不以营利为目的。财政总预算会计主体主要完成国家预算收入的再分配；行政单位会计主体是为了执行国家行政管理的职能；事业单位会计主体是为了完成事业计划和事业任务。预算会计支出具体包括以下内容。

（1）财政总预算会计的支出主要包括一般预算支出、基金预算支出、专用基金支出、补助支出、上解支出、调出资金等。

（2）财政总预算会计的支出主要包括经费支出、拨出经费、结转自筹基建等。

（3）事业单位会计的支出主要包括拨出经费、拨出专款、专款支出、事业支出、经营支出、成本费用、销售税金、上缴上级支出、对附属单位补助、结转自筹基建等。

相关链接

预算会计的规章制度

预算会计的规章制度，即由财政部发布或财政部与其他部门联合发布，或由国务院主管业务部门制定、财政部同意的具体制度和具体规定，包括事业单位的行业会计核算制度、税务会计核算制度、国库会计核算制度、基本建设拨款会计核算制度、会计基础工作规范、会计电算化工作规范、会计档案管理办法等。

1.2.2 预算会计的平衡等式

预算会计的平衡等式，是指各预算会计要素之间客观存在的必然相等的关系，即资产、负债和净资产之间的关系。一个单位所拥有的资产总额与负债和净资产的总额必然相等，这里将资产与负债和净资产之间的这种客观存在的恒等关系，称为预算会计平衡等式。用公式表示为：

$$资产=负债+净资产 \tag{1-1}$$

单位在业务运作的过程中，必然会取得一定数额的收入，同时也必然会发生一定数额的支出。收入和支出相抵后的余额为结余，这样就形成了收入、支出和结余这3个要素，用公式表示为：

$$收入-支出=结余 \tag{1-2}$$

根据式(1-2)可知，单位在一定会计期间的结余可以增加净资产。当然，如果抵减后的结果是负数，其结余则为减少净资产。以上两个等式合在一起表示为：

$$资产=负债+净资产+收入-支出$$

这一等式又可演变为：

$$资产+支出=负债+净资产+收入 \tag{1-3}$$

上述3个关系式，式(1-1)可理解为静态等式，它反映单位在特定时点的资产、负债和净资产的恒等关系；式(1-2)和式(1-3)可理解为动态等式，它们反映单位在营运过程中收支结余情况及净资产的增值情况。资产负债表正是依据式(1-3)编制的，即左边的“资产部类”包括资产和支出两项，右边的“负债部类”包括负债、收入和净资产3项。

特别提示

预算会计的平衡等式是组织预算会计核算、编制预算会计报表的理论依据。

1.3 预算会计假设和一般原则

1.3.1 预算会计假设

会计假设是组织预算会计核算工作必须具备的基本前提和制约条件。预算会计假设包括：会计主体、持续运行、会计分期和货币计量。

1. 会计主体

会计主体是指预算会计为之服务的特定对象，界定了会计人员在进行会计核算时采取的立场及空间活动范围。预算会计的主体包括国家各级政府、行政单位和各类事业单位。财政总预算会计的主体是各级政府，而不是各级政府机关，因为财政总预算各项收支的安排、使用是国家各级政府的职权范围，财政机关只是代表政府执行预算，管理财政收支。行政单位会计的会计主体是指各级行政单位。事业单位会计的会计主体是指各类事业单位。

2. 持续运行

持续运行是指单位或会计主体在可预见的未来将继续存在，各种业务活动将持续正常地进行下去。也就是说，一个预算会计主体通常是以正常的经济活动作为前提条件去处理数据、加工并传递信息的。如果没有持续运行的前提条件，一些公认的会计处理方法将失去存在的基础，单位也就不能按照正常的会计原则、正常的会计处理方法进行会计核算。

3. 会计分期

会计分期是指将会计主体的整个持续运行过程划分为间隔相等的若干时期，以便结算账目、编制会计报表，及时向有关部门提供会计信息。由于国家预算是按年编制并分为年度、季度和月度执行的，因此预算会计相应分为年度、季度和月度来执行预算收支情况。我国预算会计年度采用公历日期，即每年以1月1日至12月31日作为一个会计年度。会计期间的划分，有利于及时提供反映单位经济活动情况的财务信息，能够及时满足单位内部管理及其他有关方面进行决算的需要。

4. 货币计量

货币计量指会计主体的会计核算应该以货币来反映其各项经济业务。会计计量是会计核算的关键环节，是会计记录和会计报告的前提，货币是会计计量的统一尺度。在预算会计业务活动中，凡是能以货币尺度计量的，都应进行会计核算；凡是不能以货币尺度计量的，都不必进行会计核算。预算会计以货币计量为前提，便于综合反映和监督预算收支执行情况及结果。我国会计核算以人民币为记账本位币，对于业务收支以外币为主的行政事业单位，也可以选定某种外币作为记账本位币。但在编制会计报表时，应当按照编报日期的人民币外汇汇率折算为人民币反映。

特别提示

会计分期假设对会计核算具有重要意义：一是产生了会计“本期”与“他期”之别，使不同时期会计资料的分析和比较成为可能；二是便于会计部门定期向会计信息使用者提供会计报告；三是使权责发生制会计基础和收支配比原则有了存在依据；四是使会计确认、资产的流动和非流动之分有了依据。

1.3.2 预算会计核算的一般原则

预算会计核算的一般原则是指导预算会计核算业务的基本原则，是会计核算工作的行为规范，是为会计核算工作提供信息的基本要求。预算会计基本核算主要有以下10个原则。

1. 客观性原则

客观性原则又称真实性原则，是指预算会计必须以实际发生的经济业务为依据，客观真实地反映单位的财务收支状况及其结果。单位发生的经济业务必须做到内容真实、数字准确、手续完备、资料可靠。因此，会计信息的真实性，是保证会计核算质量的首要条件。

2. 相关性原则

相关性原则又称有用性原则和适应性原则，是指会计信息应当符合国家宏观经济管理的要求，满足预算管理和有关方面了解预算单位的财务状况及收支情况的需要，并有利于预算单位加强内部管理。

3. 可比性原则

可比性原则是指会计核算应当按照规定的会计处理方法进行，同类单位的会计指标应当口径一致。如在编制会计报表时，要按照制度规定的会计指标计算方法处理，使会计信息具有可比性。

4. 一致性原则

一致性原则是指同一预算单位会计核算所采用的方法前后各期保持一致，不得随意变更。如确有变更，应将变更的情况、原因和单位财务收支及结果的影响在财务报告附注中加以说明。一致性原则便于会计信息的纵向比较，有利于提高会计信息的使用价值。

5. 及时性原则

及时性原则是指单位各项经济业务应当及时进行会计核算，在业务活动发生或完成时，能及时进行账务处理，并按规定时日编制财务报告，不得拖延和积压，以提高会计信息的时效性。

6. 明晰性原则

明晰性原则是指预算会计记录和预算会计报告应当清晰明了，便于会计信息使用者理解和运用。在预算会计核算工作中应坚持明晰性原则，会计记录应当准确、清晰，填制凭证、登记账簿必须做到依据合法、账户对应关系清楚完整，会计报表做到项目完整，数字准确，通俗易懂。

7. 实际成本原则

实际成本原则又称历史成本原则，是指预算会计核算中对各项财产物资应按照取得或购进时实际成本计价，当市场价格发生变化时，除国家另有规定外，不得自行调整其账面价值。

8. 收付实现制原则

收付实现制原则是指预算会计以实际收付为标准来确认本期收入和费用的原则，该原则不计算盈亏，只适用财政总预算会计、行政单位会计和不实行经营性收支业务核算的事业单位。而权责发生制与收付实现制是相对的两个概念，它在预算会计核算中，只适用于部分有生产经营业务，进行内部成本费用核算的事业单位。

9. 重要性原则

重要性原则是指预算会计报表应当全面反映预算单位财务状况及其经营成果，对于重要的经济事项，应当单独反映，对于相对次要的会计事项，在不影响会计信息真实性和相关性的前提下，可以合并反映或简化核算。

10. 专款专用原则

专款专用原则是指预算会计对于国家指定用途的专项基金，应按规定用途使用，并单独核算报账。各项专款不得擅自改变用途，也不能挪作他用。

相关链接

预算会计制度的立法依据

预算会计制度的立法依据主要是《中华人民共和国会计法》（简称《会计法》）和《中华人民共和国预算法》（简称《预算法》）。作为会计工作，它必须以《会计法》为依据；作为预算管理的组成部分，它也必须以《预算法》为依据；同时还必须以预算（财务）管理的各项规章、制度、法规和法令为依据。在单位制定内部会计制度时，必须以发布的会计准则、会计制度以及各项有关规定为依据。

1.4 预算会计的基本核算方法

1.4.1 预算会计科目的概念和分类

预算会计科目是对各项经济业务的具体内容按其特征和经济管理要求进行归集和分类。每一个会计科目都要规定一定的名称、编号和核算内容，它是设置账户、归集和核算各项经济业务的依据。由于预算会计要素分为资产、负债、净资产、收入和支出5个要素。因此预算会计科目也分为资产、负债、净资产、收入和支出5类。预算会计科目按其适用部门分为财政总预算会计科目。如在财政总预算会计的资产会计要素下，开设“国库存款”、“其他财政存款”等总账科目；在行政单位会计的支出会计要素下，开设“拨入经费”、“经费支出”等总账科目；在事业单位会计的收入会计要素下，开设“财政补助收入”、“事业收入”等总账科目。而明细科目在总账科目下开设，反映总账科目的明细信息。如在财政总预算会计的“国库存款”总账科目下，开设“一般预算存款”、“基金预算存款”等明细科目。

特别提示

对于国家统一规定的预算会计科目及其编号，各级财政总预算和行政事业单位不得擅自更改或将编号打乱重编。

1.4.2 预算会计科目设置的基本原则

预算会计科目是在会计要素的基础上设置的，预算会计制度应在会计科目的基础上遵循以下原则。

1. 统一性原则

根据《会计法》规定，预算会计制度由财政部统一负责制定，一级科目必须统一执行。总账科目不能随便更改，确保国家在预算执行中会计核算的一致性。

2. 实用性原则

预算会计科目的设置，既要全面系统地核算和监督预算资金的执行情况，又要简化会计核算业务，力求会计科目设置准确、科学实用。

3. 适应性原则

根据预算管理的要求，预算会计科目与预算收支科目相适应，即预算会计科目所记录和反映的内容，既要与预算执行情况相适应，又要满足预算管理的要求。

1.4.3 预算会计的会计科目

1. 财政总预算会计科目表

根据《预算法》的规定，财政总预算会计科目是对财政总预算会计要素的进一步分类，也是财政总预算会计账户设置、经济业务核算和归集的依据。财政总预算会计科目可分为资产、负债、净资产、收入和支出5类。各级财政总预算会计统一使用的财政总预算会计科目见表1-2。

表1-2 财政总预算会计科目表

序号	编号	类别	会计科目名称	序号	编号	类别	会计科目名称
		一、资产类		19	305		基金预算结余
1	101		国库存款	20	307		专用基金结余
2	102		其他财政存款	21	321		预算周转金
3	103		财政零余额账户存款	22	322		财政周转基金
4	104		有价证券			四、收入类	
5	105		在途款	23	401		一般预算收入
6	111		暂付款	24	405		基金预算收入
7	112		与下级往来	25	407		专用基金收入
8	121		预拨经费	26	411		补助收入
9	122		基建拨款	27	412		上解收入
10	131		财政周转金放款	28	414		调入资金
11	132		借出财政周转金	29	425		财政周转金收入
12	133		待处理财政周转金			五、支出类	
		二、负债类		30	501		一般预算支出
13	211		暂存款	31	505		基金预算支出
14	212		与上级往来款	32	507		专用基金支出
15	213		与结报支出	33	511		补助支出
16	222		借入款	34	512		上解支出
17	223		借入财政周转金	35	514		调出资金
		三、净资产类		36	524		财政周转金支出
18	301		预算结余				

2. 行政单位会计科目表

根据《预算法》的规定，行政单位会计科目是对行政单位会计要素的进一步分类，也是行政单位会计账户设置、经济业务核算和归集的依据。行政单位会计科目可分为资产、负债、净资产、收入和支出5类。各级行政单位会计统一使用的行政单位会计科目见表1-3。

表1-3　行政单位会计科目表

序号	编号	类别	会计科目名称	序号	编号	类别	会计科目名称
		一、资产类		13	212		应付地方(部门)津贴补贴
1	101		现金	14	213		应付其他个人收入
2	102		银行存款			三、净资产类	
3	103		有价证券	15	301		固定基金
4	104		暂付款	16	303		结余
5	105		库存材料			四、收入类	
6	106		固定资产	17	401		拨入经费
7	107		零余额账户用款额度	18	404		预算外资金收入
8	115		财政应返还额度	19	407		其他收入
		二、负债类				五、支出类	
9	201		应缴预算款	20	501		经费支出
10	202		应缴财政专户款	21	502		拨出经费
11	203		暂存款	22	505		结转自筹基建
12	211		应付工资(离退休费)				

3. 事业单位会计科目表

根据事业单位会计要素的类别，事业单位会计科目可分为资产、负债、净资产、收入和支出5类。各级事业单位会计统一使用的事业单位会计科目(也可称事业单位通用会计科目)见表1-4。

表1-4　事业单位会计科目表

序号	编号	类别	会计科目名称	序号	编号	类别	会计科目名称
		一、资产类		6	108		预付账款
1	101		现金	7	110		事业基金
2	102		银行存款	8	115		固定基金
3	103		零余额账户用款额度	9	116		专用基金
4	105		应收票据	10	117		事业结余
5	106		应收账款	11	120		经营结余

续表

序号	编号	类别	会计科目名称	序号	编号	类别	会计科目名称
12	124		无形资产			四、收入类	
13	125		财政应返还额度	31	401		财政补助收入
		二、负债类		32	403		上级补助收入
14	201		借入款项	33	404		拨入专款
15	202		应付票据	34	405		事业收入
16	203		应付账款	35	406		财政专户返还收入
17	204		预收账款	36	409		经营收入
18	207		其他应付款	37	412		附属单位缴款
19	208		应缴预算款	38	413		其他收入
20	209		应缴财政专户款			五、支出类	
21	210		应交税费	39	501		拨出经费
22	211		应付工资(离退休费)	40	502		拨出专款
23	212		应付地方(部门)津贴补贴	41	503		专款支出
24	213		应付其他个人收入	42	504		事业支出
		三、净资产类		43	505		经营支出
25	301		事业基金	44	509		成本费用
26	302		固定基金	45	512		销售税金
27	303		专用基金	46	516		上缴上级支出
28	306		事业结余	47	517		对附属单位补助
29	307		经营结余	48	520		结转自筹基建
30	308		结余分配				

4. 预算外资金财政专户会计科目表

预算外资金财政专户会计科目根据财政国库集中支付管理制度和政府收支分类改革后增设修订的会计科目，见表1-5。

表 1-5　预算外资金财政专户会计科目表

序号	编号	类别	会计科目名称	序号	编号	类别	会计科目名称
		一、资产类				三、净资产类	
1	101		国库存款	7	301		预算外结余
2	103		其他财政存款			四、收入类	
3	105		财政零余额账户存款	8	401		一般预算外收入
4	106		有价证券	9	405		上级补助收入
		二、负债类				五、支出类	
5	201		在途款	10	501		一般预算支出
6	203		暂付款	11	521		政府调剂支出
				12	532		补助下级支出

1.4.4　预算会计的记账方法

记账方法是运用一定的记账符号、记账方向和记账规则来编制会计分录和登记账簿的方法。预算会计采用的是世界通用的借贷记账法。

1. 借贷记账法

借贷记账法是指以“借”、“贷”为记账符号，对每一项经济业务在相互联系的两个或两个以上账户中进行登记，用来反映会计主体和全面记录资金运动的一种复式记账法。

2. 记账符号

借贷记账法以“借”和“贷”为记账符号表示记账方向。账户的左方称为“借方”，右方称为“贷方”。

3. 账户结构

在借贷记账法下，账户通常分为左右两方，分别反映经济业务的增减变动及其余额情况。其中不同性质的账户的结构是不同的。账户性质是根据会计对象的经济内容和用途来分类，预算会计的账户分为 5 大类：资产类账户、支出类账户、负债类账户、净资产类账户、收入类账户。前两类可统称为“资产部类”账户，后三类可称为“负债部类”账户。

(1)“资产部类”账户增加的记借方，减少的记贷方，余额在借方。账户结构如图 1.1 所示。

借方	“资产部类”账户		贷方
期初余额	×××		
本期增加额	×××	本期减少额	×××
本期增加额	×××	本期发生额	×××
期末余额	×××		

图 1.1　“资产部类”账户结构

"资产部类"账户的余额与本期发生额的关系可用下列公式表示：

期初借方余额＋本期借方发生额—本期贷方发生额＝期末余额

(2)"负债部类"账户增加的记贷方，减少的记借方，余额在贷方。账户结构如图 1.2 所示。

借方	"负债部类"账户		贷方
		期初余额	×××
本期减少额	×××	本期增加额	×××
本期发生额	×××	本期增加额	×××
		期末余额	×××

图 1.2 "负债部类"账户结构

"负债部类"账户的余额与本期发生额的关系可用下列公式表示：

期初贷方余额＋本期贷方发生额—本期借方发生额＝期末余额

为了便于熟记不同账户的结构，现将各账户的增减记录和余额的具体情况简括如下，见表 1－6。

表 1－6 各类账户基本结构

账户类别	账户借方	账户贷方	账户期末余额
资产类账户	增加	减少	在借方
负债类账户	减少	增加	在贷方
净资产类账户	减少	增加	在贷方
收入类账户	减少	增加	平时在贷方或一般无余额
支出类账户	增加	减少	平时在借方或一般无余额

4．账户规则

根据复式记账原理，借贷记账法的记账规则是："有借必有贷，借贷必相等"。即对发生的每一项经济业务都以相等的金额、借贷相反的方向在两个或两个以上相互联系的账户中进行连续、系统、全面的登记。

5．试算平衡

试算平衡是根据会计等式的平衡关系，按照记账规则的要求通过汇总计算和比较来检查账户记录是否正确的方法。根据借贷记账法的记账规则，试算平衡可以从以下 3 个方面进行。

(1) 每笔经济业务记录的借方金额和贷方金额是否平衡，其试算平衡公式为：

借方账户金额＝贷方账户金额

（2）全部账户本期借方发生额和贷方发生额是否平衡，其试算平衡公式为：

全部账户本期借方发生额合计＝全部账户本期贷方发生额合计

（3）全部账户期末借方余额和贷方余额是否平衡，其试算平衡公式为：

全部账户期末借方余额合计＝全部账户期末贷方余额合计

特别提示

按照以上公式反映，试算平衡只是通过借贷金额是否平衡来检查账户的记录是否正确。如果借贷不平衡，可以肯定账户记录和计算有错误。如果借贷平衡，并不能肯定记账没有错误，因为有些错误并不影响借贷双方的平衡。如有些经济业务在有关账户中全部漏记或重记，有些经济业务在记错账户或把应借应贷的账户相互端倒等都不能通过试算平衡发现。

1.4.5　预算会计凭证

预算会计凭证是记录经济业务、明确经济责任的书面证明，是登记账簿的依据。会计凭证按其填制程序和用途可分为原始凭证和记账凭证。

1. 原始凭证

原始凭证是经济业务发生时取得或填制的，用来载明其经济业务的实际发生和完成情况，具有法律效力的原始证明。

各级财政总预算会计原始凭证主要包括以下内容。

（1）国库报来的各种收入日报表及附件，如各种“缴款书”、“收入退还书”、“更正通知书”等。

（2）各种预算拨款和转账收款凭证，如财政库款支付凭证、各种银行汇款凭证等。

（3）主管部门报来的各种非包干专项拨款支出报表和基本建设支出月报等。

（4）其他足以证明会计事项发生经过的凭证和文件。

各级各类行政事业单位原始凭证主要包括以下几项。

（1）收款凭证。单位收到各项收入，必须开给对方的凭证。

（2）借款凭证。借款凭证不能作为支出报销的依据。

（3）支出报销凭证。支出报销凭证是各单位核算支出的书面证明。

（4）预算拨款凭证。上级单位对所属会计单位拨付经费、采用划拨资金办法应填写银行印制的“付款委托书”、“信汇委托书”，通知银行转账。

（5）固定资产调拨单或出、入库单。

（6）库存材料或采购材料出、入库单。购进材料填制“入库单”办理入库手续，库存材料发出时填制“出库单”办理出库手续。

（7）开户银行转来的收、付款凭证。

（8）往来结算凭证。往来结算凭证包括暂存款、暂付款、应收账款等往来款项，是行政单位各项资金往来结算的书面证明。

（9）各种税票。

（10）其他足以证明会计事项发生经过的凭证和文件。

相关链接

原始凭证的特点

根据上述财政总预算会计和各级各类行政事业单位会计比较，原始凭证具有以下两个特点：一是财政总预算会计不直接纳入预算收入，而是根据国库报来的日报和缴、退库凭证来核算预算收入，因而没有收入凭证，如收款收据等；二是财政总预算会计不直接花钱办事，不直接办理预算支出的实际支付，而只办理预算拨款和按单位报表核算预算支出，因而财政总预算会计没有开支凭证，如发货票。

2. 记账凭证

记账凭证是会计人员根据审核无误的原始凭证填制的，用来记录经济事项、确定借贷方向、会计科目及其金额的会计凭证，是登记账簿的直接依据。

(1) 财政总预算会计的会计记账凭证不分收、付、转，一律用通用记账凭证。其格式见表1-7和表1-8。

表1-7　记账凭证(格式一)

总号________

年　　月　　日　　　　分号________

对方单位	摘　要	借　方		贷　方		金　额	记账符号
		科目编号	科目名称	科目编号	科目名称		
附件	张	合　计					

会计主管：　　记账：　　出纳：　　稽核：　　制单：

表1-8　记账凭证(格式二)

单位名称　　　　年　　月　　日　　　　字第　　号

摘　要	总账科目	明细科目	借方金额	贷方金额	记账符号

会计主管：　　记账：　　出纳：　　稽核：　　制单：

(2) 行政事业单位的记账凭证通常分为收款凭证、付款凭证和转账凭证3种。其格式见表1-9、表1-10和表1-11。

表 1-9 收款凭证

借方科目： 年 月 日 字第 号

对方单位（或缴款人）	摘 要	贷方科目		金 额	记账符号
		总账科目	明细科目		
附件	张	合 计			

会计主管： 记账： 出纳： 稽核： 制单：

表 1-10 付款凭证

贷方科目： 年 月 日 字第 号

对方单位（或缴款人）	摘 要	借方科目		金 额	记账符号
		总账科目	明细科目		
附件	张	合 计			

会计主管： 记账： 出纳： 稽核： 制单： 领款人：

表 1-11 转账凭证

单位名称 年 月 日 字第 号

摘 要	总账科目	明细科目	借方金额	贷方金额	记账符号
附件 张	合 计				

会计主管： 记账： 出纳： 稽核： 制单：

3. 错误更正

各级总预算会计填制的记账凭证发生错误时，不得挖补、涂抹、刮擦或使用化学药水消字，应按规定办法更正。未登记账簿的记账凭证错误，作废后重新编制。已登账的记账凭证错误应采用“红字冲销法”或“补充登记法”更正。

特别提示

采用计算机做记账凭证的，用“红字冲销法”时以负数表示。

4. 预算会计账簿

账簿是由一定的格式、互相联系的账页组成，以供会计人员在会计凭证的基础上，全面、连续、系统地记录和反映各项经济业务的簿籍。

预算会计账簿的重要作用在于：一是系统地反映和监督预算执行情况；二是为办理结算和清理债权债务及时提供信息；三是为了保护国家财产安全，促进各单位合理节约使用资金；四是为编制会计报表提供数据信息。

1）总账

总账又称总分类账。总账是用来核算财政总预算会计资金活动的总括情况，平衡账务，控制和核对各种明细账。总账格式采用三栏式订本账簿，见表 1－12。

表 1－12　总　　账

账户名称：　　　　　　　　　　　　　　　　　　　　第　　页

年		凭证编号	摘　要	对方科目	借方金额	贷方金额	借或贷	余　额
月	日							

2）明细账

明细账又称明细分类账。明细账是根据会计核算管理的需求，对总账有关科目进行明细核算的账簿。明细账格式通常采用三栏式、多栏式和数量金额式等账簿。

(1) 三栏式明细账。三栏式明细账的基本结构为“借方”、“贷方”、“余额”三栏，适用于只需要金额核算的明细账户，其格式与三栏式总账相同。

(2) 多栏式明细账。多栏式明细账适用于收入、支出类账户的明细核算。其格式见表 1－13。

表 1－13　明细账（多栏式）

明细科目名称：　　　　　　　　　　　　　　　　　　第　　页

年		凭证编号	摘　要	借　方	贷　方	余　额	借（贷）余额分析			
月	日									

(3) 数量金额式明细账。数量金额式明细账适用于材料和固定资产的明细核算。其格式见表 1-14。

表 1-14 明细账(数量金额式)

类别： 名称： 计量单位： 型号： 规格：

年		凭证编号	摘 要	单 价	借 方		贷 方		余 额	
月	日				数 量	金 额	数 量	金 额	数 量	金 额

3)序时账

序时账又称日记账，是按经济业务发生的先后顺序，逐日逐笔连续登记的账簿。序时账又分为现金日记账和银行日记账，通常采用三栏式格式。其格式见表 1-15。

表 1-15 序时账

第 页

年		凭证编号	摘 要	对方科目	借方金额	贷方金额	余 额
月	日						

1.4.6 预算会计报表

预算会计报表是财政总预算与行政事业单位会计根据账簿记录及其他有关资料，按照统一规定的内容和格式，采用规定的方法编制的、反映财政总预算与行政事业单位一定时期的财务状况和收支情况的书面证明。

1. 预算会计报表的种类

预算会计报表的种类见表 1-16。

表 1-16 预算会计报表的种类

分类	报表名称	主要内容
按反映经济内容	资产负债表	静态表，反映一定时期的财务状况的报表
	收入支出表	动态表，反映会计期间的收、支结余状况的报表
	预算执行情况表	
	附表及说明书	
按编报的时间	旬报	是财政总预算会计为及时反映预算收支进度而按旬编制的报表
	月报	是反映总预算或单位预算从月初至报告月末的预算收支完成情况的报表
	季报	是反映、分析和检查季度预算资金运动和收支执行情况的报表
	年报	又称年度决算，是全面反映年度预算资金运动、预算收支执行情况及其结果的报表

相关链接

预算会计报表的编制要求

预算会计报表编制的要求有以下 4 点。

(1) 数字真实。在编制预算会计报表时要求会计报表中的各项数字如实反映财政总预算与行政事业单位的财务状况和收支情况，不得以估代报，不得随便更改会计报表数据信息。

(2) 计算准确。在编制预算会计报表时要求会计报表中的各项数字金额需要根据各有关会计科目进行分析、计算、整理后才能填入会计报表中，不能出现差错。

(3) 内容完整。在编制预算会计报表时，要求按上报的会计报表及各项指标和内容的填列必须完整全面，不能漏报、漏填。

(4) 报送及时。在编制预算会计报表时，为保证会计信息的时效性，要求财政总预算与行政事业单位应在规定的会计期间及时编制会计报表，如期报出会计报表，不得拖延迟报。

2. 预算会计报表的作用

(1) 预算会计报表可以全面反映预算资金运动、预算执行情况及其结果。

(2) 预算会计报表可以检查和分析预算执行情况，为上级领导和财政部门了解情况、指导工作提供必要的经济信息，为行政事业单位加强财务管理、圆满实现单位预算提供会计信息。

(3) 预算会计报表可以为编制下期预算提供可靠的基础数据。

项 目 小 结

本项目主要阐述了预算会计的产生、概念、会计恒等式及其 4 大特点。说明了预算会计体系由各级财政总预算会计、行政单位会计、事业单位会计和参与预算执行的国库会计、收入征解会计、基本建设拨款会计、预算外资金财政专户会计等组成。讲述预算会计 5 个要素。掌握预算会计假设、预算会计基本核算的一般原则与预算会计基本方法。

职业能力训练

一、单项选择题

1. 用来核算财政总预算会计资金活动的总括情况是(　　)。
   A. 总账　　B. 明细账
   C. 序时账　　D. 记账
2. 主要负责办理国家财政资金的收入和支出的总出纳机关是(　　)。
   A. 国家金库　　B. 工商行政机关
   C. 税务机关　　D. 海关
3. 医院和学校属于(　　)。
   A. 行政单位　　B. 国家机关　　C. 事业单位　　D. 企业单位
4. 以下哪项记录和反映的内容与预算执行情况相适应，满足预算管理的要求？(　　)
   A. 一贯性原则　　B. 统一性原则　　C. 实用性原则　　D. 适应性原则
5. 能全面反映年度预算资金运动、预算收支执行情况及其结果的报表是(　　)。
   A. 旬报　　B. 月报　　C. 季报　　D. 年报

二、多项选择题

1. 预算会计报表按反映的经济内容可分为(　　)。
   A. 预算执行情况表　　B. 资产负债表
   C. 收入支出表　　D. 附表及说明书
2. 下列专业会计属于预算会计的有(　　)。
   A. 商品流通企业会计　　B. 事业单位会
   C. 行政单位会计　　D. 财政总预算会计
3. 预算会计假设包括(　　)。
   A. 会计主体　　B. 持续运行　　C. 会计分期　　D. 货币计量
4. 下列单位中属于事业单位的有(　　)。
   A. 广播电视单位　　B. 水利气象单位
   C. 畜牧兽医单位　　D. 妇女和共青团组织
5. 下列单位中属于行政单位的有(　　)。
   A. 国家各级权力机关　　B. 国家各级行政机关
   C. 司法及检察机关　　D. 文教卫生单位

三、分析判断题

1. 国家预算的执行必须依赖预算会计为记录、核算、反映和考核。(　　)
2. 权责发生制适用于营利性组织，收付实现制适用于非营利性组织。(　　)
3. 预算会计要素分为资产、负责和所有者权益等要素。(　　)
4. 单位预算会计按照机构建制和经费领拨关系分为事业单位和行政单位。(　　)
5. 年报是全面反映年度预算资金运动、预算收支执行情况及其结果的报表。(　　)

项目 2 财政总预算资产的核算

学习目标

(1) 了解财政总预算各项资产的管理要求；
(2) 掌握财政总预算各项资产核算账户的设置和运用；
(3) 熟练财政总预算各项资产核算的账务处理方法；
(4) 指出与事业单位和行政单位各项资产核算的不同点。

案例导读

某市财政总预算会计收到财政国库支付执行机构报来的预算支出结算清单，财政国库支付执行机构以财政直接支付的方式，通过财政零余额账户存款账户支付有关预算单位的物品采购支出款 800 000 元，工资支出款 750 000 元，交通运输费支出款 150 000 元。

【讨论】 该批物品采购支出款、工资支出款和交通运输费支出款是否都符合“国库存款—— 一般预算支出”？分析说明，并做会计处理。

【解析】

根据财政国库支付执行机构报来的预算支出结算清单得知，支付有关预算单位的物品采购支出款、工资支出款和交通运输费支出款是经过财政总预算会计与中国人民银行财政直接支付划款凭证核对无误后，以国库存款账户和财政零余额账户存款账户进行清算，支付上述物品采购支出款和工资支出款是属于正常的“国库存款—— 一般预算支出”。支付交通运输费支出款属于正常的国库存款，但不属于一般预算支出，而属于基金预算存款支出，在处理账务时务必区分其明细科目。

支付物品采购和工资支出款时：

借：一般预算支出——物品采购	800 000	
——工资	750 000	
贷：国库存款—— 一般预算存款		1 550 000

支付交通运输费支出款时：

借：基金预算支出——运输费	150 000	
贷：国库存款——基金预算存款		150 000

2.1　财政性存款

在财政总预算会计中，资产是一级财政掌管或控制的能以货币计量的经济资源。主要包括财政性存款、有价证券、暂付及应收款项、预拨款项等。由于财政是代表政府办理资金再分配的行政机关，不直接办理预算资金的支出使用，资产中没有财产物资。因此，财政总预算会计所核算的资产，其表现形式只有货币资金和债权两种。

2.1.1　财政性存款的内容

财政性存款是财政部门代表政府所掌管的财政资金，包括国库存款、其他财政存款和在途款。财政性存款的支配权属于同级财政部门，并由总预算会计负责管理，统一收付。

相关链接

财政性存款的管理原则

财政总预算会计在管理财政性存款中，应当遵循以下原则。

第一，集中资金，统一调度。各种应由财政部门掌管的资金，都应纳入财政总预算会计的存款账户，由财政总预算会计统一收纳、支拨和管理；第二，严格控制存款开户。除财政部有明确规定外，一律由财政总预算会计统一在国库或指定的银行开立存款账户，禁止将预算资金或其他财政性存款任意转存其他金融机构；第三，根据预算计划和用款进度拨付资金。不得办理无预算计划和超预算计划的拨款业务；第四，转账结算，不提现金。财政总预算会计的各项会计凭证，只能用于转账结算，不得直接提取现金。因为财政职能是分配资金，不直接使用资金；第五，在存款余额内支付，不得透支。各级财政在使用筹集的国库存款和其他财政性存款时，只能在余额内支取，不得透支使用。

2.1.2　财政性存款的核算

1. 国库存款的核算

“国库存款”账户用来核算各级财政会计在国库的预算资金，主要包括一般预算资金和基金预算存款。该账户借方登记国库存款的增加数，贷方登记国库存款的减少数，余额在借方，反映国库存款的结存数。该账户可按一般预算资金和基金预算存款进行明细核算。

1）国库存款增加的核算

国库存款增加的业务主要有财政总预算会计收到预算收入、收到上级预算补助、收到下级上解收入等。财政总预算会计收到预算收入时，根据国库报来“预算收入日报表”入账。收到上级预算补助时，根据国库转来的有关结算凭证入账。

【例2－1】　某市财政发生下列国库存款业务增加时，应结合“预算收入日报表”，分别作会计分录如下：

（1）收到国库报来的“预算收入日报表”，内列当日一般预算收入，见表2－1。

表 2-1 某市预算收入日报表

年 月 日 单位：元

科目名称	本日收入
增值税	150 000
营业税	120 000
城市维护建设税	60 000
房产税	165 000
总 计	495 000

国库盖章： 复核： 制表：

按表 2-1，做出如下会计分录：

借：国库存款——一般预算存款 495 000

　　贷：一般预算收入 495 000

再按一般预算收入日报表中所列各项收入数据，登记在一般预算收入明细账上，具体处理如下：

——增值税 150 000

——营业税 120 000

——城市维护建设税 60 000

——房产税 165 000

(2) 收到国库报来“基金预算收入日报表”，内列当日收到“基金预算收入”1 200 000 元。

借：国库存款——基金预算存款 1 200 000

　　贷：基金预算收入 1 200 000

(3) 收到下级财政上解款 300 000 元。

借：国库存款 300 000

　　贷：上解收入 300 000

2) 国库存款减少的核算

国库存款减少的业务主要有办理库款拨付上解上级财政、对下级财政进行补助等。财政总预算会计核算国库存款减少时，应当根据有关支付凭证入账。

【例 2-2】 某市财政发生下列国库存款业务减少时，分别作会计分录如下。

(1) 某市财政总会计开出拨款凭证，向市教育局拨付一般预算资金 280 000 元。

借：一般预算支出 280 000

　　贷：国库存款—— 一般预算存款 280 000

(2) 某市财政局根据总预算计划向某单位拨付基金预算资金 500 000 元。

借：专用基金支出 500 000

　　贷：国库存款—— 基金预算存款 500 000

(3) 某市财政局总预算会计以国库一般预算存款拨给所属下级财政专项补助 600 000 元。

借：补助支出 600 000

　　贷：国库存款—— 一般预算存款 600 000

相关链接

外币存款的业务

有外币支出业务的财政总预算会计应按外币的种类设置外币存款明细账。发生外币支出业务时，应根据中国人民银行公布的人民币外汇汇率折合人民币记账，并登记外国货币和折合率。年度结束，应将外币账户余额按照期末国家银行颁布的人民币外汇汇价折合为人民币，作为外币账户期末人民币余额。调整后的各种外币账户人民币余额与原账面余额的差额，作为汇兑损益列入有关支出账户。

2. 其他财政性存款的核算

其他财政性存款账户用来核算各级财政总预算会计未列入“国库存款”核算的各项财政性存款，包括财政周转金存款、未设国库的乡(镇)财政在专业银行的预算资金存款及部分由财政部指定存入专业银行的专用基金存款、特设账户存款等。

各级财政总预算会计收到其他财政性存款时，应根据经办银行报来的日报表或银行收款通知记账，借记“其他财政性存款”，贷记有关账户；根据有关的支出凭证记账，借记有关账户，贷记“其他财政性存款”账户。

【例 2－3】 某乡(镇)未设国库，乡财政总预算会计发生其他财政性存款业务，分别作会计分录如下。

(1) 收到上级财政拨来的按体制应得的预算资金收入 50 000 元，基金预算收入 60 000 元。

借：其他财政性存款——一般预算存款	500 000	
——基金预算存款	600 000	
贷：一般预算收入		500 000
基金预算收入		600 000

(2) 某镇财政部门根据中央专项资金特设账户代理银行转来的收款凭证，收到义务教育中央专项资金 900 000 元。

借：其他财政性存款——中央专项资金存款	900 000	
贷：与上级往来		900 000

(3) 某镇财政部门办理义务教育中央专项资金财政直接支付业务，支付金额为 450 000 元。

借：一般预算支出	450 000	
贷：其他财政性存款——中央专项资金存款		450 000

3. 在途款的核算

在途款是指在决算清理期和库款报解整理期内，收到的应属于上年度收入的款项和收回的不应在上年度列支的款项，或其他需要作为在途款过渡的资金数。

特别提示

为清理和核实一年的财政收支，保证属于当年的财政收支能全部反映到当年的财政决算中，根据规定，年度终了后，支库应设置十天的库款报解整理期。在设置决算清理期的年度，库款报解整理期相应顺延。在库款报解整理期和决算清理期内，有些属于上年度的收入需要补充缴库，有些不合规定的支出需要回收。这些资金活动虽发生在新年度，但其会计事项应属于上一年度。

各级财政总预算会计应设置“在途款”账户；该账户借方登记在途款的增加数，贷方登记在途款的减少数，余额在借方，反映在途款的结存数。该账户可按在途款项目分户进行明细核算。

决算清理期内收到属于上年度的收入时，借记“在途款”账户，贷记“一般预算收入”等账户。收回已拨用款单位的拨款或已列支出时，借记“在途款”账户，贷记“预拨经费”等账户。冲转在途款时，借记“国库存款”账户，贷记“在途款”等账户。

【例 2－4】 某市财政局发生如下在途款业务，分别作会计分录如下。

(1) 在决算清理期内收到属于上年度的一般预算收入 95 000 元。

借：在途款——上年度预算收入 95 000

贷：一般预算收入 95 000

(2) 在决算清理期内收回属于上年度有关单位的拨款 55 000 元。

借：在途款——收回预拨款 55 000

贷：预拨经费—— 某单位 55 000

同时，在处理新年度账务时，作如下分录：

借：国库存款——一般预算存款 55 000

贷：在途款——收回预拨款 55 000

(3) 根据基本建设计划，某市财政拨给所属单位基本建设款 300 000 元。

借：基建拨款——某单位 300 000

贷：国库存款—— 一般预算存款 300 000

2.2 有价证券

2.2.1 有价证券的管理

有价证券是由国家指定的证券发行部门依照法定程序发行的，并约定在一定期限内还本付息的信用凭证。各级财政只能用各项结余购买国家指定由地方各级政府购买的有价证券，如国库券，国家重点建设债券。但一般不能购买股票。发行有价证券是政府调节宏观经济、平衡预算、集中财力、筹集国家重点建设资金的一种手段。

特别提示

各级财政购入有价证券时，不得作预算支出核算，冲减相应的预算结余。有价证券到期兑换时，其本金按原来资金渠道恢复相应的预算结余。当期取得的有价证券的兑付利息及转让有价证券取得的收入与账面成本的差额，记入当期收入。

2.2.2 有价证券的核算

为了反映和监督各级财政部门有价证券的购买、兑换及结存情况，需设置“有价证券”账户。该账户借方登记各级政府按国家统一规定用各项财政结余购买的有价证券款；贷方登记到期兑换的有价证券款；余额在借方，反映尚未兑换的有价证券款，即有价证券的实际库存款数。

各级财政购入有价证券时，借记“有价证券”账户，贷记“国库存款”、“其他财政存款”账户；到期兑付有价证券时，其兑付本息，借记“国库存款”、“其他财政存款”账户，其兑付本金，贷记“有价证券”账户，利息贷记“一般预算收入”账户。

【例 2-5】 某市财政发生下列有价证券业务，分别作会计分录如下。

(1) 某市财政局根据市政府指令用预算结余购买国家指定的国库券 2 000 000 元，用基金预算结余购入特种国债 3 000 000 元。

借：有价证券——国库券　　2 000 000
　　　　　　——特种国债　　3 000 000
　贷：国库存款——一般预算存款　　2 000 000
　　　　　　　——基金预算存款　　3 000 000

(2) 以前年度用一般预算结余购买国库券到期，收回本金 200 000 元，利息收入 40 000 元(利率为 20%)。

借：国库存款——一般预算存款　　240 000
　贷：有价证券——国库券　　200 000
　　　一般预算收入　　40 000

(3) 以前年度用基金预算结余购买特种国债到期，收回本金 80 000 元，利息收入 16 000 元(利率为 20%)。

借：国库存款——基金预算存款　　96 000
　贷：有价证券——特种国债　　80 000
　　　基金预算收入　　16 000

相关链接

财政部门设立统一的国库账户

财政部门在中央银行设立一个统一的国库账户，各单位的预算资金全部在该账户的分类账户集中管理。各单位可根据自身职能的需要在批准的预算额度内自行决定购买何种商品和劳务，但款项要由财政部门支付。部门有部门预算，资金仍属于部门，所有权、使用权都没有改变，仅仅支付方式发生变化。

2.3 暂付及应收款项

2.3.1 暂付及应收款项的内容

暂付及应收款项是指预算执行过程中，在上下级财政以及财政与预算单位之间往来结算形成的债权，主要包括暂付款和与下级往来等。

各级财政部门必须严格控制和掌握结算债权的发生和清收情况，无论财政部门与预算单位之间的结算债权或是与下级财政部门之间的结算债权，都应按照有关规定办理，防止任意将应当列作收支的款项，当做结算债权处理。

特别提示

各级财政部门与预算单位之间的结算债权是待结算资金，对已经发生结算债权，年终应按规定及时清理收回，属于该列为当年支出的应及时结算转账列入当年决算，不得长期挂账。各级财政部门与下级财政部门之间的往来借垫款，属于预算外补助范围以内的，应直接在“补助支出”账户列支，不得长年用往来账户挂账。

2.3.2 暂付及应收款项的核算

1. 暂付款的核算

财政总预算会计应设置“暂付款”账户，用来核算财政部门借给所属单位或其他单位临时急需的款项。其借方登记发生数，贷方登记结算收回或转销后转入支出数，余额在借方，反映尚在结算的暂付款数。该账户应及时清理结算，原则上年终应无余额。该账户可按照资金性质和借款单位分户进行明细核算。

为核算暂付款业务各级财政机关借给所属预算单位临时急需的款项时借记“暂付款”账户，贷记“国库存款”、“其他财政存款”账户；收回或转销后转入支出数时，借记“国库存款”、“其他财政存款”或有关支出账户，贷记“暂付款”账户。

【例 2－6】 某市财政发生下列暂付款业务，分别作会计分录如下。

（1）某市财政局向市教委发放紧急借款 300 000 元，用于修理危房用款。

借：暂付款—— 市教委　　300 000

　　贷：国库存款——一般预算存款　　300 000

（2）经批准，市财政局同意将市教委的修理危房借款 300 000 元转作经费拨款。

借：一般预算支出　　300 000

　　贷：暂付款—— 市教委　　300 000

（3）采购机构将预算外资金 200 000 元划到政府采购资金专户。

借：其他财政存款　　200 000

　　贷：暂付款—— 政府采购配套资金　　200 000

2. 与下级往来的核算

与下级往来是指上级财政部门与下级财政部门的往来结算款项，主要包括：借给下级财政部门的临时款项、体制结算中下级财政向上级财政上解款项、体制结算中上级财政向下级财政的补助款等。

财政总预算会计应设置“与下级往来”账户，该账户是一个双重性质的账户。借给下级财政部门款项时，借记“与下级往来”账户，贷记“国库存款”账户。体制结算中应由下级财政上缴的收入款项时，借记“与下级往来”账户，贷记“上解收入”账户。借款收回时，转作补助支出或体制结算中应付给下级财政的补助款时，借记“国库存款”、“补助支出”等有关账户，贷记“与下级往来”账户。

【例 2－7】 某市财政局发生下列与下级往来业务，分别作会计分录如下。

（1）某市财政局同意其下属财政部门申请借款 300 000 元。

借：与下级往来——某下级财政　　300 000

　　贷：国库存款　　300 000

（2）市财政局同意将上述借款的 80％转作对下属财政单位的补助款，20％归还给本局。

借：国库存款　　60 000

　　补助支出　　240 000

　　贷：与下级往来——某下级财政　　300 000

（3）体制结算中收回下级财政上交的款项 150 000 元。

借：与下级往来——某下级财政　　150 000

　　贷：上解收入　　150 000

2.4 预拨款项

预拨款项是指按规定拨给用款单位的待结算资金，包括预拨经费和基建拨款。预拨款项属于待结算资金，是预算资金再分配的开始，预拨款项虽已经从国库存款中拨出，但并没有实际使用，原则上不得为预算支出。各级财政总预算会计不得以拨作支，领拨单位不得以领代报。

2.4.1 预拨经费

1. 预拨经费的内容

预拨经费是用预算资金拨付给用款单位行政事业单位尚未列为预算支出的经费。发生预拨经费主要有以下两项内容：一是年度预算执行中预拨给用款单位应在以后各期列支的经费；二是年度结束前预拨给用款单位下年度的经费款。如今冬明春的水利经费，需要提前拨付，但又不能在本年度列为支出。

相关链接

预拨经费管理的基本要求

财政总预算会计加强预拨经费管理的基本要求如下。

一是预拨经费应掌握个别、特殊的原因，并控制在计划规定的额度之内，不得任意预拨；二是预拨经费应按照用款单位经费领报关系预拨。凡有上级主管部门的单位，不能直接与各级财政部门发生经费领拨关系；三是预拨经费应在规定的列支期限内及时地列作支出，不能长期挂账。

2. 预拨经费的核算

为核算预拨经费业务，财政总预算会计应设置“预拨经费”账户，该账户用来核算财政部门预拨给行政事业单位，尚未列为预算支出的经费。其借方登记财政拨款数；贷记登记各单位缴回财政机关数；余额在借方，反映尚未转列支出或尚待收回的预拨经费数；该账户按拨款单位设置明细科目。

财政总预算会计预拨经费时，借记“预拨经费”账户，贷记“国库存款”、“其他财政存款”账户；转列支出或收到用款单位缴回数时，借记“一般预算支出”、“国库存款”、“其他财政存款”等账户，贷记“预拨经费”账户。

【例 2-8】 某市财政发生下列预拨经费业务，分别作会计分录如下。

（1）市财政局预拨给市教委教育经费 1 000 000 元。

借：预拨经费——市教委	1 000 000	
贷：国库存款		1 000 000

（2）将市财政局预拨给市教委教育经费 800 000 元预算支出，收回余款 200 000 元。

借：一般预算支出	800 000	
国库存款——一般预算存款	200 000	
贷：预拨经费——市教委		1 000 000

(3) 市财政局12月份根据下年计划预拨给某单位下年度经费80 000元。

借：预拨经费　　80 000

　　贷：国库存款　　80 000

2.4.2 基建拨款

基建拨款是指财政部门按基本建设计划拨付给经办基本建设支出的专业银行或拨付给基本建设财务管理部门的基本建设拨款和贷款。

特别提示

预拨基建拨款时，也是按实际预拨数额记账，与预拨经费相同。但在转列支出时，实行限额管理的基建拨款部分，要求按照建设单位的银行支出列报；不实行限额管理的基建拨款，直接按照拨付给建设单位的资金数额列为支出，也不通过“基建拨款”科目核算。

财政总预算会计拨出款项时，借记“基建拨款”账户，贷记“国库存款”账户。收到基本建设财务管理部门或受委托的专业银行报来拨付建设单位及缴回财政数时，借记“一般预算支出”、“国库存款”等账户，贷记“基建拨款”账户。

【例2-9】　某市财政局发生下列基建拨款业务，分别作会计分录如下。

(1) 某市财政局拨给市建设银行基本建设基金3 500 000元。

借：基建拨款——市建设银行　　3 500 000

　　贷；国库存款——一般预算存款　　3 500 000

(2) 市财政局月末收到建设银行报送本月建行办理的基建支出为2 000 000元。

借：一般预算支出　　2 000 000

　　贷：基建拨款——市建设银行　　2 000 000

(3) 收回前拨付给市建设银行基本建设基金3 000 000元，余款500 000元交回财政。

借：一般预算支出　　3 000 000

　　国库存款——一般预算存款　　500 000

　　贷：基建拨款——市建设银行　　3 500 000

项目小结

本项目主要讲述了财政总预算会计资产的国库存款和其他财政存款的内容和管理原则；明确财政性存款、有价证券、暂付及应收款项和预拨款项的管理要求；掌握财政性存款、有价证券、暂付及应收款项和预拨款项的核算方法。

职业能力训练

一、单项选择题

1. (　　)是指财政部门代表政府所掌管的财政资金。

A. 其他存款　　B. 一般预算存款

C. 在途款　　D. 财政性存款

2. 财政部门借给所属预算单位的款项使用哪个账户核算？（　　）

A. 暂付款　　B. 与下级往来

C. 其他应收款　　D. 在途款

3. 允许财政部门购买的有价证券是（　　）。

A. 股票　　B. 企业债券　　C. 国库券　　D. 长期债券

4. 基金预算存款在以下哪个账户核算。（　　）

A. 国库存款　　B. 其他财政存款

C. 银行存款　　D. 其他存款

5. 其他财政存款核算的内容有（　　）。

A. 一般预算存款　　B. 基金预算存款

C. 财政周转金存款　　D. 上解的预算收入

二、多项选择题

1. 财政性存款主要包括（　　）。

A. 在途款　　B. 有价证券

C. 其他财政存款　　D. 国库存款

2. 其他财政存款的主要内容包括（　　）。

A. 一般预算存款　　B. 财政周转金存款

C. 专用基金存款　　D. 基金预算存款

3. 暂付及应收款项包括（　　）。

A. 暂付款　　B. 与下级往来

C. 在途款　　D. 借出财政周转金

4. 财政预拨款项包括（　　）。

A. 预拨经费　　B. 基建拨款　　C. 拨出经费　　D. 拨出专款

5. "国库存款"账户用来核算各级财政会计在国库的预算资金，主要包括（　　）。

A. 一般预算支出　　B. 基金预算支出　　C. 一般预算资金　　D. 基金预算存款

三、分析判断题

1. 财政职能是分配资金，不直接使用资金。（　　）

2. 有价证券是由国家指定的证券发行部门依照法定程序发行的。（　　）

3. 与下级往来指上级财政部门借给下级财政部门的临时款项。（　　）

4. 预拨经费是指财政部门拨给所属预算单位尚未列报支出的款项。（　　）

5. 预拨款项是指按规定拨给用款单位的待结算资金。（　　）

四、项目实训

1. 财政性存款的核算。

资料：某市财政局发生下列经济业务。

(1) 收到国库报来的有关结算凭证，当日收到上级预算补助收入 380 000 元。

(2) 收到国库转来的预算收入日报表，当日收到上级一般预算收入款 600 000 元。

(3) 收到国库报来的预算收入日报表，当日收到基金预算收入 480 000 元。

(4) 某市财政根据预算向本市某单位拨付一般预算资金 320 000 元。

(5) 某市财政根据预算向本市某单位拨付基金预算资金 550 000 元。

(6) 某市财政按财政体制向上级某省财政上解一般预算收入 750 000 元。

要求：根据以上经济业务编制会计分录。

2. 有价证券业务的核算。

资料：某市财政局发生下列经济业务。

(1) 收到用基金预算结余购入的有价证券的利息 7 000 元。

(2) 用一般预算结余购买有价证券 300 000 元。

(3) 用基金预算结余购买特种国债 100 000 元。

(4) 收到用一般预算结余购入的特种国债到期兑付本金和利息共计 80 000 元，其中利息 9 600 元。

要求：根据以上经济业务编制会计分录。

3. 暂付及应收款项的核算。

资料：某市财政局发生下列经济业务。

(1) 某市财政总预算会计借给所属甲预算单位临时急需资金 25 000 元。

(2) 某市财政总预算会计借给本市教委临时用款 160 000 元。

(3) 在财政体制结算中，某县财政应上缴某市财政款项 200 000 元。

(4) 在财政体制结算中，某市财政应补给所属某县财政款项 85 000 元。

(5) 经批准借给所属某县财政局资金调度需要的款项 450 000 元。

(6) 接(1)借给所属某预算单位临时急需资金 250 000 元转作预算拨款。

要求：根据以上经济业务编制会计分录。

4. 在途款及预拨款项的核算。

资料：某市财政局发生下列经济业务。

(1) 某市财政在库款报解整理期内收到属于上年度的一般预算收入 80 000 元。

(2) 某市财政在决算清理期内，收回属于上年度多拨经费 55 000 元。

(3) 本月按预算预拨给其所属的教育局下个月经费 270 000 元。

(4) 根据基本建设计划，某市财政拨给所属某单位基本建设款 750 000 元。

(5) 接(3)将预拨给所属教育局的经费 270 000 元转作一般预算支出。

要求：根据以上经济业务编制会计分录。

项目3 财政总预算负债与净资产的核算

学习目标

(1) 了解财政总预算各项负债和净资产的管理要求；
(2) 掌握财政总预算各项负债和净资产核算账户的设置和运用方法；
(3) 熟练财政总预算各项负债和净资产核算的财务处理方法；
(4) 指出与事业单位和行政单位各项负债和净资产核算的不同点。

案例导读

某市财政总预算会计年终结账前，“专用基金收入”账户贷方为120万元，“专用基金支出”账户借方余额为100万元。

【讨论】 根据年终转账要求，将“专用基金收入”账户贷方余额120万元转到哪个账户？将“专用基金支出”账户借方余额100万元转到哪个账户？分析说明。

【解析】

从财政总预算会计管理的专用基金收支的年终执行结果得出，财政总预算会计应设置“专用基金结余”账户。年终转账时，将“专用基金收入”账户贷方余额120万元转到“专用基金结余”账户的贷方；将“专用基金支出”账户借方余额100万元转到“专用基金结余”账户的借方。“专用基金结余”账户年终如有贷方余额，是反映本年专用基金的滚存结余，应转入下年度。

年终转账时：

借：专用基金收入	1 200 000	
贷：专用基金结余		1 200 000
借：专用基金结余	1 000 000	
贷：专用基金支出		1 000 000

3.1 财政总预算负债

财政负债是一级财政所承担、能以货币计量、需以资产偿付的债务。它包括应付及暂收款项、按法定程序核定的预算举借的债务、借入款等。由于财政总预算会计的核算对象主要是政府财政资金，各种负债应按实际发生数额记账。因此，财政总预算的负债也具有特殊性。

3.1.1 财政总预算负债的特点与分类

1. 财政总预算会计负债的特点

财政总预算会计负债的特点有以下3个。

(1) 债务主体具有特殊性。财政总预算会计所核算的负债就是一级政府的负债，而不是财政机关自身的负债。它与其他会计主体的债务比较具有明显的不同。

(2) 负债内容具有特殊性。财政总预算会计所核算的负债，不是由经济活动直接引起的。除一般会计核算的暂收、应付的往来款项外，还包括各级政府按法定程序和核定的预算数额所举借的债务。具体表现为中央预算按全国人民代表大会批准的数额举借的国内与国外债务以及地方预算根据国家法律或国务院特别规定举借的债务(即公债)。此外还包括从上级财政部门借入的用于周转使用的有偿资金。

(3) 债务偿还具有特殊性。债务是需以资产或劳务偿付的债务。而财政总预算会计所核算的负债，则只能以减少资产的方式来偿还债务。这也是由负债主体的特殊性所决定的。

2. 财政总预算会计负债的分类

财政总预算会计所核算的负债可分为有偿性负债与无偿性负债两类。

(1) 有偿性负债。有偿性负债是指财政总预算需要偿付利息的负债，主要包括：按法定程序和核定的预算数额所举借的债务(即发行公债)所形成的借入款和因财政周转金的融通周转所形成的借入财政周转金。

(2) 无偿性负债。无偿性负债是指不需要偿付利息的负债，主要包括：因体制结算和向上级财政借入调度款而形成的与上级往来，收到不明性质的款项等应清理的暂存款，以及国库执行机构和国库结算的已结报支出资金。

相关链接

新预算会计制度规定

根据新预算会计制度规定，按法定程序及核定的预算举借的债务，是指中央预算按全国人民代表大会批准的数额举借的国内和国外债务以及地方预算根据国家法律或国务院特别规定举借的债务。都应按实际发生数额和偿还数额记账，各种债务应及时结算。属于应付暂收款和不明性质的款项应及时清理转账。

3.1.2 应付及暂收款项

应付及暂收款项是指在预算执行过程中财政与其他部门之间、上下级财政之间结算形成的债务，包括在结算中发生的暂存款、与上级财政往来款和收到其他性质不明的款项等。

1. 暂存款的核算

暂存款是指各级财政部门在预算执行过程中临时发生的应付、暂收和收到性质不明的款项。暂存款属于结算款项，结算时可能需要退还，也可能会转作收入。

为核算暂存款业务，各级财政总预算会计应设置"暂存款"账户，该账户属于负债性质的账户，收到暂存款时，借记"国库存款"、"其他财政存款"账户，贷记"暂存款"账户，该账户余额在贷方，表示尚未结清的暂存款项；冲转退还或转作收入时，借记"暂存款"账户，贷记"一般预算收入"、"国库存款"、"其他财政存款"账户。该账户应按资金性质、债权单位或款项来源设置明细账。

【例 3－1】 某市财政局发生下列暂存款业务，分别作会计分录如下。

(1) 某市财政局一般预算存款账户收到某行政单位送来性质不明的款项 30 000 元。

借：国库存款——一般预算存款　　30 000
　　贷：暂存款——某行政单位　　30 000

(2) 后查明上述性质不明的 30 000 元之中有 15 000 元为该单位合法的罚款收入，另外 15 000 元为不合法罚款，退回原单位。

借：暂存款——某行政单位　　30 000
　　贷：一般预算收入　　15 000
　　　　国库存款　　15 000

(3) 某省财政总预算会计将预算资金 500 000 元划入政府采购资金专户，用于省教育厅采购设备。

借：暂存款——政府采购资金　　500 000
　　贷：国库存款　　500 000

同时：

借：其他财政存款　　500 000
　　贷：暂存款——政府采购资金　　500 000

2. 与上级往来的核算

与上级往来是指本级财政与上级财政之间往来结算的款项，主要包括从上级财政无偿借入的款项、体制结算应上缴上级财政的款项、体制结算应由上级财政补助的款项。

在核算与上级往来款项时，要弄清是债权还是债务，债权增加记借方，减少记贷方；债务则相反。该账户上交上级财政款项时，借记"国库存款"、"上解支出"账户，贷记"与上级往来"账户；归还借款、转作上级补助收入或体制结算中应由上级补给款项时，借记"与上级往来"账户，贷记"国库存款"、"补助收入"等账户。

特别提示

与上级往来账户余额在贷方，表示本级财政欠上级财政的款项。该账户余额在借方，表示上级财政欠本级财政的款项，在编制"资产负债表"时，应以负数表示。本账户应及时清理结算，年终未能结清的余额全部结转下年。如有基金预算往来的地区，本账户可按资金性质设置明细账。

【例 3－2】 某市财政发生下列与上级往来业务，分别作会计分录如下。

(1) 某市财政局向省财政厅申请一笔借款800 000元获得批准，款项已存入国库存款户。

借：国库存款—— 一般预算存款 800 000

贷：与上级往来——省财政厅 800 000

(2) 将上述中的500 000元归还省财政，经省财政同意将余款300 000元转作本市预算补助款。

借：与上级往来 800 000

贷：国库存款—— 一般预算存款 500 000

补助收入 300 000

(3) 年终财政体制结算时，某市财政应上交上级财政款项600 000元。

借：上解支出 600 000

贷：与上级往来——省财政厅 600 000

实际上缴款项时：

借：与上级往来——省财政厅 600 000

贷：上解支出 600 000

相关链接

财政总预算往来资金的结算原则

财政总预算往来资金的结算有以下原则：一是各级财政机关必须严格控制和掌握往来款项的发生，不论是财政机关上下级之间的预算往来款项，还是财政机关与单位之间的往来款项，都应当按照有关规定办理；二是各级财政机关对于上下级之间的往来借垫款，属于预算补助范围以内的，应直接用“补助支出”账户核算，不得长年用往来账户挂账；三是各级财政机关与预算单位之间的往来借款，年终应进行彻底清理。该收回的收回，该归还的归还，该结算的结算。应当列为当年收入或当年支出的，应及时结算转账，列入当年预算；四是核算往来款项的会计账户，原则上年末应无余额。

3.1.3 借入款项

借入款项是指按照法定的程序核定的预算举借的债务，即指中央财政按全国人民代表大会批准的数额举借国内国外的债务，以及和地方财政根据国家法律或国务院特别规定举借的债务，主要有政府借款、向国际组织借款、其他国外借款、发行国库券等。举借债务主要用于弥补预算收入和支出之间的差额，即财政赤字。

特别提示

为核算中央财政和地方财政所举借的债务，各级财政总预算会计应设置“借入款”账户，用来核算财政借入款项的增减变化情况。该账户贷方登记借入款项的增加数；借方登记借入款项的减少数；期末余额在贷方，反映尚未偿还的借入款项。该账户应按债券种类和债权人分户进行明细核算。

中央财政和地方财政发行债券或举借债务时，借记“国库存款”账户，贷记“借入款”账户；到期偿还本金时，借记“借入款”账户，贷记“国库存款”账户。

【例3-3】 某市财政发生下列借入款项业务，分别作会计分录如下。

(1) 中央财政根据全国人民代表大会的决定在国内发行一年期国库券 1 200 000 000 元。

借：国库存款——一般预算存款　　1 200 000 000

　　贷：借入款——国库券　　1 200 000 000

(2) 中央财政根据全国人民代表大会的决定向国外举借债务折合人民币 900 000 000 元。

借：国库存款——一般预算存款　　900 000 000

　　贷：借入款——某种类国债　　900 000 000

(3) 中央财政清偿去年发行的某种国债 400 000 000 元，支付利息 20 000 000 元。

本金部分：

借：借入款——某种类国债　　400 000 000

　　贷：国库存款——一般预算存款　　400 000 000

利息部分：

借：一般预算支出　　20 000 000

　　贷：国库存款——一般预算存款　　20 000 000

3.1.4 已结报支出

在现行的机构设置中，预算管理任务主要由预算处和国库处共同负责，其中国库处是财政国库支付执行机构，具体负责国库资金调拨与国库部门的协调等事务。为核算财政国库资金已结清的支出数额，财政国库支付执行机构会计设置“已结报支出”账户，当天业务结束后，本账户余额等于一般预算支出与基金预算支出之和。年终结转时，借记“已结报支出”账户，贷记“一般预算支出”和“基金预算支出”账户。“已结报支出”的核算内容在项目 6 举例说明。

3.2 财政总预算净资产

3.2.1 财政结余资金

净资产是指资产减去负债的差额，即属于会计主体所有的资产净值。存在总预算的净资产包括各项结余、预算周转金等。

财政结余资金简称结余，是财政执行政府预算的结果，是指收入减去支出后的差额。

特别提示

财政总预算会计核算各项结余，如预算结余、基金预算结余和专用基金结余等。各项结余必须分别核算，不得混淆。各项结余应每年结算一次，平时不结算。年终将各项收入与相应的支出冲销后，即成为该项资金的当年结余。当年结余加上年年末滚存结余为本年年末滚存结余。

1. 预算结余的核算

预算结余是指一般预算收入减去一般预算支出后的差额，它是根据各级财政执行政府一般预算的结果。根据国家现行预算管理办法和预算会计制度的有关规定，一般预算类收入包括一般预算收入、补助收入中的一般预算补助收入、上解收入中一般预算上解收入、调入资金中的一般预算调入资金等；一般预算类支出包括一般预算支出、补助支出中的一般预算补助支出、上解支出中一般预算上解支出、调出资金中的一般预算调出资金等。

预算结余是各级财政一般预算支出的年终执行结果。预算结余每年年终结算一次，平时不结算，预算结余是各级财政预算收支的年终执行结果，其计算公式如下：

本年预算结余＝［一般预算收入＋补助收入(一般预算补助收入)＋上解收入(一般预算上解收入)＋调入资金(一般预算调入资金)］－［一般预算支出＋补助支出(一般预算补助支出)＋上解支出(一般预算上解支出)＋调出资金(一般预算调出资金)］

本年预算滚存结余＝上年滚存结余中的一般预算结余＋本年预算结余

为了核算各级财政总预算收支的年终执行结果，财政总预算会计应设置“预算结余”账户，各级财政年终结转结余时，财政部门将“一般预算收入”、“补助收入”、“上解收入”、“调入资金”等贷方余额转入本账户贷方；将“一般预算支出”、“补助支出”、“上解支出”等借方余额转入本账户借方。本账户年终贷方余额，反映本年的预算滚存结余(包括有价证券)，转入下年度。现举例说明“预算结余”的核算。

【例 3－4】 某市财政发生下列预算结余业务，分别作会计分录如下：

某市财政总预算会计年终结账前预算收入、支出账户余额见表 3－1。

表 3－1 某市财政总预算会计年终结账前预算收入、支出账户余额

账户类型	账户名称	账户余额/元
收入类账户		
	一般预算收入	12 000 000
	补助收入—— 一般预算补助收入	700 000
	上解收入—— 一般预算上解收入	600 000
	调入资金—— 一般预算调入资金	400 000
收入合计		13 700 000
支出类账户		
	一般预算支出	11 800 000
	补助支出—— 一般预算补助支出	500 000
	上解支出—— 一般预算上解支出	800 000
支出合计		12 100 000

(1) 将收入类账户贷方余额转入“预算结余”账户。

借：一般预算收入　12 000 000

　　补助收入—— 一般预算补助收入　700 000

　　上解收入—— 一般预算上解收入　600 000

　　调入资金—— 一般预算调入资金　400 000

　　贷：预算结余　13 700 000

（2）将支出类账户借方余额转入“预算结余”账户。

借：预算结余 12 100 000

　　贷：一般预算支出 11 800 000

　　　　补助支出——一般预算补助支出 500 000

　　　　上解支出——一般预算上解支出 800 000

（3）假如市财政上年预算滚存结余为1 000 000元。则：

本年滚存预算结余＝1 000 000＋13 700 000－12 100 000＝2 600 000(元)

2. 基金预算结余的核算

基金预算结余是指基金预算类收入减去基金预算类支出后的差额，它是根据各级财政执行政府基金预算的结果。基金预算类收入包括基金预算收入、补助收入——基金预算补助；基金预算类支出包括基金预算支出、补助支出——基金预算补助、调出资金等。其计算公式如下：

本年基金预算结余＝［基金预算收入＋补助收入(基金预算补助收入)＋上解收入(基金预算上解收入)＋调入资金(基金预算调入资金)］－［基金预算支出＋补助支出(基金预算补助支出)＋上解支出(基金预算上解支出)＋调出资金(基金预算调出资金)］

本年基金预算滚存结余＝上年滚存结余中的基金预算结余＋本年基金预算结余

为了核算各级财政总预算收支的年终执行结果，财政总预算会计应设置“基金预算结余”账户，各级财政年终结转基金预算结余账户，将基金预算收入类账户贷方余额转入本账户时，借记“基金预算收入”、“补助收入——基金预算补助”等账户，贷记“基金预算结余”账户；将基金预算支出类账户的借方余额转入本账户时，借记“基金预算结余”账户，贷记“基金预算支出”、“补助支出——基金预算补助”、“调出资金”等账户。

【例3－5】 某市财政发生下列基金预算结余业务，分别作会计分录如下。

某市财政总预算会计年终结账前基金预算收入、支出等账户余额见表3－2。

表3－2 某市财政总预算会计年终结账前基金预算收入、支出账户余额

账户类型	账户名称	账户余额/元
收入类账户		
	基金预算收入	8 000 000
	补助收入——基金预算补助收入	3 000 000
	上解收入——基金预算上解收入	1 300 000
收入合计		12 300 000
支出类账户		
	基金预算支出	8 000 000
	补助支出——基金预算补助支出	1 200 000
	上解支出——基金预算上解支出	1 000 000
支出合计		10 200 000

（1）将全年有关基金预算的各项收入结转“基金预算结余”账户。

借：基金预算收入　8 000 000
　补助收入——基金预算补助收入　3000 000
　上解收入——基金预算上解收入　1300 000
　　贷：基金预算结余　12 300 000

(2) 将全年有关基金预算的各项支出结转"基金预算结余"账户。

借：基金预算结余　10 200 000
　贷：一般预算支出　8 000 000
　　补助支出——基金预算补助支出　1 200 000
　　上解支出——基金预算上解支出　1000 000

(3) 假如市财政上年基金预算滚存结余为800 000元。则：

本年基金预算滚存结余＝800 000＋12 300 000－10 200 000＝2 900 000(元)

3. 专用基金结余的核算

专用基金结余是指专用基金收入减去专用基金支出后的差额，它是根据各级财政总预算会计管理的专用基金收支的年终执行结果。专用基金结余每年年终结算一次，平时不结算。其计算公式如下：

本年专用基金结余＝专用基金收入－专用基金支出

本年专用基金滚存结余＝上年滚存结余中的专用基金结余＋本年专用基金结余

为了核算各级财政总预算会计管理的专用基金收支的年终执行结果，财政总预算会计应设置"专用基金结余"账户。总预算会计年终结账时，将"专用基金收入"账户余额转入本账户，借记"专用基金收入"账户，贷记"专用基金结余"账户；将"专用基金支出"账户余额转入本账户时，借记"专用基金结余"账户，贷记"专用基金支出"账户。本账户年终贷方余额反映本年专用基金的滚存结余，转入下年度。

【例3-6】　某市财政发生下列专用基金结余业务，分别作会计分录如下。

某市财政总预算会计年终结账前专用基金收入账户贷方余额为200 000元，专用基金支出账户借方余额180 000元。

(1) 将全年有关"专用基金收入"账户贷方余额结转"专用基金结余"账户的贷方。

借：专用基金收入　200 000
　贷：专用基金结余　200 000

(2) 将全年有关"专用基金支出"账户借方余额结转"专用基金结余"账户的借方。

借：专用基金结余　180 000
　贷：专用基金支出　180 000

(3) 假如市财政上年专用基金结余为300 000元。则：

专用基金结余本年累计数＝300 000＋200 000－180 000＝320 000(元)

相关链接

预算周转金的来源

根据《中华人民共和国预算法实施条例》的有关规定，各级政府预算周转金的来源一般有两个：一是从本级政府的年度预算净结余中设置和补充，其额度应当逐步达到本级政府预算支出总额的4%；二是由上级财政部门拨入。一般来说，成立新的一级财政时，由于原来没有预算周转金，上级财政在财力许可的范围内给予若干周转金，而后财政支出逐步增大，周转金需要逐步增加，本级财政应从本级的结余中逐步补充预算周转金。

3.2.2 预算周转金

1. 预算周转金的管理

预算周转金是为调剂预算年度内季节性收支差额，保证及时用款而设置的周转金，是国家财政后备的组成部分，是国家后备基金的一种形式。

各级财政必须灵活调度预算周转金，由于预算收支有季节性差异，即使全年预算收支平衡，但月份之间、季度之间总是不平衡的，因预算收入是逐日收取的，而每月的预算支出却要在月初拨出，财政资金从征收、报解到转拨也需要一定的时间。各级财政为了平衡预算收支的季节性差异，保证按计划及时供应预算资金，需要设置相应的预算周转金。否则，很难保证预算收支任务的按期实现。

特别提示

由于预算周转金是供预算周转使用的，不能安排预算支出，也不能随意减少。预算周转金存入国库存款账户，不另设置存款户。动用预算周转金时，作为国库存款的减少，不作预算周转金的减少。

2. 预算周转金的核算

为了核算预算周转金，财政总预算会计应设置“预算周转金”账户，设置和增加预算周转金时记本账户的贷方，本账户借方一般无发生额，贷方余额反映历年累计的预算周转金。

预算周转金不另设存款账户，包含在国库存款中，若国库存款小于预算周转金数额，说明预算周转金已被动用。若预算周转金被动用，财政总预算会计不需设置“预算周转金”账户，而是将预算周转金存款合并在“国库存款”账户内统一核算。

【例 3－7】 某市财政发生下列预算周转金业务，分别作会计分录如下：

(1) 某市财政根据本年预算收支情况，设置“预算结余”和增加“预算周转金”账户，周转金为90 000 000元。

借：预算结余	90 000 000	
贷：预算周转金		90 000 000

(2) 由于预算支出规模扩大，经上级财政批准，用上年结余补充预算周转金 650 000 元。

借：预算结余	650 000	
贷：预算周转金		650 000

(3) 某市财政收到上级财政机关拨来的预算周转金 900 000 元。

借：国库存款——一般预算存款	900 000	
贷：预算周转金		900 000

项 目 小 结

本项目阐述财政总预算负债和净资产的管理和核算要求；了解财政总预算会计负债的概

念，其特点包括：债务主体具有特殊性、债务内容具有特殊性、债务偿还具有特殊性。负债可分为有偿性负债与无偿性负债两类。掌握应付及暂存款、借入款、预算结余、基金预算结余、专用基金结余和预算周转金项账户的设置和运用；熟悉财政总预算各项负债和净资产核算的账务处理方法。

职业能力训练

一、单项选择题

1. 本级财政与上级财政之间往来结算的款项是(　　)。
   A. 上解支出　　B. 国库存款　　C. 与上级往来　　D. 补助收入
2. 向上级财政借入的临时借款在什么账户核算？(　　)
   A. 暂存款　　B. 与上级往来
   C. 借入财政周转金　　D. 应付账款
3. 上解收入和上解支出年末转入的账户是(　　)。
   A. 预算结余　　B. 基金预算结余
   C. 专用基金结余　　D. 其他结余
4. 年终预算结余账户的余额反映(　　)。
   A. 基金预算结余　　B. 当年收支结余
   C. 十二月的收支结余　　D. 一般预算滚存结余
5. 用预算结余设置和补充的周转金是(　　)。
   A. 借出财政周转金　　B. 财政周转金放款
   C. 预算周转金　　D. 财政周转基金

二、多项选择题

1. 财政总预算会计负债的特点是(　　)。
   A. 债务主体具有特殊性　　B. 负债内容具有特殊性
   C. 债务偿还具有特殊性　　D. 负债核算具有特殊性
2. 财政总预算会计的结余包括(　　)。
   A. 预算结余　　B. 基金预算结余
   C. 专用基金结余　　D. 其他结余
3. 财政总预算会计负债包括(　　)。
   A. 预算结余　　B. 专用基金收入
   C. 应付及暂收款项　　D. 借入财政周转金
4. 预算周转金形成的渠道有(　　)。
   A. 上级财政部门拨入　　B. 下级财政部门上解
   C. 在预算支出中列支　　D. 本级预算结余设置和补充
5. 构成预算结余的因素有(　　)。
   A. 一般预算收入　　B. 上解收入
   C. 一般预算补助收入　　D. 上解支出

三、分析判断题

1. 举借债务主要用于弥补预算收入和支出之间的差额。（　　）
2. 调入资金和调出资金均为预算结余的构成因素。（　　）
3. 收到性质不明的款项应记入“其他应付款”账户。（　　）
4. 预算周转基金是由预算结余设置和补充的。（　　）
5. 财政总预算的净资产包括各项结余、预算周转金等。（　　）

四、项目实训

1. 暂存款的核算。

资料：某市财政局发生下列经济业务。

(1) 某市财政局收到市教育局汇来临时代管款项 150 000 元。

(2) 某市财政局一般预算存款账户收到性质不明的款项 20 000 元。

(3) 接(2)经查上述不明款项 20 000 元是市交警部门的罚款收入，已转账。

(4) 接(1)现退还市教育局的代管款项 150 000 元。

要求：根据以上经济业务做出会计分录。

2. 与上级往来的核算。

资料：某市财政局发生下列经济业务。

(1) 某市财政局为保证财政资金周转调度的顺利运行，向省财政厅借款 600 000 元。

(2) 某市财政局按财政体制结算的规定，应上缴省财政的款项 700 000 元。

(3) 某市财政局在财政体制结算中应由上级财政补助的款项 350 000 元。

(4) 接(1)某市财政局归还向省财政厅借入的款项 600 000 元。

(5) 接(2)某市财政局应按财政体制结算规定应上缴省财政的款项 700 000 元。

(6) 接(3)某市财政局收到在财政体制结算中由上级财政补助的款项 350 000 元。

要求：根据以上经济业务编制会计分录。

3. 借入款和预算周转金的核算。

资料：某市财政局发生下列经济业务。

(1) 某市财政局经上级部门批准向社会发行地方政府债券，当日收到款项 900 000 元。

(2) 某市财政局以前发行的某种政府债券已经到期，现偿还本金 550 000 元。

(3) 经上级部门批准某市财政局将预算结余 200 000 元补充预算周转金。

(4) 某市财政局收到上级财政部门拨来资金 150 000 元，用于增补预算周转金。

要求：根据以上经济业务编制会计分录。

4. 财政结余资金的核算。

资料：某市财政局各收支账户的余额年终清理结算反映如下。

(1) 某市财政局“一般预算收入”账户贷方余额 720 000 元；“补助收入——一般预算补助”账户贷方余额 200 000 元；“上解收入”账户贷方余额 250 000 元；“调入资金”账户贷方余额 80 000 元。

(2) 某市财政局“一般预算支出”账户借方余额 850 000 元；“补助支出——一般预算补助”账户借方余额 75 000 元；“上解支出”账户借方余额 300 000 元。

(3)“基金预算收入”账户贷方余额 550 000 元；“补助收入——基金预算补助”账户贷方余额 200 000 元。

(4) 某市财政局“基金预算支出”账户借方余额 350 000 元；“补助支出——基金预算补助”账户借方余额 75 000 元；“调出资金”账户借方余额 60 000 元。

(5) 某市财政局“专用基金收入”账户贷方余额 75 000 元。

(6) 某市财政局“专用基金支出”账户借方余额 75 000 元。

要求：根据以上所给的账户余额分别结转相应账户，并编制相应的会计分录。

项目 4 财政总预算收入的核算

学习目标

（1）了解政府收入分类和各项财政收入管理的一般要求；
（2）明确一般预算收入的内容、收纳、划分、报解的要求；
（3）掌握各项财政收入核算的账户设置和运用方法；
（4）熟练各项财政收入核算的账务处理方法。

案例导读

某市财政局收到金库报送红字填列的“分成收入计算日报表”及其有关凭证。其中：分成收入合计为－150 000元，按上级规定应上解30%，应上解为－45 000元，本市留成70%，应为－105 000元。

【讨论】 该市总财政预算会计是否应根据“分成收入计算日报表”和“收入退还书”付款通知联填制记账凭证，如何进行账务处理？分析说明。

【解析】

该项业务属于分成收入退库业务，市财政总预算会计应根据“分成收入计算表”和“收入退还书”付款通知联填制记账凭证，按原定分成比例和“收入退还书”付款通知联填制记账凭证进行账务处理：收到“分成收入计算表”时，市财政总预算会计应进行如下账务处理即借记“国库存款”账户，贷记“一般预算收入”账户；退库时，借记“上解支出”账户，贷记“国库存款”账户。

收到“分成收入计算表”时：

借：国库存款 [150 000][①]

　　贷：一般预算收入 [150 000]

退库时：

借：上解支出 [45 000]

　　贷：国库存款 [45 000]

注：①［　　］表示红字，后文同。

4.1 政府收入分类

4.1.1 政府收入分类的概念

政府收入是预算年度内通过一定的形式和程序，有计划地筹措到的归国家支配的资金，也是国家参与国民收入分配的主要形式，是国家实现职能的财力保障。政府收入分类即将各类政府收入按其性质进行归类和层次划分，以便全面、准确地反映政府收入的总量、结构及来源情况。

4.1.2 政府收入分类的特点

政府收入应进行统一分类，全面、规范、细致地反映政府各项收入。改革后的政府收入分类主要有以下 3 个特点。

(1) 从政府收入分类的来源和性质上看，不仅包括一般预算收入、基金预算收入和债务预算收入，还包括预算外收入、社会保险基金收入等应属于政府收入范畴的各项收入。从而形成了完整、统一的政府收入分类。

(2) 从分类方法上看，原收入分类只是各种收入的简单罗列，如各项税收、行政事业性收费、罚没收入等。新的收入分类按照科学标准和国际通行做法将政府收入划分为税收收入、非税收入、贷款转贷回收本金收入、债务收入以及转移性收入等，这为进一步加强收入管理和数据统计分析创造了有利条件。

(3) 从分类结构上看，原收入分类分设类、款、项三级，改革后政府收入分类分设类、款、项、目四级，多了一个层次。四级科目逐级细化，以满足不同层次的管理需求。

4.1.3 政府收入分类的主要内容

政府收入分类主要反映政府收入的来源和性质。根据目前我国政府收入的构成情况，结合国际通行做法和最新《政府收支分类科目》，将政府收入分为类、款、项、目四级。其中类、款两级科目设置情况如下。

1. 税收收入类(分设 20 款)

税收收入类具体分为：增值税、消费税、营业税、企业所得税、企业所得税退税、个人所得税、资源税、固定资产投资方向调节税、城市维护建设税、房产税、印花税、城镇土地使用税、土地增值税、车船使用和牌照税、船舶吨税、车辆购置税、关税、耕地占用税、契税、其他税收收入。

2. 社会保险基金收入类(分设 6 款)

社会保险基金收入类具体分为：基本养老保险基金收入、失业保险基金收入、基本医疗保险基金收入、工伤保险基金收入、生育保险基金收入、其他社会保险基金收入。

3. 非税收入类(分设 8 款)

非税收入类具体分为：政府性基金收入、专项收入、彩票资金收入、行政事业单位收费收入、罚没收入、国有资产经营收入、国有资源(资产)有偿使用收入、其他收入。

4. 贷款转贷回收本金收入类(分设 4 款)

贷款转贷回收本金收入类具体分为：国内贷款回收本金收入、国外贷款回收本金收入、国内转贷回收本金收入、国外转贷回收本金收入。

5. 债务收入类(分设 2 款)

债务收入类具体分为：债务收入、国外债务收入。

6. 转移性收入类(分设 5 款)

转移性收入类具体分为：返还性收入、财力性转移支付收入、专项转移支付收入、上年结余收入、调入资金。

4.2　一般预算收入

4.2.1　一般预算收入的管理

1. 一般预算收入的内容

一般预算收入是通过一定的形式和程序，有计划、有组织地由国家支配、纳入预算管理的资金。根据最新《政府收支分类科目》的规定，将预算收入划分为：一般预算收支科目、基金预算收支科目、专用基金预算收支科目、国有资本经营预算收支科目等部分。

2. 预算收入的组织机构

为了确保各项预算收入的及时足额征收入库，加强预算收入的监督管理，国家专门设立的机关主要有征收机关和国家金库。

1) 征收机关

征收机关是指负责预算收入的征收管理机构，他们按照国家的方针政策、法律法规把各项预算收入及时足额地征收入库。征收机关主要包括财政机关、税务部门和海关等。

相关链接

各征收机关的具体分工

各征收机关的具体分工有如下 3 点。

(1) 财政机关主要负责征收国有企业上缴利润、债务收入和其他预算收入等。

(2) 税务机关主要负责国家工商税收、企业所得税和由税务机关征收的其他预算收入等。

(3) 海关主要负责关税以及国家指定其负责征收的其他预算收入和海关代征的进出口产品的增值税、消费税等。

特别提示

不属于上述范围的预算收入，以国家规定负责管理征收的单位为征收机关。未经国家批准不得自行增设征收机关。

2)国家金库

国家金库是预算收入的出纳机构，简称国库。它是国家预算资金唯一收纳、划分、报解的专门机构。一切预算收支都必须通过国家金库进行入库和拨付。国库包含以下两层意思：一是国家金库是国家财政的“财政库”，是国家财政的总出纳机关。它既不是银行收存金银实物的“实物库”，也不是银行保管货币的“发行库”。二是国家金库既是一个出纳机关，但不是单纯的收支现金出纳，而是参与组织和执行国家预算的专门机关。

特别提示

我国国库的组织是按国家统一领导、分级管理的财政管理体制设立的，由中国人民银行代理。根据预算法及其实施条例有关规定，我国国库分为中央国库和地方国库两套机构，分别对中央财政和地方财政负责。中央国库业务由中国人民银行办理；地方国库业务由中国人民银行分支机构办理；未设中国人民银行分支机构的地区，由地方财政委托有关金融机构办理。

目前中央国库分为总库、分库、中心支库、支库四级，总库设立在中国人民银行总行、分库设立在各省(自治区、直辖市)分行，中心支库设立在市(地、自治州)中心支行、支库设立在县(市)支行。国库的业务工作实行垂直领导，分库以下各级国库的工作，直接对上级国库负责。下级国库应定期向上级国库报告工作情况，上级国库可以直接对下级国库布置检查工作。

相关链接

国家金库的基本职责

国家金库的基本职责有5点。第一，准确及时地收纳各项收入；第二，按照财政制度的有关规定和银行的管理办法，为各级财政机关开立账户。并办理同级财政库款的支拨；第三，对各级财政库款和预算收入进行会计账务核算。并定期向财政部门和上级国库、征收机关送报国库报表，定期与财政、税务机关对账，以保证数字准确一致；第四，分析预算执行情况，协助财政、税务机关组织预算收入并及时入库；第五，组织检查下级国库的工作，总结交流经验，办理国家交办与国库有关的其他工作。

4.2.2 一般预算收入的缴库方式和收缴程序

1. 一般预算收入的缴库方式

按现行国库制度的规定，一般预算收入的缴库一律通过国库办理。其缴库方式可分为就地缴库、集中缴库和自收汇缴3种。但一般预算收入的缴库方式实行国库单一账户制度改革后，缴库方式由现行的就地缴库、集中缴库和自收汇缴3种方式简化为直接缴库和集中汇缴两种方式。

1) 直接缴库

直接缴库是由缴款单位或缴款人按有关法律法规规定，直接将应缴款项缴入国库单一账户或预算外资金财政专户。

2) 集中汇缴

集中汇缴是由征收机关或有关法定单位按有关法律法规规定，将所收的应缴款项汇总缴入国库单一账户或预算外资金财政专户。

2. 一般预算收入的收缴程序

1）直接缴库程序

直接缴库的税收收入，由纳税人或税务代理人提出纳税申报，经征收机关审核无误后，由纳税人通过开户银行将税款缴入国库单一账户。直接缴库的其他收入，比照上述程序缴入国库单一账户或预算外资金财政专户。

2）集中汇缴程序

小额零散税收和法律另有规定的应缴收入，由征收机关于收缴收入的当日汇总缴入国库单一账户。非税收入中的现金缴款，比照本程序缴入国库单一账户或预算外财政专户。

4.2.3 一般预算收入的划分、报解和缴款凭证

1. 一般预算收入的划分

各级国库在收到预算收入时，应按照国家财政管理体制的规定，将收纳入库的预算收入在中央财政和地方财政之间以及在地方各级财政之间进行划分。这种划分是通过“财政管理体制”进行的，一般预算收入在中央财政和地方财政之间划分为中央固定收入、地方固定收入、中央与地方共享收入等。

1）中央固定收入

按现行财政管理体制划分，属中央固定预算收入，主要包括：关税，海关代征进口环节增值税和消费税，车辆购置税，中央企业所得税，地方银行、外资银行和非银行金融机构所得税，铁道部门、各银行总行、各保险总公司等集中交纳的收入(包括营业税、所得税、利润和城市维护建设税)等。另外还包括外贸企业的出口退税。

2）地方固定收入

属地方固定收入，主要包括：营业税(不含铁道部门、各银行总行、各保险总公司等集中交纳的营业税)，地方企业所得税(不含上述地方银行、外资银行和非银行金融机构所得税)，地方企业上缴利润，城镇土地使用税，固定资产投资方向调节税，城市维护建设税(不含铁道部门、各银行总行和各保险集中交纳的)，房产税，车船税，印花税，屠宰税，耕地占用税，契税，遗产税和赠予税，土地增值税，国有土地有偿收入等。

3）中央与地方共享收入

我国现行的共享收入主要包括：增值税(其中中央财政分享75%，地方财政分享25%)；营业税(归中央财政部分由铁道部门、各银行总行、各保险总公司等集中交纳，其余部分归地方财政)；资源税(按资源品种划分，海洋石油企业部分的缴纳归中央财政，其余部分归地方财政)；企业所得税、外商投资企业和外国企业所得税。(铁道部门、各银行总行和海洋石油企业部分的缴纳归中央财政，其余部分由中央财政按60%、地方财政按40%的比例分享)；城市维护建设税(铁道部门、各银行总行、各保险总公司集中交纳的部分归中央财政，其余部分归地方财政)；印花税(证券交易印花税收入按97%归中央财政，其余部分按3%归地方财政)；个人所得税(中央财政按60%、地方财政按40%的比例分享)。

特别提示

财政总预算会计需要注意一般预算收入的调整，在中央财政与地方财政之间的收入划分曾多次进行调整，有部分调整幅度较大，有部分调整幅度较小。在实际工作应用中，需要密切注意调整方案，财政总预算会计应以最新调整政策为准进行收入划分。

2. 一般预算收入的报解

一般预算收入的报解是指应通过国库向上级国库和财政机关报告预算收入的情况，并将属于上级财政的预算收入解缴到一级国库。一般预算收入的报解包括两层含义：一是报，就是国库向财政机关报告预算收入情况，并编出“预算收入日报表”，以便各级财政机关掌握一般预算收入的进度和情况；二是解，就是国库在进行各级预算收入的划分和办理分成后，将财政库款解缴到财政在银行的国库存款账户。并将属于本级财政的库款直接划入同级财政的国库存款账户，属于上级财政库款，应通过上级国库层层汇解到各级财政的国库存款账户。

一般预算收入以本年缴入基层国库的数额为准。财政总预算会计以国库报送的“一般预算收入日报表”及其附表凭证为依据进行记账。

3. 一般预算收入的缴款凭证

缴款单位或缴款人缴纳各种预算收入，有现金缴款和转账缴款两种形式，在实际工作中，无论采用哪种形式缴款，一律按规定填写统一的“缴款书”。

特别提示

“缴款书”是国库办理预算收入收纳的合法原始凭证，也是财政部门、征收机关、缴款单位核算预算收入的原始资料。各级国库在接到缴款书后，必须对缴款书进行认真细致的审核与复查。

目前我国缴款书分“一般缴款书”、“中华人民共和国税收缴款书”和“税收专用缴款书”3种。“一般缴款书”格式见表4－1；“中华人民共和国税收缴款书”格式见表4－2；“税收专用缴款书”格式见表4－3。

表4－1 一般缴款书(收据)

年 月 日填制　　　　字第 号

<table>
<tr><td rowspan="3">收款单位</td><td colspan="2">财政机关</td><td></td><td colspan="2" rowspan="3">缴款单位</td><td colspan="4">全 称</td><td colspan="8"></td></tr>
<tr><td colspan="2">预算级次</td><td></td><td colspan="4">账 号</td><td colspan="8"></td></tr>
<tr><td colspan="2">收款国库</td><td></td><td colspan="4">开户银行</td><td colspan="8"></td></tr>
<tr><td colspan="4">预算科目名称(应写全称)</td><td>年份</td><td>月份</td><td colspan="11">金 额</td><td>备注</td></tr>
<tr><td rowspan="9">缴款限期 年 月 日</td><td>款</td><td>项</td><td>目</td><td></td><td></td><td>亿</td><td>千</td><td>百</td><td>十</td><td>万</td><td>千</td><td>百</td><td>十</td><td>元</td><td>角</td><td>分</td><td></td></tr>
<tr><td></td><td></td><td></td><td></td><td></td><td></td><td></td><td></td><td></td><td></td><td></td><td></td><td></td><td></td><td></td><td></td><td></td></tr>
<tr><td></td><td></td><td></td><td></td><td></td><td></td><td></td><td></td><td></td><td></td><td></td><td></td><td></td><td></td><td></td><td></td><td></td></tr>
<tr><td></td><td></td><td></td><td></td><td></td><td></td><td></td><td></td><td></td><td></td><td></td><td></td><td></td><td></td><td></td><td></td><td></td></tr>
<tr><td></td><td></td><td></td><td></td><td></td><td></td><td></td><td></td><td></td><td></td><td></td><td></td><td></td><td></td><td></td><td></td><td></td></tr>
<tr><td colspan="5">合 计</td><td></td><td></td><td></td><td></td><td></td><td></td><td></td><td></td><td></td><td></td><td></td><td></td></tr>
<tr><td colspan="17">人民币(大写)</td></tr>
<tr><td colspan="3">缴款单位公章
复核员　　填制人</td><td colspan="14">上列款项已收妥并划转收款单位。
国库(银行)盖章
复核员　　记账员　　出纳员
年　月　日</td></tr>
</table>

逾期不缴按规定加收滞纳金。

以上“一般缴款书”为一式五联。每联使用说明具体如下。

第一联：收据。由国库经收处收款盖章后退给缴款单位和缴款人。

第二联：付款凭证。由缴款单位的开户银行作付出传票。

第三联：收款凭证。由国库作收入传票。

第四联：回执。由国库收款盖章后退给征收机关。

第五联：报查。由国库收款盖章后退给财政机关。

表4－2　　中华人民共和国税收缴款书

字第　　号

隶属关系：

收入机关：　　　　填发日期　　年　　月　　日　　　　经济类型：

预算科目	款		收款单位（人）	代码										
	项			全　称										
	级次			开户银行										
收款国库				账　号										
税收所属时间：　年　月　日					千	百	十	万	千	百	十	元	角	分
产品名称	课税数量	计税金额或销售收入	税率或单位税额	已缴或扣除利息										
合　计														
金额合计（大写）														
缴款单位（缴款人）盖章 经办人		税务机关盖章 填票人盖章			上列款项已收妥并划转收款单位账户。国库（银行）盖章 年　月　日									

逾期不缴按规定加收滞纳金。

以上“中华人民共和国税收缴款书”为一式三联，每联使用说明如下。

第一联：收据。由国库经收处收款盖章后退给缴款单位和缴款人。

第二联：付款凭证。缴款单位的支付凭证，并由开户银行作付出传票。

第三联：收款凭证。由国库作收入传票。

特别提示

根据财政体制的规定和预算级次，将固定收入分别列入各级财政的预算收入日报表，将共享收入按规定的划分比例分别转入各级财政的预算收入日报表。国库每日应将各级次的预算收入日报表连同库款划解单据分别报同级财政部门和上级国库部门。只有这样，才使中央财政与地方财政之间、地方各级财政之间预算收入的划分符合国家预算管理体制的规定。

表 4-3　税收专用缴款书

款：增值税　　　　　　中央、地方　　　　　　字第　　号

填发日期：　　年　　月　　日

科目：　　　　　　（分成专用）　　　　　　隶属关系：

项：中央企业增值税　　　　　　固定比例　　　　　　经济类型：

<table>
<tr><td colspan="2" rowspan="3">收款单位全称
收款国库</td><td colspan="2" rowspan="3">财政局
财政厅
(局)</td><td colspan="2" rowspan="3">缴款
单位</td><td colspan="3">全　称</td><td colspan="11"></td></tr>
<tr><td colspan="3">账　号</td><td colspan="11"></td></tr>
<tr><td colspan="3">开户银行</td><td colspan="11"></td></tr>
<tr><td colspan="20">税收所属时间：　　年　　月　　日</td></tr>
<tr><td rowspan="3">产品名称</td><td rowspan="3">单位</td><td rowspan="3">数量</td><td rowspan="3">销售收入</td><td rowspan="3">扣除全额</td><td rowspan="3"></td><td rowspan="3"></td><td rowspan="3">应征税款</td><td rowspan="3">扣除税额</td><td rowspan="3">预算级次</td><td colspan="10">入库税额</td></tr>
<tr><td>千</td><td>百</td><td>十</td><td>万</td><td>千</td><td>百</td><td>十</td><td>元</td><td>角</td><td>分</td></tr>
<tr><td></td><td></td><td></td><td></td><td></td><td></td><td></td><td></td><td></td><td></td></tr>
<tr><td></td><td></td><td></td><td></td><td></td><td></td><td></td><td></td><td></td><td>中央预算收入(75%)地方预算收入(25%)</td><td></td><td></td><td></td><td></td><td></td><td></td><td></td><td></td><td></td><td></td></tr>
<tr><td colspan="2">全额合计</td><td colspan="18">人民币(大写)</td></tr>
<tr><td colspan="4">收款单位(盖章)</td><td colspan="6">税务机关(盖章)
专管员章</td><td colspan="10">上列款已收妥并划转收入单位账户。
国库(银行)盖章
年　月　日</td></tr>
</table>

缴款单位地址：　　　　　　电话：　　　　　　逾期不缴按规定加收滞纳金。

4.2.4　一般预算收入的核算

财政总预算会计收到国库报来的预算收入日报表所列示的当日预算收入时，借记“国库存款”账户，贷记“一般预算收入”账户，如当日预算收入为负数时，以红字登记入账，采用计算机记账的以负数“-”表示；年终结账将“一般预算收入”账户的贷方余额全数转入“预算结余”账户，即借记“一般预算收入”账户，贷记“预算结余”账户。

【例 4-1】 某市财政局发生下列一般预算收入业务，分别作会计分录如下。

(1) 某市财政局收到国库报来“预算收入日报表”，内列一般预算收入见表 4-4。

表 4-4　某市预算收入日报表

年　　月　　日　　　　　　单位：元

科目名称	本日收入
增值税	50 000
营业税	60 000
城市维护建设税	50 000
房产税	150 000
总　　计	310 000

国库盖章：　　　　　　复核：　　　　　　制表：

按表 4-4 预算收入日报表的总计数，做出如下会计分录：

借：国库存款—— 一般预算存款　　310 000

　　贷：一般预算收入　　310 000

按表 4-4 所列各项收入记载预算收入明细账如下：

——增值税　　50 000

——营业税　　60 000

——城市维护建设税　　50 000

——房产税　　150 000

(2) 某市财政局收到国库报来"预算收入日报表"，内列当日一般预算收入见表 4-5。

表 4-5　某市预算收入日报表

年　　月　　日　　　　单位：元

科目名称	本日收入
增值税	65 000
营业税	35 000
个人所得税	20 000
城市维护建设税	−150 000
房产税	−70 000
总　　计	−100 000

国库盖章：　　　　复核：　　　　制表：

按表 4-5 预算收入日报表总计数，做出如下会计分录：

借：国库存款—— 一般预算存款　　[100 000]

　　贷：一般预算收入　　[100 000]

按表 4-5 所列各项收入记载预算收入明细账如下：

——增值税　　65 000

——营业税　　35 000

——个人所得税　　20 000

——城市维护建设税　　[150 000]

——房产税　　[70 000]

(3) 年终应将"一般预算收入"账户贷方余额 2 800 000 元结转到"预算结余"账户。

借：一般预算收入　　2 800 000

　　贷：预算结余　　2 800 000

4.2.5　一般预算收入退库

预算收入退库是将已入库的预算收入退还给原缴纳的单位或个人。凡已缴入国库的预算收入，就是国家预算资金。退库属于减少国家预算资金，因此需要严肃对待。为确保国家预算资金的安全完整，除同级财政机关外，任何单位和个人无权动用国库款。对于一些已缴入国库的预算资金，由于技术性差错或办理财务结算等原因需退库的，必须在国家规定的退库范围内并经过一定的审批程序才能办理。

1. 预算收入退库的所属范围

根据财政部的有关规定，属于下列几种情况的，可办理预算退库。

(1) 由于工作疏忽，造成技术性差错需要退库的。如预算收入错缴(即应缴中央预算收入的，却错缴到地方预算收入的)、多缴和在上下级之间划错预算次级等而需要办理退库。

(2) 改变隶属关系办理财务结算退库的。如原属于中央企业下放给地方，行政隶属关系也改变了，在年度中原已缴入中央预算收入的现在需要退还给地方。

(3) 企业已缴库的税款，超过实际应缴数额的部分，可办理退库。

(4) 根据批准的企业亏损计划，通过退库方式弥补企业单位的亏损。

(5) 财政部明文规定或属专项批准的其他退库项目的可办理退库。

2. 预算收入退库的审批期限

预算收入退库的审批期限由国家统一规定，如果中央预算收入需要办理退库手续的，必须由财政部或财政部授权的主管部门审批；如果地方预算收入需要办理退库手续的，也必须由地方财政部门或地方财政部门授权的征收部门审批。

相关链接

预算收入退库审批的具体规定

预算收入退库审批的具体规定包括以下3个方面。

(1) 由同级财政部门或征收部门审批的，主要是属预算收入的错缴、多缴和企业超缴部分需要退库的款项。

(2) 由主管的财政部门或征收部门在批准的计划数额内审批的，主要是属按计划弥补企业单位的亏损所需退库的款项。

(3) 属自然灾害等特殊原因造成需要退库的款项，可按事发时相关规定办理审批。

3. 预算收入退库的手续

预算收入退库的工作由各级国库统一办理，在办理预算收入退库时，一律由申请单位或个人提出申请，并将有关文件资料送给财政部门或征收机关，然后按退库要求填写“退库申请书”。“退库申请书”经财政部门和征收机关严格审查批准确认符合退库条件后，签发“收入退还书”，并加盖财政部门和征收机关的公章，再交申请退款单位或个人到指定的国库办理退库。各级国库必须根据“收入退还书”(表4-6)退付库款。

“收入退还书”一式五联，其用途如下。

第一，报查。由办理退库的所在国库盖章后，退回签发机关备查联。

第二，付款凭证。由办理退库的所在国库作付出传票，也是退库的原始凭证。

第三，收入凭证。由收款单位的开户行作收入传票。

第四，收账通知。由收款单位的开户行通知收款单位，以此作收账登记。

第五，付款通知。由国库随收入日报表报送给退款的财政机关。

表 4-6 收入退还书(样)

签发日期：　　年　　月　　日　　　　　　　编号：

<table>
<tr><td rowspan="3">收款单位</td><td>全　称</td><td></td><td colspan="3" rowspan="3">退库单位</td><td colspan="3">机关单位</td><td colspan="4"></td></tr>
<tr><td>账　号</td><td></td><td colspan="3">预算级次</td><td colspan="4"></td></tr>
<tr><td>开户银行</td><td></td><td colspan="3">退款国库</td><td colspan="4"></td></tr>
<tr><td colspan="3">预算科目</td><td colspan="9">金　额</td><td rowspan="2">退库原因</td></tr>
<tr><td>款</td><td>项</td><td>目</td><td>百</td><td>十</td><td>万</td><td>千</td><td>百</td><td>十</td><td>元</td><td>角</td><td>分</td></tr>
<tr><td></td><td></td><td></td><td></td><td></td><td></td><td></td><td></td><td></td><td></td><td></td><td></td><td rowspan="4"></td></tr>
<tr><td></td><td></td><td></td><td></td><td></td><td></td><td></td><td></td><td></td><td></td><td></td><td></td></tr>
<tr><td></td><td></td><td></td><td></td><td></td><td></td><td></td><td></td><td></td><td></td><td></td><td></td></tr>
<tr><td colspan="3">合　　计</td><td></td><td></td><td></td><td></td><td></td><td></td><td></td><td></td><td></td></tr>
<tr><td colspan="13">人民币(大写)：</td></tr>
<tr><td colspan="6">填发机关盖章

负责人：　　复核人：　　经办员：</td><td colspan="7">退库情况记录：</td></tr>
</table>

特别提示

各级预算收入的退库，原则上通过转账办理，不支付现金。如有特殊情况必须以现金方式支付的，财政部门或征收机关应严格审查核实后，在“收入退还书”上加盖“退付现金”的戳记，再由收款人持“收入退还书”到所在国库办理退库手续。

4. 预算收入退库的核算

预算收入退库的核算与预算收入入库的核算是相反的，由于预算收入的退库是按预算级次在当日收入数内退付的，国库就预算收入入库数与退库数的差额填列“预算收入日报表”。当日的入库数与退库数互相抵付后，如入库数大于退库数，收退相抵后为正数，可按收退相抵后的正数核算当日该核算科目的一般预算收入；如当日“预算收入日报表”某预算科目入库数小于退库数，收退相抵后为负数，则按收退相抵后的负数核算当日该核算科目的退库数。

【例 4-2】 某市财政局发生下列一般预算收入退税业务，根据收入退还书一(表 4-7)和预算收入日报表一(表 4-8)分别作会计分录如下。

(1) 某市企业按规定缴纳税款，现办理超过实际应缴税额部分为 200 000 元。

借：国库存款——一般预算存款　　200 000

　　贷：一般预算收入　　200 000

(2) 国库报来“预算收入日报表”及其他有关凭证，内列当日企业所得税收入 250 000 元，国有企业按计划弥补亏损款项 280 000 元。

借：国库存款——一般预算存款　　30 000

　　贷：一般预算收入　　30 000

表 4-7　收入退还书一

签发日期：×年 ×月 × 日　　　　编号：×××

<table>
<tr><td rowspan="3">收款单位</td><td>全　称</td><td colspan="2"></td><td colspan="3" rowspan="3">退库单位</td><td colspan="3">机关单位</td><td colspan="3"></td></tr>
<tr><td>账　号</td><td colspan="2"></td><td colspan="3">预算级次</td><td colspan="3"></td></tr>
<tr><td>开户银行</td><td colspan="2"></td><td colspan="3">退款国库</td><td colspan="3"></td></tr>
<tr><td colspan="3">预算科目</td><td colspan="9">金　额</td><td rowspan="2">退库原因</td></tr>
<tr><td>款</td><td>项</td><td>目</td><td>百</td><td>十</td><td>万</td><td>千</td><td>百</td><td>十</td><td>元</td><td>角</td><td>分</td></tr>
<tr><td></td><td></td><td></td><td></td><td></td><td></td><td></td><td></td><td></td><td></td><td></td><td></td><td rowspan="3">超过实际应缴税额</td></tr>
<tr><td></td><td></td><td></td><td></td><td></td><td></td><td></td><td></td><td></td><td></td><td></td><td></td></tr>
<tr><td colspan="3">合　计</td><td>¥</td><td>2</td><td>0</td><td>0</td><td>0</td><td>0</td><td>0</td><td>0</td><td>0</td></tr>
<tr><td colspan="13">人民币(大写)：贰拾万元整</td></tr>
<tr><td colspan="7">填发机关盖章

负责人：×××　复核人：×××　经办员：×××</td><td colspan="6">退库情况记录：</td></tr>
</table>

表 4-8　某市预算收入日报表一

年　　月　　日　　　　单位：元

科目名称	本日收入
企业所得税	－30 000
总　　计	－30 000

国库盖章：　　　　复核：　　　　制表：×××

4.3　基金预算收入

基金预算收入是按规定收取，转入或通过当年财政安排，由财政管理并具有指定用途的政府性基金。

4.3.1　基金预算收入的内容

基金预算收入的分类与最新《政府收支分类科目》中的基金预算收入科目一致。具体可分为非税收入科目与转移性收入科目两个类级。其中，非税收入科目下设 1 个款级即为政府性基金收入科目；转移性收入科目下设 3 个款级即为政府性基金转移收入科目、上年结余收入科目、调入资金科目。根据最新《政府收支分类科目》中的基金预算收入科目具体设置见表 4-4。

表4-4　基金预算收入科目

科目级次				科目名称	科目级次				科目名称
类	款	项	目		类	款	项	目	
103				非税收入（政府性基金收入）				06	货物附加费收入
	01			政府性基金收入				07	公路客运附加费收入
		01		三峡工程建设基金收入				08	公路货运附加费收入
		02		农网还贷资金收入				09	客运车辆公路基础设施建设费收入
			01	中央农网还贷资金收入				10	货运车辆公路基础设施建设费收入
			02	地方农网还贷资金收入			12		燃油附加费收入
		03		能源建设基金收入			13		水运客货运附加费收入
			01	煤炭可持续发展基金收入			14		转让政府还贷道路收费权收入
			02	电源基地建设基金收入				01	转让政府还贷公路收费权收入
		04		库区建设基金收入				02	转让政府还贷城市道路收费权收入
		05		煤代油建设基金收入			15		港口建设费收入
		06		铁路建设基金收入			16		下放港口以港养港收入
		07		铁路建设附加费收入			18		散装水泥专项资金收入
		08		民航基础设施建设基金收入			19		墙体车辆专项基金收入
		09		民航机场管理建设费收入			20		中央对外贸易发展基金收入
		10		养路费收入			21		旅游发展基金收入
		11		公路客货运附加费收入			22		援外合资合作项目基金收入
			01	客运站场建设费收入			23		对外承包工程保函风险专项资金收入
			02	公路客运设施建设专用基金			24		国家丝绸发展风险基金收入
			03	公路货运发展建设基金			25		烟草商业税后利润收入
			04	客货运输设施建设基金			26		文化事业建设费收入
			05	客票附加费收入				01	中央所属企事业单位文化事业建设费收入

续表

科目级次				科目名称	科目级次				科目名称
类	款	项	目		类	款	项	目	
			02	地方所属企事业单位文化事业建设费收入				01	上缴管理费
			03	中央和地方所属企事业单位文化事业建设费收入				02	计提廉租住房资金
		27		地方教育费附加收入				99	其他政府住房基金收入
		28		地方教育基金收入			44		城镇公用事业附加收入
		29		国家电影事业发展专项资金收入			46		国有土地使用权出让金收入
		30		农业发展基金收入				01	土地出让总价款
		31		新菜地开发基金收入				02	补缴的土地价款
		33		新增建设用地土地有偿使用费收入				03	划拨土地收入
			01	中央新增建设用地土地有偿使用费收入				99	其他土地出让金收入
			02	地方新增建设用地土地有偿使用费收入			47		国有土地收益基金收入
		34		林业基金收入			48		农业土地开发资金收入
		35		育林基金收入			49		大中型水库移民后期扶持基金收入
		36		森林植被恢复费收入			50		大中型水库库区基金收入
		37		中央水利建设基金收入			51		三峡库区非农业户口移民扶助基金收入
			01	中央水利建设基金划转收入			99		其他基金收入
			02	中央其他水利建设基金收入	110				转移性收入
		38		地方水利建设基金收入		04			政府性基金转移收入
			01	地方水利建设基金划转收入			01		政府性基金补助收入
			02	地方其他水利建设基金收入			02		政府性基金上解收入
		39		南水北调工程建设基金收入		08			上年结余收入
		40		灌溉水源灌排工程补偿费收入			02		政府性基金预算上年结余收入
		41		水资源补偿费收入		09			调入资金
		42		残疾人就业保障金收入			02		政府性基金预算调入
		43		政府住房基金收入					

相关链接

基金预算收入的管理要求

基金预算收入管理要求有以下4点。

(1) 基金预算收入的确定以缴入国库数或总预算会计实际收到数额为准。

(2) 按规定，先收后支出，自求平衡。基金预算收入需全部上缴国库，实行收支两条线的管理。基金预算收入与基金预算支出应当做到自求平衡。

(3) 专款专用，分项核算。相应的基金预算收入应当用于相应的基金预算支出，各项基金预算收入与基金预算支出之间不能相互调剂。

(4) 根据财政部规定在指定银行存储的基金，应按规定办理转存手续。基金预算收入的存款利息收入应作为基金预算收入入账。

4.3.2　基金预算收入的核算

为了反映和监督各级财政部门的基金预算收入情况，财政总预算会计应设置“基金预算收入”账户。该账户贷方记录平时取得的基金预算收入数额；借方记录年终转入“基金预算结余”账户的数额。平时的余额在贷方，反映财政当年基金预算收入累计数。年终结转后，该账户无余额。

【例4-3】　某市财政局发生下列基金预算收入业务，分别作会计分录如下。

(1) 某市财政局按规定收取、转入指定专门用途的政府性基金200 000元。

借：国库存款——基金预算存款　　200 000

　　贷：基金预算收入——政府性基金　　200 000

(2) 收到能源建设基金收入15 000元。

借：国库存款　　15 000

　　贷：基金预算收入　　15 000

(3) 年终将“基金预算收入”账户贷方余额800 000元结转到“基金预算结余”账户。

借：基金预算收入　　800 000

　　贷：基金预算结余　　800 000

4.4　专用基金收入

4.4.1　专用基金收入的内容

专用基金收入是指财政总预算会计管理的各项专用基金，如粮食风险基金。专用基金收入与基金预算收入在预算管理上都必须实行先收后支，量入为出；都必须做到专款专用，不能随意改变用途。它们在资金的来源和使用上不同的是：第一，基金预算是国家预算收入之一，而专用基金是通过一般预算支出后形成的具有专门用途的资金；第二，基金预算收入一般需要缴入国库，而专用基金收入要求存在指定的政策性银行专户，如粮食风险基金必须按规定在农业发展银行开立专户。

4.4.2 专用基金收入的核算

为了核算各级财政部门按规定设置或取得的专用基金收入，总预算会计需设置“专用基金收入”账户。该账户贷方登记专用基金收入的增加数；借方登记年终转销或消减数。该账户平时的余额在贷方，反映财政部门当年专用基金收入累计数，年终转账后，该账户无余额。

由于专用基金执行专款专用的规定，而开户银行必须指定为政策性银行专户。财政总预算会计必须设置“其他财政存款”账户进行会计核算。收到上级财政拨入专用基金收入时，借记“其他财政存款”账户，贷记“专用基金收入”账户；退回专用基金收入时，做相反的分录。年终结转专用基金收入时，借记“专用基金收入”账户，贷记“专用基金结余”账户。

【例 4－4】 某市财政局发生下列专用基金收入业务，分别作会计分录如下。

(1) 某市财政局从上级财政部门取得粮食风险基金收入 50 000 元。

借：其他财政存款——专用基金存款　　50 000
　　贷：专用基金收入——粮食风险基金　　50 000

(2) 某市财政局从本级预算支出安排专用基金 350 000 元。

借：一般预算支出　　350 000
　　贷：国库存款—— 一般预算存款　　350 000

同时：

借：其他财政存款——专用基金存款　　350 000
　　贷：专用基金收入　　350 000

(3) 年终该市财政局将本年“专用基金收入”账户贷方余额 85 000 元转入“专用基金结余”账户。

借：专用基金收入　　85 000
　　贷：专用基金结余　　85 000

4.5 转移性收入

4.5.1 转移性收入的内容

转移性收入又称资金调拨收入，是根据财政管理体制规定，在地方与中央、地方各级财政之间进行资金转移的收入，以及本级财政各项资金之间的调拨所形成的收入，转移性收入具体包括补助收入、上解收入和调入资金等。

(1) 补助收入又称预算补助收入，是指上级财政按财政管理体制规定或因专项、临时性资金需求等原因对本级财政进行补助而形成的收入，主要包括以下内容：一是税收返还收入；二是按财政体制规定由上级财政补助的款项；三是上级财政对本级财政的专项补助和临时性补助款项。

(2) 上解收入按财政管理体制规定由下级财政解缴给本级财政的款项，主要包括以下内容：一是按财政管理体制规定在下级预算收入中直接划解给本级财政的款项；二是按财政管理体制结算后由下级财政补给本级财政的款项和各级专项上解款项。

(3) 调入资金是指各级财政部门为了平衡一般预算支出，经批准从基金预算和其他渠道调入的预算内资金，以及为平衡基金预算按规定从其他预算调入的资金。乡(镇)财政部门收到由预算外资金财政专户拨付的自筹资金，视同调入资金处理。但乡(镇)财政的统筹不得作为调入资金预算。

4.5.2　转移性收入的核算

为了反映和监督各级财政拨来转移性收入的执行情况，财政总预算会计应设置“补助收入”、“上解收入”、“调入资金”等账户。

1. 补助收入的核算

为了核算上级财政部门拨来补助收入业务，财政总预算会计应设置“补助收入”账户，该账户的贷方登记补助收入的增加数，借方登记补助收入的冲减和转销数；余额平时在贷方，反映上级补助收入累计数。该账户应按补助资金性质分设明细账进行核算。

财政部门收到上级拨入的补助款时，借记“国库存款”账户，贷记“补助收入”账户；与上级往来款中将债务转为补助款时，借记“与上级往来”账户，贷记“补助收入”账户；退还上级补助款时，借记“补助收入”账户，贷记“国库存款”账户；年终结账时，“补助收入”账户的余额一般在贷方，结转时，要按资金性质进行账务处理，即上级补助款是属于一般预算资金还是属于基金预算资金，分别将“补助收入”账户转入“预算结余”或“基金预算结余”等账户。结转后，该账户无余额。

【例4－5】　某市财政局发生下列补助收入业务，分别作会计分录如下。

(1) 某市财政局收到上级财政部门拨来的预算补助收入款500 000元，并按规定存入指定银行。

借：国库存款	500 000	
贷：补助收入——预算补助		500 000

(2) 某市财政局收到上级财政部门通知，将欠省财政往来款800 000元转作一般预算补助。

借：与上级往来——省财政厅	800 000	
贷：补助收入——预算补助		800 000

(3) 某市财政局年终结转“补助收入”账户贷方余额550 000元，其中基金预算补助220 000元，一般预算补助330 000元。

借：补助收入——基金预算补助	220 000	
——一般预算补助	330 000	
贷：基金预算结余		220 000
预算结余		330 000

2. 上解收入的核算

为了核算上级财政部门拨来上解收入业务，财政总预算会计应设置“上解收入”账户，该账户的贷方登记收到下级上解收入的增加数。借方登记上解收入的冲减和转销数；余额在贷方，反映下级上解收入累计数；年终结转转入“预算结余”账户后，该账户无余额。

财政部门收到下级上解款时，应借记“国库存款”账户，贷记“上解收入”账户；如发生退回下级上缴款时，应作相反方向的分录；年终，“上解收入”账户的余额应全部转入“预算结余”账户。结账时，借记“补助收入”账户，贷记“预算结余”或“基金预算结余”账户。

【例4－6】　某市财政局发生下列上解收入业务，分别作会计分录如下。

(1) 某市财政局收到甲县财政部门上解的一般预算款300 000元。

借：国库存款—— 一般预算存款 300 000

　　贷：上解收入——甲县财政部门 300 000

（2）年终结算，某市财政局按规定应收甲县财政部门应上解一般预算款 250 000 元。

借：与下级往来——甲县财政部门 250 000

　　贷：上解收入——甲县财政部门 250 000

（3）年终结转，将“上解收入”账户贷方余额 550 000 元全部转入“预算结余”账户。

借：上解收入 550 000

　　贷：预算结余 550 000

3. 调入资金的核算

为了核算用于平衡一般预算收支从地方财政附加收入结余以及其他渠道调入的资金，财政总预算会计应设置“调入资金”账户，该账户的贷方登记经批准调入一般预算的资金数。借方登记年终结转数；余额在贷方，反映年度内调入资金的累计数；年终结转“预算结余”账户后，该账户无余额。

财政部门调入资金时，应借记“国库存款—— 一般预算存款”账户，贷记“调入资金”账户，同时借记“调出资金”账户，贷记“国库存款—— 基金预算存款”或“其他财政存款”账户。年终将该账户的贷方余额全部转入“预算结余”或“基金预算结余”账户，即借记“调入资金”账户，贷记“预算结余”或“基金预算结余”账户。

【例 4－7】 某市财政局发生下列调入资金收入业务，分别作会计分录如下。

（1）某市财政局为平衡预算收支，经批准从地方财政附加税费结余中调入资金 150 000 元。

借：国库存款—— 一般预算存款 150 000

　　贷：调入资金 150 000

同时：

借：调出资金 150 000

　　贷：国库存款—— 基金预算存款 150 000

（2）某财政为平衡一般预算收支，经批准从预算外资金财政专户中调出资金 2 000 000 元。

借：国库存款 2 000 000

　　贷：调入资金 2 000 000

同时：

借：调出资金 2 000 000

　　贷：其他财政存款 2 000 000

（3）某市财政局年终结转“调入资金”账户贷方余额 1 800 000 元，其中分别为一般预算调入资金 1 000 000 元，政府性基金预算调入资金 800 000 元。

借：调入资金 1 800 000

　　贷：预算结余 1 000 000

　　　　基金预算结余 800 000

4.6 国有资本经营预算收入

中央本级国有资本经营预算从 2007 年起试行，地方试行国有资本经营预算的时间、范围和步骤由各省(区、市)人民政府决定。根据全国人大要求，中央本级国有资本经营预算于2010年首次提交全国人大审查。

4.6.1 国有资本经营预算收入的基本内容

国有资本经营预算收入是指国家按年度和规定比例向企业收取国有资本收益的收缴计划。依法取得国有资本收益是国家作为国有资本投资者应当享有的权利，也是建立国有资本经营预算的基础。

国有资本收益是指反映国家以所有者身份依法取得的国有资本投资收益，具体包括以下内容。

(1) 应交利润。是指国有独资企业按规定应当上交国家的利润。

(2) 国有股权、股利和股息。是指国有控股、参股企业国有股权(股份)获得的股利和股息收入。

(3) 国有产权转让收入。是指转让国有产权、股权(股份)获得的收入。

(4) 企业清算收入。是指国有独资企业清算收入(扣除清算费用)，国有控股、参股企业国有股权(股份)分享的公司清算收入(扣除清算费用)。

(5) 其他国有资本收益。

相关链接

国有资本经营预算的原则

编制国有资本经营预算的原则有以下3点。

(1) 统筹兼顾，适度集中。统筹兼顾企业自身积累、自身发展和国有经济结构调整及国民经济宏观调控的需要，适度集中国有资本收益，合理预算收支规模。

(2) 相对独立、相互衔接。既保持国有资本经营预算的完整性和相对独立性，又保持与政府公共预算(指一般预算)的相互衔接。

(3) 分级编制，逐步实施。国有资本经营预算实行分级管理、分级编制。

4.6.2 国有资本经营预算收入的编制程序

根据《中央企业国有资本收益收取管理暂行办法》(以下简称《收益收取办法》)规定，不同行业适用不同比例的方式，具体区别划分为3类，第一类是具有资源性特征行业企业，上交比例为净利润的10%；第二类为一般竞争性行业企业，上交比例为净利润的5%；第三类为国家政策性企业，暂缓3年上交或者免交。另外，《收益收取办法》还对中央企业国有资本收益的申报、核定、上交等事项进行了明确的规定。

4.6.3 国有资本经营预算执行和科目编制

国有资本经营预算收入应由财政部门、国有资产监督机构收取、组织上交。企业应按规定及时足额上交国有资本经营收益给财政。

根据最新《政府收支分类科目》在103“非税收入”类下设06款“国有资本经营收入”、07款“国有资源(资产)有偿使用收入”款级科目、“款”级科目下设“项”级科目，用于全面反映国有资本的各种收入。其具体科目设置情况见表4-5。

表 4-5 国有资本经营收入科目设置

科目编号				科目名称
类	款	项	目	
103				非税收入
	06			国有资本经营收入
		01		利润收入
			01	中国人民银行上缴收入
			02	金融企业利润收入
			03	烟草企业利润收入
			04	石油石化企业利润收入
			05	电力企业利润收入
			06	电信企业利润收入
			07	煤炭企业利润收入
			08	有色冶金采集企业利润收入
			09	钢铁企业利润收入
			12	化工企业利润收入
			13	运输企业利润收入
			14	电子企业利润收入
			15	机械企业利润收入
			16	投资服务企业利润收入
			17	纺织轻工企业利润收入
			18	贸易企业利润收入
			19	建筑施工企业利润收入
			20	房地产企业利润收入
			21	建材企业利润收入
			22	境外企业利润收入
			23	对外合作企业利润收入
			24	医药企业利润收入
			25	农林牧渔企业利润收入
			98	其他国有资本经营预算企业利润收入
			99	其他企业利润收入
		02		股利、股息收入
			01	金融业公司股利、股息收入
			02	国有控股公司股利、股息收入
			03	国有参股公司股利、股息收入
			98	其他国有资本经营预算企业股利、股息收入
			99	其他股利、股息收入
		03		产权转让收入
			01	国有股减持收入
			02	电力改革预留资产变现收入
			03	铁路资产变现收入
			04	国有股权、股份转让收入
			05	国有独资企业产权转让收入
			98	其他国有资本经营预算企业产权转让收入
			99	其他产权转让收入
		04		清算收入
			01	国有股权、股份清算收入
			02	国有独资企业清算收入
			98	其他国有资本预算企业清算收入
		05		国有资本经营收入退库
		06		国有企业计划亏损补贴
			01	工业企业计划亏损补贴
			02	农业企业计划亏损补贴
			03	外贸企业计划亏损补贴
			99	其他国有企业计划亏损补贴
		99		其他国有资本经营收入
	07			国有资源(资本)有偿使用收入
		06		非经营性国有资产收入
			01	行政单位国有资产出租收入
			02	行政单位国有资产处置收入
			99	其他非经营性国有资产收入

项 目 小 结

本项目阐述了政府收入分类的概念、特点和主要内容，了解一般预算收入和基金预算收入的管理要求，同时也了解国有资本经营预算收入的内容、程序和原则，理解一般预算收入的缴库方式和收缴程序、一般预算收入的划分、报解和缴款凭证；掌握一般预算收入、基金预算收入、专用基金收入、转移性收入的核算方法。

职业能力训练

一、单项选择题

1. 目前(　　)分为总库、分库、中心支库、支库四级。

A. 中国人民银行总行　　B. 中国人民银行支行

C. 中央国库　　D. 地方国库

2. 中央金库业务规定由(　　)办理。

A. 中国农业银行　　B. 中国工商银行　　C. 中国建设银行　　D. 中国人民银行

3. 中央和地方按 75：25 的比例分享的税种是(　　)。

A. 企业所得税　　B. 营业税

C. 增值税　　D. 个人所得税

4. (　　)主要负责国家工商税收、企业所得税和其他预算收入等。

A. 财政机关　　B. 税务机关　　C. 海关　　D. 行政机关

5. 专用基金收入的内容是(　　)。

A. 粮食风险基金收入　　B. 农村教育附加费收入

C. 公路建设基金收入　　D. 育林基金收入

二、多项选择题

1. 目前我国缴款书分为(　　)。

A. 一般缴款书　　B. 特殊缴款书

C. 中华人民共和国税收缴款书　　D. 税收专用缴款书

2. 预算收入的征收机关主要包括(　　)。

A. 国家金库　　B. 财政机关　　C. 税务部门　　D. 海关

3. 一般预算收入的缴库方式分别是(　　)。

A. 分散缴库　　B. 集中缴库　　C. 自收汇缴　　D. 就地缴库

4. 一般预算收入在中央财政和地方财政之间划分为(　　)。

A. 中央固定收入　　B. 地方固定收入

C. 地方间的共享收入　　D. 中央与地方共享收入

5. 转移性收入的具体内容包括(　　)。

A. 补助收入　　B. 上解收入　　C. 调入资金　　D. 其他收入

三、分析判断题

1. 政府收入分类主要反映政府收入的来源和性质。（　）
2. 预算收入报解就是国库向财政机关报告预算收入情况。（　）
3. 国有资本经营预算收入是建立在国有资本经营预算的基础上。（　）
4. 预算收入的退库按规定由国库或经收处办理。（　）
5. 凡已缴入国库的预算收入，就是国家预算资金。（　）

四、项目实训

1. 一般预算收入的核算。

资料：某市财政局发生下列经济业务。

(1) 某市财政局收到国库报来的“预算收入日报表”以及所附收入凭证，列示市级一般预算收入：其中增值税 200 000 元，个人所得税 23 000 元，国有企业计划亏损补贴 250 000 元。

(2) 某市财政局收到国库报来的“预算收入日报表”及所附收入凭证，列示市级一般预算收入：其中增值税 350 000 元，营业税 180 000 元，企业所得税 220 000 元，车船使用税 25 000 元，专项收入 35 000 元。

(3) 某市财政总会计收到国库报来的预算收入日报表所列当日营业税收入 700 000 元。

(4) 某国企集团按计划缴纳税款，现办理超缴税款退库，共计 160 000 元。

要求：根据以上经济业务编制会计分录。

2. 基金预算收入的核算。

资料：某市财政局发生下列经济业务。

(1) 某市财政局收到财政部规定专户存储的基金收入 300 000 元。

(2) 某市财政局收到国库报来基金预算收入日报表，列示中央水利建设基金收入 50 000 元，残疾人就业保障金收入 28 000 元。

(3) 年终将“基金预算收入”账户贷方余额 1 200 000 元转入“基金预算结余”账户。

要求：根据以上经济业务编制会计分录。

3. 专用基金收入的核算。

资料：某市财政局发生下列经济业务。

(1) 某市财政局收到上级财政部门安排专用基金 300 000 元。并按规定存入指定银行。

(2) 某市财政局退回从上级财政部门取得专用基金收入 200 000 元。

(3) 年终假定“专用基金收入”账户贷方余额 100 000 元转入“专用基金结余”账户。

要求：根据以上经济业务编制会计分录。

4. 转移性收入的核算。

资料：某市财政局发生下列经济业务。

(1) 某市财政局收到上级拨入的一般预算补助款 50 000 元。

(2) 某市财政局收到上级拨入的基金预算补助款 650 000 元。

(3) 某市财政局将上月向上级财政部门借入的款项 500 000 元转作一般预算补助款。

(4) 某市财政局按财政管理体制结算规定，所属下级财政上解一般预算收入 80 000 元。

(5) 年终，某市财政局为平衡预算需要从基金预算结余中调入资金 100 000 元。

要求：根据以上经济业务编制会计分录。

项目5 财政总预算支出的核算

学习目标

（1）了解各项财政支出管理的一般要求；

（2）明确各项财政支出的分类和具体内容；

（3）掌握各项财政支出核算的账户设置和运用方法；

（4）熟练各项财政支出核算的账务处理方法。

案例导读

根据财政管理体制规定，结合预算支出的性质、特点与预算收入相对应的原则，某市财政在年终结算时，由本级财政上交给上级财政款项，应上解上级财政款共3 900万元，其中已上解3 700万元。因库款不足，还有200万元款项无法上交。

【讨论】 根据该市的实际情况，该欠款应如何作账务处理？分析说明。

【解析】

根据该市的实际情况，上解款是因库款不足造成的，经过市领导研究决定，欠交200万元的欠款可转作救灾款处理。该市在进行账务处理时，应分两次进行记账，可先将欠交上解款作为往来款项处理，即借记“与下级往来”账户，贷记“上解收入”账户；最后按财政体制结算补助该市救灾款时，应作相应的账务处理，即借记“补助支出”账户，贷记“与下级往来”账户。

欠交上解款时：

借：与下级往来　　2 000 000

　　贷：上解收入　　2 000 000

补助该市救灾款时：

借：补助支出　　2 000 000

　　贷：与下级往来　　2 000 000

5.1 政府支出分类

5.1.1 支出的功能分类

政府支出的功能分类也就是按政府主要职能活动分类。根据最新《政府收支分类科目》，支出功能分类应分为类、款、项三级。其中，类级科目反映政府主要职能，包括一般公共服务、外交、国防、公共安全、教育、科学技术等16类；款级科目反映政府履行某项职能所要从事的主要活动，如教育类下的教育管理事务、普通教育、职业教育、成人教育、特殊教育等10款；项级科目反映某项活动下的具体事项，如普通教育下有学前教育、小学教育、初中教育、高中教育、高等教育、其他普通教育支出等项目。

根据最新《政府收支分类科目》，一般预算支出科目的类，款级科目的设置情况主要内容反映如下。

1. 一般公共服务类

一般公共服务类是反映政府一般公共服务的支出。共分设31款，各款下又分设若干项。

(1) 人大事务。在该款下又可分设为：行政运行、一般行政管理事务、机关服务、人大会议、人大立法、人大监督、人大信访工作、其他反映人大事务等方面支出的项目。

(2) 政协事务。在该款下又可分设为：行政运行、一般行政管理服务、机关服务、政协会议、委员视察、参政议政、其他反映政协事务等方面支出的项目。

(3) 政府办公厅(室)及相关机构事务。在该款下又可分设为：行政运行、一般行政管理服务、机关服务、专项事务、专项业务活动、政务公开审批、法制建设、信访事务、参议事务、其他反映政府办公厅(室)及相关机构事务等方面支出的项目。

(4) 发展与改革事务。在该款下又可分设为：行政运行、一般行政管理服务、机关服务、战略规划与实施、日常经济运行调节、社会事业发展规划、经济体制改革研究、物价管理、专项事务、专项业务活动、政务公开审批、法制建设、信访事务、参议事务、其他反映政府办公厅(室)及相关机构事务等方面支出的项目。

(5) 统计信息事务。在该款下又可分设为：行政运行、一般行政管理服务、机关服务、信息事务、专项统计事务、统计管理、专项普查活动、统计抽样调查、其他反映信息事务等方面支出的项目。

(6) 财政事务。在该款下又可分设为：行政运行、一般行政管理服务、机关服务、预算编制业务、财政国库业务、财政监督、信息化建设、其他反映财政事务等方面支出的项目。

(7) 税收事务。在该款下又可分设为：行政运行、一般行政管理服务、机关服务、税务办案、税务登记证及发票管理、税务宣传、协税护税、其他税收征管事务等方面支出的项目。

(8) 审计事务。在该款下又可分设为：行政运行、一般行政管理服务、机关服务、审计业务、审计管理、其他反映政府审计事务等方面支出的项目。

(9) 海关事务。在该款下又可分设为：行政运行、一般行政管理服务、机关服务、收费业务、缉私办案、缉私警察、口岸电子执法系统建设与维护、信息化建设、其他反映海关事务等方面支出的项目。

(10) 人事事务。在该款下又可分设为：行政运行、一般行政管理服务、机关服务、政府特殊津贴、资助留学回国人员，军队转业干部安置、机构编制、公务员管理、其他人事事务等方面支出的项目。

(11) 纪检监察事务。在该款下又可分设为：行政运行、一般行政管理服务、机关服务、大案要案查处、派驻派出机关、其他反映纪检、监察等方面支出的项目。

(12) 人口与计划生育事务。在该款下又可分设为：行政运行、一般行政管理服务、机关服务、人口与计划生育抽样调查、人口规划与发展战略研究、计划生育家庭奖励、人口和计划生育信息系统建设、人口和计划生育服务网络系统建设、人口和计划生育宣传教育经费、其他反映人口和计划生育事务等方面支出的项目。

(13) 商贸事务。在该款下又可分设为：行政运行、一般行政管理服务、机关服务、对外贸易管理、国际经济合作、外贸管理、国内外贸管理、招商引资、其他反映商贸事务等方面支出的项目。

(14) 知识产权事务。在该款下又可分设为：行政运行、一般行政管理服务、机关服务、专利审批、国家知识产权战略、国际组织专项活动、知识产权宏观管理、其他反映知识产权事务等方面支出的项目。

(15) 工商行政管理事务。在该款下又可分设为：行政运行、一般行政管理事务、机构服务、工商行政管理专项、消费者权益保护、执法专项、其他反映工商行政管理事务等方面支出的项目。

(16) 食品和药品监督管理事务。在该款下又可分设为：行政运行、一般行政管理事务、机关服务、食品和药品及医疗器械检验、注册审计事务、标准事务、认证事务、食品药品评价、执法办案、其他反映食品和药品监督管理事务等方面支出的项目。

(17) 质量技术监督与检验检疫事务。在该款下又可分设为：行政运行、一般行政管理事务、机构服务、出入境检验检疫行政执法和业务管理、出入境检验检疫技术支持、质量技术监督技术支持、认证认可监督管理、其他反映质量技术监督、出入境检验检疫事务等方面支出的项目。

(18) 国土资源事务。在该款下又可分设为：行政运行、一般行政管理事务、机构服务、国土资源规划及管理、土地资源调查、土地资源保护、国土整治、资源储备支出、其他反映国土资源事务等方面支出的项目。

(19) 海洋管理事务。在该款下又可分设为：行政运行、一般行政管理事务、机构服务、海洋使用管理、海洋环境保护与监督、海洋执法检查、海洋矿产资源勘探研究、海洋航标维护、其他反映海洋管理事务等方面支出的项目。

(20) 测绘事务。在该款下又可分设为：行政运行、一般行政管理事务、机构服务、基础测绘、测绘工程、其他反映国家测绘事务等方面支出的项目。

(21) 地震事务。在该款下又可分设为：行政运行、一般行政管理事务、机构服务、地震台站、地震台网、地震预拨、地震预测、地震信息传递与管理、地震技术应用、其他反映地震事务等方面支出的项目。

(22) 气象事务。在该款下又可分设为：行政运行、一般行政管理事务、机构服务、气象探测、气象预报预测、气象台站建设与维护、其他反映用于气象事务等方面支出的项目。

(23) 民族事务。在该款下又可分设为：行政运行、一般行政管理事务、机构服务、民族专项工作、其他反映用于民族管理事务等方面支出的项目。

（24）宗教事务。该款下又可分设为：行政运行、一般行政管理事务、机构服务、宗教专项工作、其他反映用于宗教事务等方面支出的项目。

（25）港澳台侨事务。该款下又可分设为：行政运行、一般行政管理事务、机构服务、华侨事务、港澳事务、台湾事务、其他反映用于港澳台侨事务方面支出的项目。

（26）档案事务。该款下又可分设为：行政运行、一般行政管理事务、机构服务、档案管理、其他反映档案事务等方面支出的项目。

（27）共产党事务。该款下又可分设为：行政运行、一般行政管理事务、机构服务、专项服务和业务、其他反映中国共产党各级机构、所属各级办事机构等方面支出的项目。

（28）民主党派及工商联事务。该款下又可分设为：行政运行、一般行政管理事务、机构服务、参政议政、其他反映各民族党派及办事机构、工商联事务等方面支出的项目。

（29）群众团体事务。该款下又可分设为：行政运行、一般行政管理事务、机构服务、其他反映各级人民团体、社会团体、群众团体以及工会、妇联、共青团组织事务等方面支出的项目。

（30）国债事务。该款下又可分设为：国内外债还本、国内外债务付息、国内外债务发行事务等方面支出的项目。

（31）其他一般公共服务支出。该款下又可分设为：国家赔偿支出、其他反映上述项目未包括的一般公共服务事务等方面支出的项目。

相关链接

以人大事务为例对款级科目的详细说明

以人大事务款级科目为例，设置行政运行、一般行政管理事务、人大会议、人大立法、人大监督、代表培训、代表工作、人大信访工作等项级科目。其中，行政运行科目是反映人大行政单位的基本支出；人大会议、人大立法、人大监督等科目反映相应活动的项目支出。未单独设置项级科目的其他项目支出，在一般行政管理事务科目反映。

2. 外交类

外交类是反映政府外交事务支出。共分设为 8 款，各款下又分设若干项。

（1）外交管理事务。该款下又可分设为：外交管理事务行政运行、一般行政管理事务、机构服务、企业外交管理事务的支出等项目。

（2）驻外机构。该款下又可分设为：驻外领事馆、公署、办事处、留守组及国际机构代表团、代表处等方面的支出。

（3）对外援助。该款下又可分设为：对外国政府提供的各种援助和技术合作支出等项目。

（4）国际组织。该款下又可分设为：向国际组织交纳的会费、捐款、联合国维和摊款以及股票、基金支出等项目。

（5）对外合作与交流。该款下又可分设为：外交部门和党政、人大、政协领导人出国访问、招待活动、在华国际会议、出席国际会议支出等项目。

（6）对外宣传。该款下不设具体项目。

（7）边界勘界联检。该款下又可分设为：边界勘界、边界联检、边界边桩维护、其他支出等项目。

（8）其他外交支出。该款下不设具体项目。

3. 国防类

国防类是反映政府用于现役部队、国防后备力量、国防动员等方面的支出。共分设为3款，各款下又分设若干项。

(1) 现役部队及国防后备力量。该款下又可分设为：现役部队、预备役部队、民兵管理、国防科研、专项工程、其他反映现役部队、国防后备动员力量事务支出等项目。

(2) 国防动员。该款下又可分设为：经济动员、国防教育、兵役征集、交通战备、其他反映国防动员事务支出等项目。

(3) 其他国防支出。该款下不设具体项目。

4. 公共安全类

公共安全类是反映政府维护社会公共安全等方面的支出。共分设为10款，各款下又分设若干项。

(1) 武装警察。该款下又可分设为：内卫、边防、消防、警卫、黄金、森林、水电、交通、其他反映武装警察事务支出等项目。

(2) 公安。该款下又可分设为：行政运行、一般行政管理事务、机构服务、治安管理、刑事侦查、经济犯罪侦查、安全保卫、出入境管理、禁毒管理、道路交通安全管理、反恐组织侦查、居民身份证管理、信息化建设管理、网络运行管理、其他反映公安事务的支出等项目。

(3) 国家安全。该款下又可分设为：行政运行、一般行政管理事务、机构服务、安全业务、其他反映国家安全事务的支出等项目。

(4) 检察。该款下又可分设为：行政运行、一般行政管理事务、机构服务、侦查监督、执行监督、预防职务犯罪、公诉和审判监督、其他反映检察事务的支出等项目。

(5) 法院。该款下又可分设为：行政运行、一般行政管理事务、机构服务、案件审判、“两庭”建设、案件执行、其他反映法院事务的支出等项目。

(6) 司法。该款下又可分设为：行政运行、一般行政管理事务、机构服务、基层司法服务、普法宣传、法律公证、法律援助、司法考试、仲裁、其他反映司法行政事务的支出等项目。

(7) 监狱。该款下又可分设为：行政运行、一般行政管理事务、机构服务、监狱设施建设、犯人教育改造、犯人生活管理、其他反映监狱管理事务的支出等项目。

(8) 劳教。该款下又可分设为：行政运行、一般行政管理事务、机构服务、劳教所设施建设、劳教人员教育改造、劳教人员生活管理、其他反映劳教管理事务的支出等项目。

(9) 国家保密。该款下又可分设为：行政运行、一般行政管理事务、机构服务、保密管理、保密技术、其他反映国家保密事务的支出等项目。

(10) 其他公共安全支出。该款下不设具体项目。

5. 教育类

教育类是反映政府教育事务等方面的支出。共分设为10款，各款下又分设若干项。

(1) 教育管理事务。该款下又可分设为：行政运行、一般行政管理事务、机构服务、其他反映教育管理方面的支出等项目。

(2) 普通教育。该款下又可分设为：学前教育、小学教育、初中教育、高中教育、高等教育、其他反映各类普通教育的支出等项目。

(3) 职业教育。该款下又可分设为：初等职业教育、中专教育、技校教育、职业高中教育、高等职业教育、其他反映各类职业教育的支出等项目。

(4) 成人教育。该款下又可分设为：成人初等教育、成人中专教育、成人高等教育、成人广播电视教育、其他反映各类成人教育的支出等项目。

(5) 广播电视教育。该款下又可分设为：广播电视学校、教育电视台、其他反映广播电视教育的支出等项目。

(6) 留学教育。该款下又可分设为：由教育部门统一归口管理的出国留学教育、来华留学教育、其他留学教育的支出等项目。

(7) 特殊教育。该款下又可分设为：聋哑学校教育、盲人学校教育、智障儿童学校教育、工读学校教育、其他反映特殊教育的支出等项目。

(8) 教师进修及干部继续教育。该款下又可分设为：教师进修、干部教育、其他反映教师进修及干部继续教育的支出等项目。

(9) 教育附加及基金支出。该款下又可分设为：地方教育费附加支出、教育费附加支出、地方教育基金支出、其他反映教育费附加及教育基金安排的支出等项目。

(10) 其他教育支出。该款下不设具体项目。

6. 科学技术类

科学技术类是反映国家用于科学技术等方面的支出。共分设为9款，各款下又分设若干项。

(1) 科学技术管理事务。该款下又可分设为：行政运行、一般行政管理事务、机构服务、其他反映各政府科学技术管理事务的支出等项目。

(2) 基础研究。该款下又可分设为：机构运行、重点基础研究项目规划、重大科学研究工程、专项基础研究项目、自然科学基础研究、其他反映专项技术基础研究的支出等项目。

(3) 应用研究。该款下又可分设为：机构运行、高技术研究、社会公益研究、创造性研究、专项科研试制、其他反映各类应用研究的支出等项目。

(4) 技术研究与开发。该款下又可分设为：机构运行、应用技术研究与开发、产品技术研究与开发、其他反映技术研究与开发的支出等项目。

(5) 科技条件与服务。该款下又可分设为：机构运行、技术创新服务体系、计量和检测、科技数据、基因的收集、加工处理和服务、科技条件专项、通用性服务、其他反映科技条件与服务的支出等项目。

(6) 社会科学。该款下又可分设为：社会科学研究、社会科学研究机构、社会基金、其他反映社会科学的支出等项目。

(7) 科学技术普及。该款下又可分设为：机构运行、科普活动、科学交流活动、其他反映科学技术普及的支出等项目。

(8) 科技交流与合作。该款下又可分设为：国家交流与合作、重大科技术合作项目、其他反映科技交流与合作的支出等项目。

(9) 其他科学技术支出。该款下又可分设为：核应急、转制科研机构、科技奖励、其他反映其他科学技术的支出等项目。

7. 文化体育与传媒类

文化体育与传媒类是反映政府在文化、文物、体育、广播影视、新闻出版等方面的支出。共分设为6款，各款下又分设若干项。

(1) 文化。该款下又可分设为：行政运行、一般行政管理事务、机构服务、文化交流与合作、文化艺术活动、艺术表演团体、其他反映文化的支出等项目。

(2) 文物。该款下又可分设为：行政运行、一般行政管理事务、机构服务、博物馆、文物保护与管理、历史名城与古迹、其他反映文物的支出等项目。

(3) 体育。该款下又可分设为：行政运行、一般行政管理事务、机构服务、体育场馆、体育交流与合作、体育竞赛、体育项目与管理、其他反映体育的支出等项目。

(4) 广播影视。该款下又可分设为：行政运行、一般行政管理事务、机构服务、电影、电视、广播、其他反映广播影视的支出等项目。

(5) 新闻出版。该款下又可分设为：行政运行、一般行政管理事务、机构服务、新闻通讯、出版管理、版权管理、出版发行、其他反映新闻出版的支出等项目。

(6) 其他文化体育与传媒支出。该款下又可分设为：文化事业建设、宣传文化发展、其他反映其他文化体育与传媒的支出等项目。

8. 社会保障和就业类

社会保障和就业类是反映政府在社会保障和就业方面的支出。共分设 17 款，各款下又分设若干项。

(1) 社会保障和就业管理事务。该款下又可分设为：行政运行、一般行政管理服务、机关服务、劳动保障监督、社会保障业务管理事务、社会保险经办机构、就业管理服务、劳动关系和维权、职业技能鉴定机构、公共就业服务、综合事务管理、其他反映社会保障和就业管理事务、行政事业单位离退休等方面支出的项目。

(2) 民政管理事务。该款下又可分设为：行政运行、一般行政管理服务、机关服务、拥军优属、行政区划和地名管理、老龄事务管理、社区管理、基层政权、部队供应、其他反映民政管理事务等方面支出的项目。

(3) 财政对社会保险基金的补助。该款下又可分设为：财政对基本养老保险基金的补助、财政对失业保险基金的补助、财政对基本医疗保险基金的补助、财政对工伤保险基金的补助、财政对生育保险基金的补助、法制建设、信访事务、参议事务、还有财政对其他社会保险基金的补助等方面的项目。

(4) 补充全国社会保障基金。该款下又可分设为：反映用于补充全国社会保障基金、用于其他财政资金补充基金等方面支出的项目。

(5) 行政事业单位离退休。该款下又可分设为：行政及事业单位离退休、离退休人员管理机构、其他反映行政事业单位离退休等方面支出的项目。

(6) 企业关闭破产补助。该款下不设具体项目。

(7) 就业补助。该款下又可分设为：职业培训、农民工就业培训、劳动力市场建设、职业技能鉴定、各项扶持政策补助、其他反映就业补助等方面支出的项目。

(8) 抚恤。该款下又可分设为：工伤抚恤、死亡抚恤、复员退伍人生活补助、义务兵优待、其他反映优抚等方面支出的项目。

(9) 退役安置。该款下又可分设为：退伍军人安置、军队移交政府的离退休人员安置及其管理机构等方面支出的项目。

(10) 社会福利。该款下又可分设为：社会福利、儿童福利、老年人福利、其他反映社会福利等方面支出的项目。

(11) 残疾人事业。该款下又可分设为：行政运行、一般行政管理服务、机关服务、残疾人康复、残疾人就业保障基金、残疾人就业和扶贫、其他反映残疾人事业等方面支出的项目。

(12) 城市居民最低生活保障。该款下不设具体项目。

(13) 其他城镇社会救济。该款下又可分设为：社会流浪人员救助、其他反映城镇社会救济等方面支出的项目。

(14) 农村社会救济。该款下又可分设为：特困人员救助、五保人员供养、老弱病残人员的救助、其他反映农村社会救助等方面支出的项目。

(15) 自然灾害生活救助。该款下又可分设为：中央和地方自然灾害生活救助、自然灾害灾后重建补助、其他反映自然灾害生活救助等方面支出的项目。

(16) 红十字会事业。该款下又可分设为：行政运行、一般行政管理事务、机关服务、其他反映红十字会事业等方面支出的项目。

(17) 其他社会保障和就业支出。该款下不设具体项目。

9. 医疗卫生类

医疗卫生类是反映政府在医疗卫生等方面的支出。共分设10款，各款下又分设若干项。

(1) 医疗卫生管理事务。该款下又可分设为：行政运行、一般行政管理事务、机关服务、其他反映医疗卫生管理事务的支出等项目。

(2) 医疗服务。该款下又可分设为：综合医院、中医医院、传染病医院、口腔医院、精神病医院、其他专科医院、福利医院、行业医院、处理医疗欠费、其他反映医疗服务的支出等项目。

(3) 社区卫生服务。该款下又可分设为：社区公共卫生服务、社区卫生专项、其他反映社区卫生服务的支出等项目。

(4) 医疗保障。该款下又可分设为：行政单位医疗、事业单位医疗、公务员医疗补助、优抚对象医疗补助、城市医疗救助、农村合作医疗、农村医疗救助、其他反映医疗保障的支出等项目。

(5) 疾病预防控制。该款下又可分设为：疾病预防控制机构、突发公共卫生事业应急处理、重大疾病预防控制、其他疾病预防控制专项、其他反映疾病预防的支出等项目。

(6) 卫生监督。该款下又可分设为：卫生监督机构、卫生监督专项、其他反映卫生监督的支出等项目。

(7) 妇幼保健。该款下又可分设为：妇幼保健机构、妇幼保健专项、其他反映妇幼保健的支出等项目。

(8) 农村卫生。该款下又可分设为：乡镇卫生院、农村卫生专项、其他反映农村卫生的支出等项目。

(9) 中医药。该款下又可分设为：中医(民族医)专项、其他反映中医药的支出等项目。

(10) 其他医疗卫生支出。该款下不设具体项目。

10. 环境保护类

环境保护类是反映政府在环境保护等方面的支出。共分设10款，各款下又分设若干项。

(1) 环境保护管理事务。该款下又可分设为：行政运行、一般行政管理事务、机关服务、环境保护宣传、环境保护法规、规划及标准、环境国际合作及履行、环境保护行政许可、其他反映用于环境保护管理事务的支出等项目。

(2) 环境监测与监察。该款下又可分设为：环境监测与信息、环境执法监察、建设项目环评审查与监督、核与辐射安全监督、其他反映用于环境监测与监察的支出等项目。

(3) 污染防治。该款下又可分设为：大气、水体、噪声、固体废弃物与化学品、放射源和放射性废物监督、辐射、排污费支出、其他反映用于污染防治的支出等项目。

(4) 自然生态保护。该款下又可分设为：生态保护、农村环境保护、其他反映用于自然生态保护的支出等项目。

(5) 天然林保护。该款下又可分设为：森林管护、社会保险补助、政策性社会性支出补助、职工分流安置、职工培训、天然林保护工程建设、其他反映用于天然林保护的支出等项目。

(6) 退耕还林。该款下又可分设为：粮食折现挂账贴息、退耕现金、退耕还林粮食折现补贴、退耕还林粮食费用补贴、退耕还林工程建设、其他反映用于退耕还林的支出等项目。

(7) 风沙荒漠治理。该款下又可分设为：京津风沙源禁牧舍饲粮食折现补贴、京津风沙源治理禁牧舍饲粮食折现挂账贴息、京津风沙源治理禁牧舍饲粮食费用补贴、京津风沙源治理工程建设、其他反映用于风沙荒漠治理的支出等项目。

(8) 退牧还草。该款下又可分设为：退牧还草粮食折现补贴、退还草粮食费用补贴、退牧还草粮食折现挂账贴息、其他反映用于退牧还草的支出等项目。

(9) 已垦草原退耕还草。该款下不设具体项目。

(10) 其他环境保护支出。该款下不设具体项目。

11. 城乡社区事务类

城乡社区事务类是反映政府在城乡社区事务等方面的支出。共分设10款，各款下又分设若干项。

(1) 城乡社区管理事务。该款下又可分设为：行政运行、一般行政管理事务、机关服务、城管执法、工程建设标准规范编制与监管、工程建设管理、市政公用行业市场监管、国家重点风景区规划与保护、住宅建设与房地产市场监管、执业资格注册及资质评审、其他反映用于城乡社区管理事务的支出等项目。

(2) 城乡社区规划与管理。该款下不设具体项目。

(3) 城乡社区公共设施。该款下不设具体项目。

(4) 城乡社区住宅。该款下又可分设为：公用住房建设和维修改造支出、廉租住房支出、其他反映用于城乡社区住宅的支出等项目。

(5) 城乡社区环境卫生。该款下不设具体项目。

(6) 建设市场管理与监督。该款下不设具体项目。

(7) 政府住房基金支出。该款下又可分设为：管理费用支出、廉租住房支出、购房补贴支出、住房专项维修资金、其他反映用于政府住房基金的支出等项目。

(8) 国有土地所有权出让金支出。该款下又可分设为：前期土地开发支出、土地出让业务费用、城市建设支出、土地开发支出、农业土地开发支出、耕地开发专项支出、其他反映用于土地使用权出让金的支出等项目。

(9) 城镇公用事业附加支出。该款下不设具体项目。

(10) 其他城乡社区事务支出。该款下不设具体项目。

12. 农林水事务类

农林水事务类是反映政府在农林水事务等方面的支出。共设7款，各款下又分设若干项。

（1）农业。该款下又可分设为：行政运行、一般行政管理事务、机关服务、农业事务机构、技术推广、技能培训、病虫害控制、农产品加工及质量安全、执法监督、信息服务、农村及农业宣传、农业资金审计、农村和农垦区公益事业、对外交流合作、种植业、畜牧业、渔业、兽医、农机、农垦、农场、农业产业化经营组织、其他反映用于农业的支出等项目。

（2）林业。该款下又可分设为：行政运行、一般行政管理事务、机关服务、林业事务机构、森林培育、林业技术推广、技能培训、信息管理、森林资源管理、森林资源监测、林业执法与监督、林业质量安全、林业对外交流合作、林业贷款贴息、林业建设基金支出和其他反映用于林业的支出等项目。

（3）水利。该款下又可分设为：行政运行、一般行政管理事务、机关服务、水利工程建设、水利行业业务管理、水利工程运行与维护、水行政执法与监督、水利技术推广和技能培训、国际河流治理与管理、三峡建设管理事务、中央水利建设基金支出、地方水利建设基金支出、其他反映用于水利的支出等项目。

（4）南水北调。该款下又可分设为：行政运行、一般行政管理事务、机关服务、南水北调工程建设、南水北调技术推广和培训、政策研究与信息管理、工程稽查、环境移民及水资源管理与保护、南水北调工程基金支出、其他反映用于南水北调的支出等项目。

（5）扶贫。该款下又可分设为：行政运行、一般行政管理事务、机关服务、农村基础设施建设、扶贫贷款贴息、生产与社会发展、其他反映用于农村扶贫开发的支出等项目。

（6）农业综合开发。该款下又可分设为：机构运行、科技示范、土地治理、产业化经营、其他反映用于农业综合开发的支出等项目。

（7）其他农林水事务支出。该款下不设具体项目。

13. 交通运输类

交通运输类反映政府在交通运输等方面的支出。共分设 4 款，各款下又分设若干项。

（1）公路水路运输。该款下又可分设为：行政运行、一般行政管理事务、机关服务、公路新建和改建、公路养护、桥路建设与管理、公路运输管理费支出等，港口设施、航道维护、航务管理、船舶检验、港口建设支出、水路运输管理支出、其他公路、水路运输相关支出等项目。

（2）铁路运输。该款下又可分设为：行政运行、一般行政管理事务、机关服务、铁路路网建设、铁路还贷专项、铁路安全、铁路专项运输、铁路建设基金支出、铁路建设附加费支出、其他反映用于铁路运输的支出等项目。

（3）民用航空运输。该款下又可分设为：行政运行、一般行政管理事务、机关服务、机场建设、空管系统建设、民航专项还贷支出、民用航空安全、民航政策性购机专项支出、专项运输、民航基础设施建设基金支出、民航机场管理费支出、其他反映用于民用航空运输的支出等项目。

（4）其他交通运输支出。该款下又可分设为：公路交通运营补助、其他反映用于交通运输的支出等项目。

14. 工业商业金融等事务类

工业商业金融等事务类反映政府在工业商业金融等事务等方面的支出。共分设 18 款，各款下又分设若干项。

（1）采掘业。该款下又可分设为：行政运行、一般行政管理事务、机关服务、煤炭勘探开采和洗选、石油和天然气勘探开采、黑色金属矿和勘探采选、有色金属矿和勘探采选、非金属矿和勘探采选、其他反映用于采掘业的支出等项目。

(2) 制造业。该款下又可分设为：行政运行、一般行政管理事务、机关服务、纺织业、医药制造业、非金属矿物制造业、通信设备和计算机及其电子设备制造业、交通运输设备制造业、电气机械及器材制造业、工业品及其他、散装水泥专项资金支出、其他反映用于制造业的支出等项目。

(3) 建筑业。该款下又可分设为：行政运行、一般行政管理事务、机关服务、墙体材料专项基金支出、其他反映用于建筑业的支出等项目。

(4) 电力。该款下又可分设为：行政运行、一般行政管理事务、机关服务、电力监管、电力稽查、争议调节、安全事故调查、电力市场建设、电力输送改革试点、信息系统建设、三峡工程建设基金支出、中央农网还贷资金支出、地方农网还贷资金支出、能源基地建设基金支出、电源基地建设基金支出、三峡库区移民专项支出、其他反映用于电力的支出等项目。

(5) 信息产业。该款下又可分设为：行政运行、一般行政管理事务、机关服务、邮政政策性支出、战备应急、信息安全建设、专用通信、无线电监管、信息产业战略研究与标准制定、信息产业支持、电子专项工程、邮政补贴专项资金支持、行业监管、军工电子、技术基础研究、其他反映用于信息产业的支出等项目。

(6) 旅游业。该款下又可分设为：行政运行、一般行政管理事务、机关服务、旅游宣传、旅游行业业务管理、旅游发展基金支出、其他反映用于旅游业的支出等项目。

(7) 涉外发展。该款下又可分设为：行政运行、一般行政管理事务、机关服务、外经贸发展专项资金、外贸发展基金支出、国家茧丝绸发展风险基金支出、外贸投资环境建设补助资金、对外承担工程保函风险专项资金支出、援外合资合作项目基金支出、其他反映用于涉外发展的支出等项目。

(8) 粮油事务。该款下又可分设为：行政运行、一般行政管理事务、机关服务、粮食专项审计、粮食信息统计、粮食专项业务活动、国家粮食差价补贴、储备粮食利息费用补助、储备粮食差价补助、储备粮食移库费用补贴、储备(油)库建设、粮食财务挂账利息补贴、粮食财务挂账消化款、处理陈化粮补贴、粮食风险基金、其他反映用于粮油事务的支出等项目。

(9) 商业流通事务。该款下又可分设为：行政运行、一般行政管理事务、机关服务、棉花储备、食糖储备、肉类储备、化肥储备、农药储备、边销茶储备、羊毛储备、处理商品物资挂账补贴、处理供销社挂账利息补贴、消化供销社挂账本金补贴、棉花专项补贴、农业生产资料专项补贴、食品流通安全补贴、市场监测及信息管理、民贸网点贷款贴息、其他反映用于商业流通事务的支出等项目。

(10) 物资储备。该款下又可分设为：行政运行、一般行政管理事务、机关服务、铁路专用线、护库武警和民兵支出、物资保管与保养、专项贷款利息、物资收储、物资转移、物资轮换、仓库建设、仓库安防、医药储备石油储备、其他反映用于物资储备的支出等项目。

(11) 金融业。该款下又可分设为：行政运行、一般行政管理事务、机关服务、货币发行、金融服务、安全防卫、反洗钱及假币、重点金融机构监管、金融稽查与案件处理、金融行业电子化建设、从业人员、资格考核、中央银行亏损补贴、政策性银行亏损补贴、商业银行贷款贴息、补贴资本金、风险基金补助、其他反映用于金融业的支出等项目。

(12) 烟草事务。该款下又可分设为：行政运行、一般行政管理事务、机关服务、烟草行业发展资金支出、烟草税改亏损补贴、烟草打假、烟草商业税后利润支出、其他反映用于烟草事务的支出等项目。

(13) 安全生产。该款下又可分设为：行政运行、一般行政管理事务、机关服务、国务院安委会专项、安全监管监督专项、其他反映用于安全生产的支出等项目。

(14) 国有资产监管。该款下又可分设为：行政运行、一般行政管理事务、机关服务、国有企业监事会专项、中央企业专项管理、其他反映用于国有资产监管的支出等项目。

(15) 中小企业事务。该款下又可分设为：行政运行、一般行政管理事务、机关服务、科技型中小企业技术创新基金、中小企业发展基金、其他反映用于中小企业事务的支出等项目。

(16) 可再生能源。该款下不设具体项目。

(17) 能源节约利用。该款下不设具体项目。

(18) 其他工业商业金融等事务支出。该款下又可分设为：黄金事务、建设项目贷款贴息、煤代油基金支出、技术改造支出、中药材扶持资金支出、清洁生产专项支出、其他反映用于工业商业金融等事务的支出等项目。

15. 其他支出类

其他支出类反映不能划分到上述功能科目的其他政府支出。共分设 4 款，各款下又分设若干项。

(1) 预备费。该款下不设具体项目。

(2) 年初预留。该款下不设具体项目。

(3) 住房改革支出。该款下又可分设为：住房公积金、提租补贴、购房补助等项目。

(4) 其他支出。该款下不设具体项目。

相关链接

预备费和年初预留两个款级科目的特殊使用

一般预算支出科目中，其他支出类科目的预备费和年初预留两个款级科目是政府预算中的一般预算支出科目，但在财政总预算会计进行会计核算时，不作为一般预算支出会计科目进行核算。财政总预算会计对这两个款级科目不设会计科目进行会计核算。只有当政府分配或使用了预备费或年初预留的款项时，财政总预算会计才作为有关的支出进行会计核算。

16. 转移性支出类

转移性支出类反映政府在转移性支出以及不同性质资金之间的调拨支出。共分设 5 款，各款下又分设若干项。

(1) 返还性支出。该款下又可分设为：增值税和消费税税收返还支出、所得税基数返还支出等项目。

(2) 财力性返还支付。该款下又可分设为：原体制补贴支出、一般性转移支付支出、民族地区转移支付支出、调整工资转移支付支出、农村义务教育补贴支出、农村税费改革补贴支出、缓解县乡困难转移支付补助支出、结算补助支出、原体制上解支出、出口退税专项上解支出、其他反映用于财力性转移的支出等项目。

(3) 专项转移性支付。该款下又可分设为：专项补助支出、专项上解支出等项目。

(4) 调出资金。该款下又可分设为：一般预算调出资金、政府性基金预算调出资金、其他调出资金等项目。

（5）年终结余。该款下又可分设为：一般预算年终结余、其他年终结余等项目。

对于转移性支出类级科目，财政总预算会计在进行会计核算时，也不作一般预算支出科目进行核算，而视情况分别作为补助支出、上解支出和调出资金进行会计核算。

特别提示

社会保险基金支出类在最新《政府收支分类科目》中还有设置，由于社会保险基金的内容还没有纳入财政总预算的管理范围，所以也不在财政总预算会计中进行核算。

5.1.2　支出的经济分类

支出的经济分类是按支出的经济性质和具体用途所做的一种分类。支出的经济分类具体反映政府的每一笔钱究竟是怎样花的，是支付人员工资或支付会议费用，还是购买办公设备等。支出的经济分类与支出的功能分类从不同侧面，以不同方式反映政府支出活动。为预算管理、统计分析、宏观决策和财政监督等提供全面、真实、准确的经济信息。

支出经济分类设类、款两级科目，共分设12类98款(款下不再设置项和目等具体分类科目)，具体科目设置如下。

1．工资福利支出类

工资福利支出类共分设7款：基本工资、津贴补贴、奖金、社会保险缴款、伙食费、伙食补助费、其他工资福利支出等项目。

2．商品和服务支出类

商品和服务支出类共分设30款：办公费、印刷费、咨询费、手续费、水费、电费、邮电费、取暖费、物业管理费、交通费、差旅费、出国费、维修(护)费、租赁房、会议费、培训费、招待费、专用材料费、装备购置费、工程建设费、作战费、军用油料费、军队其他运行维护费、被装购置费、专用燃料费、劳务费、委托业务费、工会经费、福利费、其他商品和服务支出等项目。

3．对个人和家庭的补助类

对个人和家庭的补助类共分设14款：离休费、退休费、退职(役)费、抚恤金、生活补助、救济费、医疗费、助学金、奖励金、生产补贴、住房公积金、提租补贴、购房补贴、其他对个人和家庭的补助支出等项目。

4．对企事业单位的补贴类

对企事业单位的补贴类共分设4款：企业政策性补贴、事业单位补贴、财政贴息、其他对企事业单位的补贴支出等项目。

5．转移性支出类

转移性支出类共分设2款：不同级政府间转移性自然支出、同级政府间转移性自然支出等项目。

6．赠与类

赠与类共分设2款：对国内的赠与、对国外的赠与等项目。

7. 债务利息支出类

债务利息支出类共分设 6 款：国库券付息、向国家银行借款付息、其他国内银行借款付息、向国外政府借款付息、向国际组织借款付息、其他国外借款付息等项目。

8. 债务还本支出类

债务还本支出类共分设 2 款：国内债务还本、国外债务还本等项目。

9. 基本建设支出类

基本建设支出类共分设 9 款：房屋建筑物购建、办公设备购置、专用设备购置、交通工具购置、基础设施建设、大型修缮、信息网络购建、物资储备、其他基本建设支出等项目。

10. 其他资本性支出类

其他资本性支出类共分设 9 款：房屋建筑物购建、办公设备购置、专用设备购置、交通工具购置、基础设施建设、大型修缮、信息网络购建、物资储备、其他资本性支出等项目。

11. 贷款转贷及产权参股支出类

基本建设支出类共分设 7 款：国内贷款、国外贷款、国内转贷、国外转贷、产权参股、国有资本经营预算费用性支出、其他国外转贷及产权参股支出等项目。

12. 其他支出类

其他支出类共分设 6 款：预备费、预留、补充全国社会保障基金支出、未划分的项目支出、国有资本经营预算费用性支出、其他支出等项目。

5.2 一般预算支出

5.2.1 一般预算支出的内容和管理

1. 一般预算支出的内容

一般预算支出是指国家对集中的一般预算收入有计划地分配和使用而形成的支出。(一般预算支出的具体项目见 5.1 节)。

2. 一般预算支出的列报基础

一般预算支出的列报基础也称为预算支出的列报口径，其具体口径有两个数据：其一是银行支出数，其二是预算拨款数。在实际工作执行中，要注意以下 4 种情况。

(1) 实行限额管理的基本建设支出单位，按用款单位银行支出数列报支出；不实行限额管理的基本建设支出单位，按拨付用款单位的拨款数列报支出。

(2) 对行政事业单位的非包干性经费和专项经费，平时按财政拨款数列报支出，清理结算收回拨款时再冲销已列支出。对于收回以前年度已列支出的款项，除财政部门另有规定者外，应冲销当年支出。

(3) 除以上两款以外的其他各项支出均以财政拨款数列报支出。特别是经费包干部分，应实行以拨支出。

(4) 凡属预拨以后各期的经费，不得直接按预拨数列报本期支出，应作为预拨款处理。到期后再按规定的列报口径转到预算支出。

相关链接

办理预算支出的基本规定

(1) 严格执行《中华人民共和国预算法》的规定，办理拨款支出必须以预算为准。总预备费动用必须经同级人民政府同意批准，财政总预算会计不得列报无预算或超预算的支出。

(2) 主管部门应根据批复的年度部门预算，提出“季度分月用款计划”及分“款”、“项”填制预算经费请拨单应认真审核。根据财政部门审核批准的拨款申请，结合库款余存情况按时向用款单位拨款。

(3) 总预算会计应根据预算管理要求和拨款的实际情况，分“款”、“项”进行核算，列报当期预算支出。未拨付的经费，原则上不能列报当期支出。

(4) 主管会计单位应按计划控制用款，不得随意改变资金用途。不得任意调整预算支出科目。因特殊情况需要“款”、“项”之间进行调剂，应严格控制，并按审批程序办理。

特别提示

对实行财政国库集中支付而形成的年终预算单位结余资金，财政总预算会计按规定实行个别事项的权责发生制账务处理，按规定的预算结余资金额，确认为当年支出。对采用权责发生制账务处理的有关事项，财政部门应当在财政决算报表说明中作特别说明。

5.2.2 一般预算支出的核算

财政总预算会计应设置“一般预算支出”账户。该账户借方登记一般预算支出发生数，贷方登记一般预算支出年终转出数，平时余额在借方，表示一般预算支出的累计数；年终结转“预算结余”账户，结转后该账户无余额。

财政总预算会计在办理一般预算支出时，借记“一般预算支出”账户，贷记“国库存款”等账户。

将预拨行政单位的经费转列支出时，借记“一般预算支出”账户，贷记“预拨经费”账户。

财政部门在办理基本建设支出时，实行限额管理的，根据所在建设银行报来的银行支出数借记“一般预算支出”账户，贷记“基建拨款”账户。

不实行限额管理的，根据拨付用款单位数，借记“一般预算支出”账户，贷记“国库存款”账户；支出收回或冲销时，借记有关账户，贷记“一般预算支出”账户。

年终结转时，“一般预算支出”账户的借方余额全数转入“预算结余”账户，结转后借记“预算结余”账户，贷记“一般预算支出”账户。

【例 5-1】 某市财政发生下列一般预算支出业务，分别作会计分录如下。

(1) 某市财政局拨付卫生局非包干专项经费 100 000 元。

借：一般预算支出——卫生经费	100 000	
贷：国库存款——一般预算存款		100 000

(2) 某市财政局将以前预拨市科委科学事业费 300 000 元转列本月支出。

借：一般预算支出——科学技术	300 000	
贷：预拨经费——市科委		300 000

(3) 年终，某市财政局汇总全年“一般预算支出”账户借方余额 3 500 000 元，全部转入“预算结余”账户。

借：预算结余	3 500 000	
贷：一般预算支出		3 500 000

5.3 政府采购

5.3.1 政府采购的内容

政府采购是指各级国家机关实行预算管理的事业单位和社会团体为开展日常业务活动或为公共部门提供公共服务的需要，在政府的监督下，以法定的方式、方法和程序，利用国家财政性资金在市场上为政府部门或所属公共部门购买商品、工程及服务的行为。

政府采购的内容包括：制定采购政策、规范采购程序、严密采购管理等一系列工作。实行政府采购，通过面向市场，采取公开公平的竞争招标方式，体现公开、公平、公正和自由竞争的原则。

特别提示

由于采购政策明确，程序规范、组织管理严密，透明度高，对于节减财政支出，加强财政预算约束和监督，防止腐败，建立科学高效的财政预算管理机制具有重要作用。

相关链接

政府采购资金监督要求

(1) 财政部门应加强政府采购资金管理，建立健全政府采购资金专户管理机制，严格资金核算与资金拨付管理，完善内部监督制约机制，确保政府采购资金专款专用和及时准确拨付。

(2) 开户银行应当严格按照财政部门规定及时拨付政府采购资金，不得拖延资金或转移资金。凡违反规定的，财政部门和同级人民银行国库部门将取消该开户银行代理政府采购基金支付资格，同时，由人民银行在当地的分支机构依据有关法律法规，追究开户银行和当事人的一切责任。

(3) 财政部门开设的政府采购资金专户应当报当地人民银行国库部门审核备案。

(4) 采购机关应当自觉接受财政、审计、监察等部门对政府采购资金进行的监督检查。凡是转移、挪用、挤占政府采购资金的，必须依法追究有关人员的法律责任，并如数追回一切采购资金。

5.3.2 政府采购资金的核算

我国的政府采购一般都是由财政部门在银行设置“政府采购资金专户”，对列入政府采购的资金实行统一管理，统一核算，允许单位用自筹配套资金参与政府采购。财政总预算会计把预算资金划入政府采购资金专户时，在“暂付款——政府采购款”科目中核算，在支出采购资金后，按实际支付数转到支出。

【例 5-2】 某市财政发生下列政府采购资金业务，分别作会计分录如下。

(1) 某市教育局需要采用政府采购方式购入一批器材，预计所需资金 2 500 000 元。经协议规定，市教育局以自筹资金支出 1 200 000 元，财政预算资金支出 1 300 000 元。财政总预算会计将 1 300 000 元预算资金划入政府采购资金专户。

借：暂付款——政府采购款	1 300 000	
贷：国库存款——一般预算存款		1 300 000

同时：

借：其他财政存款 1 300 000

贷：暂存款——政府采购款 1 300 000

(2) 将市教育局节约自筹资金 150 000 元退回政府采购机关。

借：暂存款——政府采购配套资金——市教育局 150 000

贷：其他财政存款 150 000

(3) 国库收到退回节约的预算资金 200 000 元，用于平衡预算资金。

借：国库存款 200 000

贷：暂存款——政府采购款 200 000

5.4 基金预算支出

5.4.1 基金预算支出内容与分类

基金预算支出是指用基金预算收入安排的支出。基金预算支出的分类与政府预算收支科目中的基金预算支出科目相一致。基金预算支出应按基金预算规定的用途开支，实行先收后支，量入为出。基金预算支出列报口径，按一般预算支出的有关规定办理。基金预算支出科目具体设置见表 5-1。

表 5-1 基金预算支出科目

科目级次			科目名称	科目级次			科目名称
类	款	项		类	款	项	
205			教育			03	城市建设支出
	09		教育附加及基金支出			04	农村基础设施建设支出
		02	地方教育附加支出			05	补助被征地农民支出
		03	地方教育基金支出			06	土地出让业务支出
207			文化体育与传媒			07	廉租住房支出
	99		其他文化体育与传媒支出			12	耕地开发专项支出
		01	文化事业建设费支出			13	基本农田建设和保护支出
		03	国家电影发展专项支出			14	土地整理支出
208			社会保障和就业			99	其他土地使用权出让金支出
	11		残疾人事业		09		城镇公用事业附加支出
		07	残疾人就业保障金支出		10		国有土地收益基金支出
	07		政府住房基金支出			01	征地和拆迁补偿支出
		01	管理费用支出			02	土地开发支出
		02	廉租住房支出			99	其他支出
		99	其他政府住房基金支出		11		农业土地开发资金支出
	08		国有土地使用权出让金支出	213			农林水事务
		01	征地拆迁补偿支出		01		农业
		02	土地开发支出			29	农业发展基金支出

续表

科目级次			科目名称	科目级次			科目名称
类	款	项		类	款	项	
		30	新菜地开发基金支出		02		制造业
	02		林业			11	散装水泥专项资金支出
		28	林业建设基金支出		03		建筑业
		29	育林基金支出			04	新型墙体材料专项基金支出
		30	森林植被恢复费支出		04		电力
	03		水利			11	三峡工程建设基金支出
		20	灌溉水源灌排工程补偿费支出			12	中央农网还贷资金支出
		22	库区建设基金支出			13	地方农网还贷资金支出
		26	三峡库区非农业户口移民扶助基金支出			14	能源基地建设基金支出
		28	中央水利建设基金支出			15	电源基地建设基金支出
		29	地方水利建设基金支出		05		信息产业
		30	水资源补偿费支出		06		旅游业
		35	大中型水库移民后期扶持基金支出			06	旅游发展基金支出
		36	大中型水库区基金支出		07		涉外发展
	04		南水北调			05	中央对外贸易发展基金支出
		10	南水北调工程建设基金支出			06	国家蚕丝绸发展风险基金支出
214			交通运输			08	对外承包工程保函风险专项资金支出
	01		水路公路运输			09	援外合资合作项目基金支出
		15	养路费支出		12		烟草事务
		17	公路客货运附加费支出			07	烟草商业税后利润支出
		18	燃油附加费支出		99		其他工业商业金融等事务支出
		20	转让政府还贷道路收费权支出			03	煤代油基金支出
		32	港口建设费支出	229			其他支出
		34	水运客货运附加费支出		04		其他政府性基金支出
		37	下放港口以港养港支出	230			转移性支出
	02		铁路运输		04		政府性基金转移支出
		08	铁路建设基金支出			01	政府性基金补助支出
		09	铁路建设附加费支出			02	政府性基金上解支出
	03		民用航空运输		08		调出资金
		10	民航基础设施建设基金支出			02	政府性基金预算调出资金
		11	民航机场管理建设费支出		09		年终结余
215			工业商业金融等事务			02	政府性基金年终结余

相关链接

基金预算支出的管理要求

基金预算支出除遵循管理“一般预算支出”的要求外，还应遵循以下原则。

基金预算支出应按规定的用途开支，一是实行先收后支出，专款专用，分项平衡。由于基金预算有较强的专用性，财政总预算会计必须认真审查单位请拨的项目是否有足够的资金来源，具体为该基金项目的上年滚存结余数加本年已缴库的收入数减本年已支拨数，如有资金来源才能办理拨款。二是基金必须分项核算。由于各项基金都有各自专门的用途，财政总预算会计必须按最新《政府收支分类科目》基金预算收支科目设置明细账，真实准确地反映各项基金及其明细项目的收入、支出和结余情况，各项基金预算收入与基金预算支出之间不得出现相互调剂或科目串户和挪用现象，同时应定期与基金管理部门进行核对账目。

5.4.2 基金预算支出的核算

为了核算各级财政部门基金预算支出，财政总预算会计应设置“基金预算支出”账户。该账户借方登记基金预算支出发生数，贷方登记基金预算支出收回或冲销数；年终将借方余额全部转入“基金预算结余”账户的借方。

财政总预算会计发生基金预算支出时，借记“基金预算支出”账户，贷记“国库存款”等账户。支出收回或冲销转账时，借记有关账户，贷记“基金预算支出”账户；年终结转时，将“基金预算支出”账户的借方余额全数转入“基金预算结余”账户冲销，借记“基金预算结余”账户，贷记“基金预算支出”账户。

【例5-3】 某市财政发生下列基金预算支出业务，分别作会计分录如下。

(1) 某市财政局根据基金预算拨付交通部门养路费60 000元。

借：基金预算支出——交通运输类——公路水路运输　　60 000
　　贷：国库存款——基金预算存款　　60 000

(2) 某市财政局收到水利部门请拨“地方水利建设基金”150 000元。

借：基金预算支出——农林水事务类——水利工程建设　　150 000
　　贷：国库存款——基金预算存款　　150 000

(3) 年终，某市财政局将全年“基金预算支出”账户借方余额2 000 000元，全部转入“基金预算结余”账户。

借：基金预算结余　　2 000 000
　　贷：基金预算支出　　2 000 000

5.5 专用基金支出

5.5.1 专用基金支出的内容

专用基金支出是指地方财政部门用专用基金收入安排的支出。财政总预算会计在安排各项专用基金支出时，应按规定的用途开支，并做到先收后支，量入为出。

5.5.2 专用基金支出的核算

为了核算各级财政部门专用预算支出，财政总预算会计应设置“专用基金支出”账户。该账户借方登记专用基金支出发生数，贷方登记专用基金支出收回或冲销转出数；该账户平时借方余额，反映专用基金支出累计数，年终将借方余额全部转入“专用基金结余”账户，借记“专用基金结余”账户，贷记“专用基金支出”账户。结转后该账户无余额。专用基金支出应根据支出的内容设置相应明细账进行核算。

【例 5-4】 某市财政局发生下列专用基金支出业务，分别作会计分录如下。

(1) 某市财政局根据有关文件规定，拨付市粮食部门粮食风险基金 900 000 元。

借：专用基金支出——粮食风险基金	900 000	
贷：其他财政存款——专用基金存款		900 000

(2) 接(1)给市粮食部门的拨款超出原计划 150 000 元，现已存入国库存款账户。

借：国库存款	150 000	
贷：专用基金支出——粮食风险基金		150 000

(3) 年终，某市财政局将全年“专用基金支出”账户借方余额 750 000 元，全部转入“专用基金结余”账户。

借：专用基金结余	750 000	
贷：专用基金支出		750 000

5.6 转移性支出

5.6.1 转移性支出的内容

转移性支出又称资金调拨支出，是指根据财政体制规定在各级财政之间进行转移支出以及本级财政各项资金的调剂所形成的支出。转移性支出的具体内容包括：补助支出、上解支出和调出资金等。

补助支出是指本级财政按财政管理体制规定或因专项、临时性资金需求对下级财政进行补助而形成的支出，主要包括以下内容：一是税收返还支出；二是按财政体制结算应补助给下级财政的款项；三是专项补助和临时性补助。

上解支出按财政管理体制规定由本级财政上交给上级财政的款项，主要包括以下内容：一是按财政管理体制规定由国库在本级预算收入中直接划解给上级财政的款项；二是按财政管理体制规定结算补解上级财政的款项和各级专项上解款项。

调出资金是指各级财政部门为了平衡一般预算支出，经批准从基金预算的地方财政税费附加收入结余中调出，补充一般预算的资金。

5.6.2 转移性支出的核算

为了核算转移性支出，财政总预算会计应设置“补助支出”、“上解支出”、“调出资金”3 个账户。

1. 补助支出的核算

为了核算本级财政对下级财政的补助支出，财政总预算会计应设置“补助支出”账户，该账户的借方登记补助支出的增加数，贷方登记补助支出的冲减和转销数；余额平时在借方，反映补助支出的累计数。年末结转后，该账户无余额。该账户应按补助地区和资金性质分设明细账进行核算。

财政部门发生补助支出或从“与下级往来”账户转入时，借记“补助支出”账户，贷记“国库存款”或“与下级往来”账户；补助支出退转时，作相反的会计分录；年终该账户借方余额全数转入“预算结余”或“基金预算结余”等账户，即借记“预算结余”、“基金预算结余”账户，贷记“补助支出”账户。

【例5-5】 某市财政局发生下列补助支出业务，分别作会计分录如下。

(1) 某市财政局拨付下级财政临时性一般预算补助款200 000元。

借：补助支出——一般预算补助	200 000	
贷：国库存款——一般预算存款		200 000

(2) 某市财政局将原借给所属下级财政周转调度款项150 000元转作一般预算补助。

借：补助支出——预算补助	150 000	
贷：与下级往来		150 000

(3) 某市财政局年终结转“补助支出”账户借方余额500 000元，其中一般预算补助300 000元，基金预算补助200 000元。

借：预算结余	300 000	
基金预算结余	200 000	
贷：补助支出—— 一般预算补助		300 000
—— 基金预算补助		200 000

2. 上解支出的核算

为了核算解缴上级财政的款项，财政总预算会计应设置“上解支出”账户，该账户的借方登记上解支出的增加数，贷方登记冲减和转销数；平时余额一般在借方，反映下级上解支出的累计数；年终结转转入“预算结余”账户后，该账户无余额。该账户一般不设置明细账。

财政部门发生上解支出时，应借记“上解支出”账户，贷记“国库存款”账户；如发生上解支出退库，应作相反方向的分录；年终“上解支出”账户的余额应全部转入“预算结余”或“基金预算结余”账户。即借记“预算结余”或“基金预算结余”，贷记“补助支出”账户。

【例5-6】 某市财政局发生下列补助支出业务，分别作会计分录如下。

(1) 某市财政局按财政管理体制规定上解省财政一般预算款800 000元。

借：上解支出	800 000	
贷：国库存款—— 一般预算存款		800 000

(2) 年终结算按财政管理体制规定应上解上级省财政款500 000元。

借：上解支出	500 000	
贷：与上级往来		500 000

(3) 年终市财政上解支出总额 1 200 000 元，其中属于一般预算“上解支出”850 000 元和属于基金预算的“上解支出”350 000 元分别转入“预算结余”和“基金预算结余”账户。

借：预算结余　　850 000

　　基金预算结余　　350 000

　　贷：上解支出　　1 200 000

3. 调出资金的核算

为了核算各级财政调出资金的业务，财政总预算会计应设置“调出资金”账户，该账户的借方登记调出资金的增加数，贷方登记冲减和转销数；平时余额在借方，反映年度内调出资金的累计数；年终结转转入“基金预算结余”账户后，该账户无余额。

财政部门调出资金预算结余时，应借记“调出资金”账户，贷记“调入资金”账户；年终转账时，将该账户的借方余额全部转入“基金预算结余”账户，即借记“基金预算结余”账户，贷记“调出资金”账户。

【例 5-7】 某市财政局发生下列调出资金业务，分别作会计分录如下。

(1) 某市财政局为平衡一般预算，经批准从基金预算结余中调出资金 350 000 元。

借：国库存款—— 一般预算存款　　350 000

　　贷：调入资金　　350 000

同时：

借：调出资金　　350 000

　　贷：国库存款—— 基金预算存款　　350 000

(2) 某市财政局从预算外财政专户中拨出 300 000 元的自筹资金，用于平衡一般预算收支。

借：国库存款—— 一般预算存款　　300 000

　　贷：调入资金　　300 000

同时：

借：调出资金　　300 000

　　贷：其他财政存款　　300 000

(3) 某市财政局年终将“调出资金”账户借方余额 560 000 元结转“基金预算结余”账户。

借：基金预算结余　　560 000

　　贷：调出资金　　560 000

5.7 国有资本经营预算支出

5.7.1 国有资本经营预算支出的基本内容

国有资本经营预算支出是指各级财政部门根据国有资本经营收入制订的支出。国有资本经营预算支出要着力解决国有企业发展中的体制性、机制性问题，着力解决涉及企业职工切身利益的问题，着力推进经济结构调整和经济发展方式的转变。

特别提示

国有资本经营预算具体的支出范围依据国家宏观经济政策以及不同时期国有企业改革和发展任务统筹安排确定。必要时可部分用于社会保障等支出。

相关链接

国有资本经营预算支出按照资金使用性质分类

国有资本经营预算支出按照资金使用性质可划分为以下3点。

(1) 资本性支出。主要是根据国家产业发展规划，国有经济布局和结构调整规划，用于支持国有企业发展需求和技术创新等方面所安排的资本性支出。

(2) 费用性支出。主要是用于弥补国有企业改革成本，解决历史遗留问题，其重点解决困难企业职工养老保险，离退休职工医疗保险、特困企业职工生活补助以及职工切身利益和支持重点行业企业的节能减排等方面的费用性支出。

(3) 其他支出。是指用于社会保障等方面的支出。

5.7.2 国有资本经营预算支出的编制程序

根据《中央国有资本经营预算编报试行办法》对预算的编制程序作进一步的规定：财政部每年向中央预算单位和中央企业下发编报年度中央国有资本经营预算建议草案和支出项目计划的通知；中央企业编报国有资本经营预算支出项目计划上报中央预算单位；中央预算单位编制国有资本经营预算建议草案上报财政部；财政部汇总编制中央国有资本经营预算草案上报国务院审批。

特别提示

2009年3月第十一届全国人民代表大会财政经济委员会《关于2008年中央和地方预算执行情况与2009年中央和地方预算草案的审查结果报告》明确要求："2010年向全国人大提交中央国有资本经营预算"。

5.7.3 国有资本经营预算的执行和科目编制

国有资本经营预算执行中如需调整，必须按规定程序上报审批。年度预算确定后，企业因改变财务隶属关系而引起预算级次和关系变化的，应当同时办理预算划转手续。年度终了后，财政部门应当编制国有资本经营决算草案，组织和监督本单位国有资本经营预算决算草案并报本级人民政府批准。

按现行最新《政府收支分类科目》的有关规定，国有资本经营预算支出科目的设置见表5-2。

表 5-2　国有资本经营支出功能分类科目设置

科目级次			科目名称	科目级次			科目名称
类	款	项		类	款	项	
213			农林水事务			51	国有资本经营预算支出
	01		农业		04		电力
		51	国有资本经营预算支出			51	国有资本经营预算支出
	02		林业		05		信息产业
		51	国有资本经营预算支出			51	国有资本经营预算支出
	03		水利		06		旅游业
		51	国有资本经营预算支出			51	国有资本经营预算支出
214			交通运输		07		涉外发展
	01		公路水路运输			51	国有资本经营预算支出
		51	国有资本经营预算支出		09		商业流通事务
	02		民用航空运输			51	国有资本经营预算支出
		51	国有资本经营预算支出		12		烟草事务
215			工业商业金融等事务			51	国有资本经营预算支出
	01		采掘业		99		其他工业商业金融事务支出
		51	国有资本经营预算支出			51	国有资本经营预算支出
	02		制造业	230			转移性支出
		51	国有资本经营预算支出		08		调出资金
	03		建筑业			03	国有资本经营预算调出资金
304			对企事业单位的补贴		06		国有资本经营预算资本性支出
	04		国有资本经营预算费用性支出	399			其他支出
311			贷款转贷及产权参股		05		国有资本经营预算其他支出

项 目 小 结

本项目介绍了各级财政总预算支出的功能分类和经济分类；掌握一般预算支出、基金预算支出、专用基金支出、转移性支出和国有资本经营预算支出的具体内容和管理要求；掌握一般预算支出、基金预算支出专用基金支出和转移性支出核算账户的设置；熟练一般预算支出、政府采购资金、基金预算支出、专用基金支出和转移性支出等核算方法。

职业能力训练

一、单项选择题

1. 年终结账后基金预算支出的余额是(　　)。
   A. 借方　　B. 贷方
   C. 借方或贷方　　D. 无余额
2. 南水北调工程基金支出按规定属于(　　)。
   A. 专用基金支出　　B. 预算周转金支出
   C. 基金预算支出　　D. 一般预算支出
3. 年终将上解支出账户余额转入的账户是(　　)。
   A. 预算结余　　B. 基金预算结余
   C. 专用基金结余　　D. 预算周转金收入
4. 下列哪项支出属于人大会议支出？(　　)
   A. 一般预算支出　　B. 基金预算支出
   C. 专用基金支出　　D. 财政周转金支出
5. 按财政管理体制规定由本级财政上交给上级财政的支出是(　　)。
   A. 补助支出　　B. 上解支出　　C. 调出资金　　D. 预算支出

二、多项选择题

1. 一般预算支出的列报基础也称预算支出的列报口径，其具体口径有(　　)两个数据。
   A. 一般预算支出发生数　　B. 一般预算支出年终转出数
   C. 银行支出数　　D. 预算拨款数
2. 转移性支出的主要内容包括(　　)。
   A. 补助支出　　B. 上解支出
   C. 调出资金　　D. 专款支出
3. 下列各项支出属于一般预算支出的项目是(　　)。
   A. 重大科学工程　　B. 出国留学教育
   C. 国际组织会议　　D. 武装警察消防支出
4. 下列各项支出属于基金预算支出的项目是(　　)。
   A. 地方教育附加支出　　B. 国家电影发展专项支出
   C. 养路费支出　　D. 民航机场管理建设费支出
5. 交通运输类共分设哪几款？(　　)
   A. 公路水路运输　　B. 铁路运输
   C. 民用航空运输　　D. 其他交通运输

三、分析判断题

1. 一般公共服务类是反映政府一般公共服务的支出。(　　)
2. 基金预算的调出资金数以其滚动结余不发生赤字为限。(　　)
3. 一般预算支出按规定一律按财政拨款数列报支出。(　　)

4. 政府采购包括：制定采购政策、规范采购程序、严密采购管理等一系列工作。（ ）

5. 基金预算支出应按基金预算规定用途开支，实行先收后支，量入为出。（ ）

四、项目实训

1. 一般预算支出的核算。

资料：某市财政局发生下列经济业务。

（1）根据核定的预算，财政总预算会计拨付教育事业费：职业教育经费 750 000 元，中专教育经费 100 000 元。

（2）某市财政局将前预拨审计局的审计经费 150 000 元，转作本月一般预算支出账户。

（3）某市财政局根据预算拨出公检法司支出 380 000 元。

（4）某市财政局根据预算拨出社会科学费 650 000 元。

要求：根据以上经济业务编制会计分录。

2. 政府采购资金的核算。

资料：某市财政局发生下列经济业务。

（1）某市财政部门根据年度政府采购计划，实施的采购招标项目预算资金 900 000 元按规定转入政府采购资金专户。

（2）某市财政部门根据“政府采购资金专户”收到某单位采购计划的自筹资金 550 000 元。

（3）某市财政总预算会计根据合同的有关规定，支付政府代理采购机构费用 100 000 元。

要求：根据以上经济业务编制会计分录。

3. 基金预算支出和专用基金支出的核算。

资料：某市财政局发生下列经济业务。

（1）某市财政局根据基金预算的规定，拨付交通部门的公路建设基金 150 000 元。

（2）某市财政局根据基金预算的规定，拨付文教部门文化事业建设费 480 000 元。

（3）某市财政局用专用基金收入安排的支出为 850 000 元。

（4）年终，该市财政部门将“专用基金支出”账户借方余额 500 000 元结转“专用基金结余”账户。

要求：根据以上经济业务编制会计分录。

4. 资金转移性支出的核算。

资料：某市财政局发生下列经济业务。

（1）按体制规定计算，本月某市财政局对所属下级财政部门返还税收款项 45 000 元。

（2）经批准将所属下级财政部门前借款项 300 000 元转作对其专项补助支出。

（3）某市财政局根据基金预算向所属下级财政部门拨付基金预算补助 35 000 元。

（4）某市财政局年终将属于一般预算的“补助支出”账户借方余额 550 000 元和基金预算的“补助支出”账户借方余额 250 000 元分别转入“预算结余”和“基金预算结余”账户。

（5）某市财政局向省财政上解体制款项 550 000 元。

（6）根据财政管理体制规定，本级财政应上解上级财政部门一般预算款 95 000 元。

（7）按规定本级财政应上解上级财政部门专项资金 75 000 元。

（8）年终将市财政一般预算上解支出总额 1 350 000 元转入“预算结余”账户。

（9）某市财政局从基金预算结余的地方财政附加税费中调出资金 900 000 元，用于平衡一般预算收支。

要求：根据以上经济业务编制会计分录。

项目6 财政国库集中支付业务与预算外资金财政专户会计核算

学习目标

（1）明确财政总预算会计实行财政国库集中支付的相关业务、财政国库支付执行机构会计业务的核算要求；

（2）熟悉预算外资金财政专户会计核算的相关业务和预算外资金会计报表的编制方法；

（3）掌握通过财政国库支付执行机构直接支付的资金、通过预算单位零余额账户授权支付的资金、财政国库支付执行机构等业务的核算方法。

案例导读

某市财政总预算会计把下属单位所需的行政活动用的材料采用政府采购方式购入，预计共需资金240万元，其中财政总预算会计将预算资金180万元划入政府采购资金专户，采购机关将下属单位的配套自筹资金60万元划入政府采购资金专户。

【讨论】 该如何进行账务处理？分析说明。

【解析】

财政部门国库管理机构将采购的预算资金划入政府采购资金专户前，必须认真审核采购机关填报的政府采购资金拨款申请书或预算资金拨款申请书无误后，按实际发生数并通过政府采购资金专户支付给供应商。即借记“暂付款——政府采购款”账户，贷记“国库存款”账户。同时，借记“其他财政存款”账户，贷记“暂付款——政府采购款”账户；采购机关将下属单位的配套自筹资金划入政府采购资金专户前，必须经财政部门政府采购主管机构确认已先支付单位自筹资金和预算外资金后，方可提出支付预算资金申请。自筹资金划入政府采购资金专户时，借记“其他财政存款”账户，贷记“暂付款——政府采购配套资金——下属单位”账户。如采购机关未能履行付款义务而引起法律责任，全部由采购机关承担。

6.1 财政国库集中支付管理制度

6.1.1 国库集中支付制度概念

所谓国库集中支付制度是把财政资金由传统划拨改为国库单一账户的公共财政管理体系，也就是将所有财政性资金全部集中到国库单一账户，并按规定所有的财政支出必须由国库直接支付给商品或劳务供应者或用款单位，实行收支两条线管理。在这种制度下，财政资金的使用由各部门各单位在需要购买商品或支付劳务费时提出申请，由国库集中支付机构核准后，将由国库单一账户直接拨付给商品和劳务供应商，对于财政资金从预算分配、预算拨付及收款人实行财政直接全程监控和控制。它是国库集中收付制度的重要组成部分，也是财政资金支出改革的重大举措之一，是国家预算执行财政管理制度的一项重大创新。

6.1.2 国库集中支付管理制度的主要内容

按照财政国库管理制度的基本发展要求，建立国库单一账户体系，并规定所有的财政资金必须纳入国库单一账户体系管理，收入直接缴入国库或财政专户，支出通过国库单一账户体系将资金直接支付到商品和劳务供应者(即收款人)或用款单位账户。

1．建立国库单一账户体系

国库单一账户体系构成有如下5点。

(1) 财政部在中国人民银行开设的国库单一账户，按收入和支出设置分类账，收入账按预算科目进行明细核算，支出账按资金使用性质设立分账册。

(2) 财政部按资金使用性质在商业银行开设的零余额账户(财政部门零余额账户)；在商业银行为预算单位开设的零余额账户(预算单位零余额账户)。

(3) 财政部在商业银行开设预算外资金财政专户(预算外资金专户)，按收入和支出设置分类账。

(4) 财政部在商业银行为预算单位开设的小额现金账户。

(5) 经国务院和省级人民政府批准或授权财政部门开设的特殊过渡性账户(特设专户)。

相关链接

国库单一账户体系中各类账户的功能

国库单一账户体系中各类账户的功能有以下几点。

第一，国库单一账户为国库存款账户，用于记录、核算和反映纳入预算管理的财政收入和支出活动。并用于财政部门在商业银行开设的零余额账户进行清算，实现支付；第二，财政部门零余额账户，用于财政直接支付和国库单一账户清算；预算单位的零余额账户用于财政授权支付和清算；第三，预算外资金财政专户，用于记录、核算和反映预算外资金的收入和支出活动，并用于预算外资金日常收支清算；第四，小额现金账户，用于记录、核算和反映预算单位的零星支出活动，并用于与国库单一账户清算；第五，特设专户，用于记录、核算和反映预算单位特设专户支出活动，并用于与国库单一账户清算。

上述账户和专户要与财政部门及支付执行机构、中国人民银行国库部门和预算单位的会计核算保持一致性，相互核对有关账务记录。在建立健全现代化银行支付系统和财政信息系统的基础上，逐步实现由国库单一账户核算所有财政性资金的收入和支出，并通过各部门在商业银行的零余额账户处理日常收支清算业务。

2. 财政收入收缴方式与程序

1）收缴方式

财政收入的收缴分为直接缴库和集中汇缴两种方式。其中，直接缴库是指由缴款单位或缴款人按有关法律法规规定，直接将应缴收入缴入国库单一账户或预算外资金财政专户；集中汇缴是指由征收机关(有关法定单位)按有关法律法规规定，将所收的应缴收入汇总缴入国库单一账户或预算外资金财政专户。

2）收缴程序

(1) 直接缴库程序。直接缴库的税收收入，由纳税人或税务代理人提出纳税申报，经征收机关审核无误后，由纳税人通过开户银行将税款缴入国库单一账户。直接缴库的其他收入，比照上述程序缴入国库单一账户或预算外资金财政专户。

(2) 集中汇缴程序。小额零散税收和法律另有规定的应交收入，由征收机关于收缴收入的当日汇总缴入国库单一账户。非税收入中的现金缴款，比照本程序缴入国库单一账户或预算外财政专户。

3. 财政支出方式与拨付程序

1）支出类型

按照国库管理办法的规定，财政支出总体上分为购买性支出和转移性支出两种类型。根据支付管理需要，具体分为：工资支出，即预算单位的工资性支出；购买支出，即预算单位除工资支出、零星支出之外购买服务、货物、工程项目等支出；转移支出，即拨付给预算单位或下级财政部门，未指明具体用途的支出，包括拨付企业补贴和未指明具体用途的资金、中央对地方的一般性转移支付等。

2）支付方式

按照不同类型的支付主体，财政性资金的支付分别实行财政直接支付和财政授权支付两种方式。财政直接支付是指由财政部向中国人民银行和代理银行开出支付令，代理银行根据支付令通过国库单一账户体系将财政资金直接支付到商品或劳务供应商(收款人)或用款单位账户的方式。实行财政直接支付方式的支出主要包括：工资支出和转移支出等；财政授权支付是指预算单位根据财政部的授权，自行向代理银行开出支付令，代理银行根据支付令，在财政部批准的预算单位的用款额度内，通过国库单一账户体系将资金支付到收款人账户。财政授权支付的范围是除工资支出、物品采购支出、服务采购支出和工程采购支出外的购买支出和零星支出。

上述两项支付的具体支出项目，由财政部门确定在各部门预算中列出。

3）支付程序

(1) 财政直接支付程序。预算单位按照批复的部门预算和资金使用计划，向财政国库支付执行机构提出支付申请，财政国库支付执行机构根据批复部门预算和资金使用计划相关要求对支付申请审核无误后，向代理银行发出支付令，并通过中国人民银行国库部门与代理银行进入全国银行清算系统实时清算，财政资金从国库单一账户划拨收款人的银行账户。财政直接支付主要通过转账方式进行，也可以采取“国库支票”支付方式。财政国库支付执行机构根据预算单位的要求签发支票，并将签发给收款人的支票交给预算单位，由预算单位转给收款人。收款人持支票到开户银行入账，收款人的开户银行再与代理银行进行清算，每日营业终了前由国库单一账户与代理银行进行清算，如图 6.1 所示。

(2) 财政授权支付程序。预算单位按照批复的部门预算和资金使用计划，向财政国库支付执行机构申请授权支付的月度用款限额，财政国库支付执行机构将批准后的限额通知代理银行和预算单位，并通过中国人民银行国库部门，预算单位在月度用款限额内，自行开具支付令，通过财政国库支付执行机构转由代理银行向收款人付款并与国库单一账户进行资金清算，如图 6.2 所示。

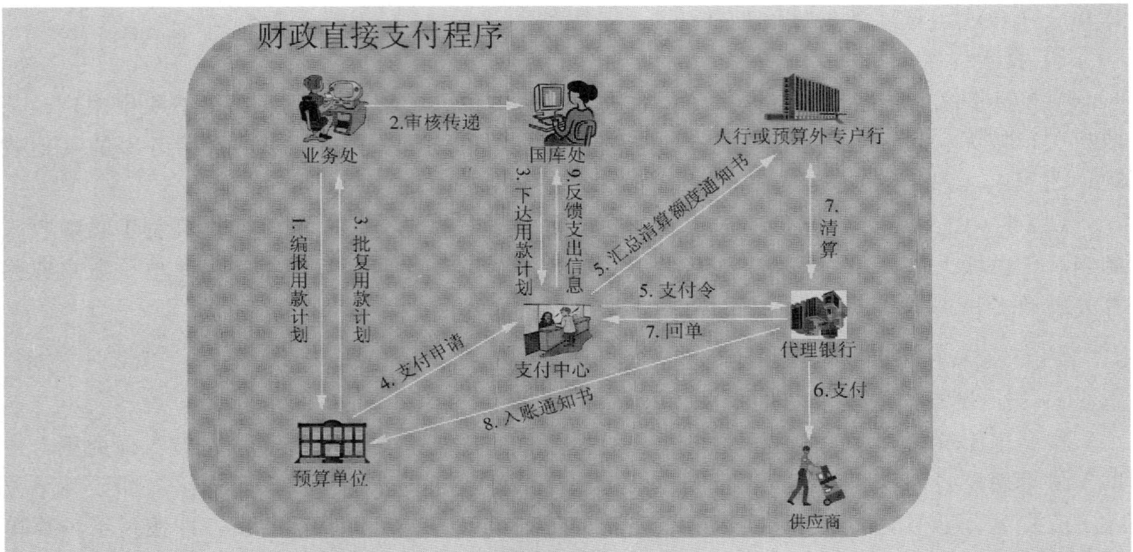

图 6.1　财政直接支付程序

图 6.2　财政授权支付程序

相关链接

国库集中支付制度应遵循的原则

国库集中支付制度从根本上解决了财政资金多环节拨付、多头管理、多户存放的弊端，提高了财政资金的使用效率，避免了过去单位用款计划批准后国库要一次将资金拨入单位银行账户所带来的，财政资金结余多户头分散存放国库资金不足、调度困难的问题，要充分发挥国库集中支付制度的优势，必须坚持以下原则：一是执行办法要服从国家有关法律和政策的原则；二是坚持节约财政资金的使用效益原则；三是坚持简便易行，不影响各部门、各单位正常资金使用的原则；四是正确处理国库集中支付与单位财务管理关系的原则；五是坚持理论与实际相结合的原则；六是坚持积极稳妥、分类实施、逐步到位的原则。

6.2　财政总预算会计国库集中支付的相关业务

6.2.1　财政总预算会计相关业务

1. 财政国库支付执行机构直接支付的资金

财政国库支付执行机构每日上报按部门分“类”、“款”、“项”的《预算支出结算清单》与中国人民银行划款凭证核对无误后，列报预算支出。借记“一般预算支出”、“基金预算支出”等账户，贷记“国库存款”账户。

【例6－1】　某市财政局通过财政国库支付执行机构直接支付职业教育经费300 000元，用于支付交通部门养路费80 000元，作会计分录如下：

借：一般预算支出——教育——普通教育——职业教育　　300 000
　　基金预算支出——工业交通部门基金支出——养路费支出　　80 000
　　贷：国库存款　　380 000

2. 预算单位零余额账户授权支付的资金

财政总预算会计将各代理银行汇总的预算单位零余额账户授权支付数，与中国人民银行汇总划款凭证及财政支付中心按部门分“类”、“款”、“项”的《预算支出结算清单》核对无误后，列报预算支出。借记“一般预算支出”、“基金预算支出”等账户，贷记“国库存款”账户。

【例6－2】　某市财政局通过预算单位零余额账户授权支付铁路行政运行费用200 000元，用于支付铁路建设基金120 000元，作会计分录如下：

借：一般预算支出——交通运输——铁路运输——行政运行　　200 000
　　基金预算支出——交通运输——铁路运输——铁路建设基金　　120 000
　　贷：国库存款　　320 000

6.2.2　财政国库支付执行机构会计业务核算

财政国库支付执行机构会计是财政总预算会计的延伸，其会计核算根据《财政总预算会计制度》执行。同时结合财政国库支付执行机构相关业务的会计核算特点，需要增设“财政零余额账户存款”、“已结报支出”两个账户，并相应设立预算支出明细账。

“财政零余额账户存款”账户用于核算财政国库支付执行机构在银行办理财政直接支付的业务。其贷方登记财政国库支付执行机构当天发生的直接支付资金数；借方登记当日国库单一账户存款划入冲销数；该账户当日资金结算后余额为零。

“已结报支出”账户用于核算财政国库资金已结清的支出数额。该账户当日资金结算后本账户余额等于一般预算支出与基金预算支出之和。年终结账时，作相反方向会计分录，即借记“已结报支出”账户，贷记“一般预算支出”、“基金预算支出”账户。

1. 财政国库支付执行机构为预算单位直接支付款项

根据《财政直接支付凭证》回单，按部门分“类、款、项”列报预算支出，借记“一般预算支出——财政直接支付”和“基金预算支出——财政直接支付”账户，贷记“财政零余额账户存款”账户。

【例 6-3】 某市财政国库支付执行机构为某职业技术学院支付职工工资款 500 000 元，为某旅游发展基金支出 350 000 元，款项全部从财政零余额存款账户中支出。作会计分录如下：

借：一般预算支出——财政直接支付	500 000	
基金预算支出——财政直接支付	350 000	
贷：财政零余额账户存款		850 000

2. 财政国库支付执行机构每日结算支付资金

财政国库支付执行机构每日将代理银行报送的“财政支出日报表”与国库报来的划款凭证、付款通知书联核对无误后，进行账务处理，借记“财政零余额账户存款”账户，贷记“已结报支出——财政直接支付”账户。

【例 6-4】 某市财政国库支付执行机构收到代理银行报送的当日“财政支出日报表”与国库报来的划款凭证付款 1 500 000 元，经核对无误后，作会计分录如下。

财政国库支付执行机构会计的账务处理如下：

借：财政零余额账户存款	1 500 000	
贷：已结报支出——财政直接支付		1 500 000

财政总预算会计的账务处理如下：

借：一般预算支出——财政直接支付	1 500 000	
贷：国库存款——一般预算存款		1 500 000

3. 财政国库执行机构对预算单位授权支付的款项

根据代理银行报来的“财政支出日报表(旬、月)”列报正常，并登记预算单位支出明细账，借记“一般预算支出——单位零余额账户额度”和“基金预算支出——单位零余额账户额度”账户，贷记“已结报支出——财政授权支付”账户。

【例 6-5】 某市国库执行机构收到代理银行报来授权支付款项的“财政支出日报表(旬、月)”，日报表当日的一般预算支出为 550 000 元，基金预算支出为 250 000 元，作会计分录如下。

借：一般预算支出——单位零余额账户额度　550 000
　　基金预算支出——单位零余额账户额度　250 000
　　贷：已结报支出——财政授权支付　800 000

4. 财政国库执行机构年终转销已结报支出账户

年终财政国库支付执行机构会计与有关部门核对无误后，借记“已结报支出”账户，贷记“一般预算支出”和“基金预算支出”账户。

【例6-6】 年终，某市财政局根据财政国库支付执行机构提供资料，一般预算支出430 000 000元，基金预算支出140 000 000元与代理银行等有关部门核对一致后，办理年终转账，作会计分录如下：

借：已结报支出　570 000 000
　　贷：一般预算支出　430 000 000
　　　　基金预算支出　140 000 000

6.3　预算外资金和预算外资金财政专户会计

6.3.1　预算外资金

预算外资金是指国家机关、事业单位、社会团体、具有行政管理职能的企业主管部门与政府委托的其他机构，为履行或代行政府职能，依据国家法律、法规和具有法律效力的规章而收取、提取和安排使用的未纳入政府预算管理的各种财政性资金。

特别提示

预算外资金是国家财政性资金，由财政部门建立统一财政专户，实行收支两条线管理。预算外资金收入应及时、足额上缴同级财政专户，支出由同级财政部门按预算外资金收支计划从财政专户中拨付。事业单位和社会团体通过市场取得的不体现政府职能的经营、服务性收入，不属于预算外资金，必须依法纳税，并纳入单位财务收支计划，实行统一核算。

预算外资金主要包括以下几项未纳入财政性预算管理的财政性资金。

(1) 国家法律法规规定行政事业性收费、基金和附加收入。根据国家法律法规和具有法律效力的规章规定收取、提取的各种行政事业性收费、基金(资金、附加收入)和凭借政府职权筹集的资金等。

(2) 行政主管部门集中的收入、基金和附加收入等。主管部门按照国家规定从所属企事业单位和社会团体集中的管理费和其他资金(包括代理行政职能的总公司和行业性组织)。

(3) 其他预算外资金。主要指其他未纳入预算管理的财政性资金，如国家行政机关的非经营性收入、财政专户利息收入等。

(4) 国务院及财政部门审批的各种基金及附加收入。是指国务院及财政部门审批建立的，向企事业单位和个人征收、募集或以政府信誉建立的具有特定用途的各种基金(资金、附加收入)。

(5) 政府及其部门共同审批的行政事业性收费。是指按照国务院和省、自治区、直辖市人民政府及其财政和计划(物价)部门共同审批的项目和标准，收取和提取的费用。

(6) 乡自筹和统筹资金。是指用于乡(镇)政府开支的乡自筹资金和乡统筹资金，主要包括乡(镇)企业上缴的利润、事业单位上缴的收入和向个人筹集的乡统筹费等。

(7) 社会保障基金。在国家财政建立社会保障预算制度以前，社会保障基金先按预算外资金管理制度进行管理，专款专用，由财政和审计职能部门监督。

相关链接

加强预算外资金的计划管理

预算外资金的收取或提取，必须严格依照有关的法律法规和有关法律效力的规章制度所规定的项目、范围、标准和程序执行。不可以擅自扩大预算外资金的收取项目和收取范围，也不可以擅自提高预算外资金的收取或提取标准。预算外资金是国家的财政性资金，不是部门或单位的自有资金。预算外资金的使用应当纳入行政单位或事业单位的部门预算，实行统筹安排、统一使用，财政部门对预算外资金实行预决算管理制度，从而加强对预算外资金的计划管理。

6.3.2 预算外资金财政专户会计

为加强预算外资金的管理，财政部门根据有关规定，规范各财政部门预算外资金财政专户会计的核算和管理工作。所谓预算外资金财政专户会计是指专门核算财政预算外资金收支业务及其结果的一门专业会计。预算外资金独立于专门核算内资金收支业务及其结果的财政总预算会计。无论预算外资金财政专户会计，还是财政总预算会计，最终的核算对象都是财政性资金的运动及其结果。预算外资金财政专户会计是实行独立核算的，应及时编制独立的财政专户会计报表。

6.4 预算外资金财政专户会计核算

6.4.1 预算外资金收入的业务

预算外资金收入根据来源的不同，可分为一般预算外资金收入和上级补助收入。

1. 一般预算外资金收入

一般预算外资金收入是指各部门或单位缴入财政专户的各项预算外资金。包括缴入财政专户但未纳入预算管理的行政事业性收费、彩票公益金、财政专户存款利息、乡统筹资金收入、主管部门集中收入等。

处理一般预算外资金收入的业务时应设置“一般预算外收入”账户，其借方登记年终结转预算外结余的转销数，贷方登记取得各项预算外收入的增加数，平时余额在贷方，反映当年一般预算外资金收入累计数；年终结转预算外结余后，该账户无余额。该账户应按最新《政府收支分类科目》中“收入功能分类科目”的类、款、项、目级科目依次设置明细账。同时，根据管理需要，按部门和单位进行明细核算。

处理一般预算外资金收入业务时，借记“财政专户存款”账户，贷记“一般预算外收入”账户；年终转账时，应将“一般预算外收入”账户的余额全部转入“预算外结余”账户，借记“一般预算外收入”账户，贷记“预算外结余”账户。

【例6-7】 某市预算外资金财政专户收到有关预算单位缴入的行政事业性收费350 000元，收到财政专户存款利息50 000元。项目全部从预算外资金财政专户“一般预算外收入——非税收入”账户中反映。作会计分录如下：

借：财政专户存款——某开户银行　　400 000

　　贷：一般预算外收入——非税收入——行政事业性收费收入　　350 000

　　　　——非税收入——其他收入　　30 000

2. 上级补助收入

上级补助收入是指上级单位对本级单位所作的预算外资金补助。上级补助收入属于上下级政府间的转移性收入，是上下级之间的财力转移。

上级补助收入业务的核算应设置“上级补助收入”账户，收到上级补助收入业务时，借记“财政专户存款”账户，贷记“上级补助收入”账户；年终转账时，应将“上级补助收入”账户的贷方余额全部转入“预算外结余”账户，即借记“上级补助收入”账户，贷记“预算外结余”账户。该账户平时余额在贷方，反映当年上级补助收入的累计数；该账户应按《2011年政府收支分类科目》中“收入分类科目”的类、款、项、目级科目依次设置明细账进行核算。

【例6-8】 某市预算外资金财政专户收到有关预算单位拨入的补助收入85 000元。该补助收入应在“上级补助收入——转移性收入——预算外转移性收入”账户中反映。作会计分录如下：

借：财政专户存款——某开户银行　　85 000

　　贷：上级补助收入——转移性收入——预算外转移性收入　　85 000

6.4.2 预算外资金支出的业务

预算外资金支出根据用途的不同，可分为一般预算外资金支出和政府调剂支出。

1. 一般预算外资金支出

一般预算外资金支出是指各级财政部门为一般预算外收入安排的支出。

处理一般预算外资金支出的业务时，应设置“一般预算外支出”账户，其借方登记各项预算外支出的增加数；贷方登记年终结转预算外结余转销数；平时余额在借方，反映当年一般预算外支出的累计数；年终结转预算外结余后，该账户无余额。该账户应按最新《政府收支分类科目》中“支出功能分类科目”的类、款、项、目级科目依次设置明细账。同时，根据管理需要，按部门和单位进行明细核算。

处理一般预算外资金收入业务时，借记“一般预算外支出”账户，贷记“财政专户存款”账户；年终转账时，应将“一般预算外支出”账户的余额全部转入“预算外余额”账户，借记“预算外余额”账户，贷记“一般预算外支出”账户。

【例6-9】 某市预算外资金财政专户收到有关预算单位上缴的一般预算外资金收入55 000元。该拨付的预算外资金支出应在“一般预算外支出——医疗卫生——卫生监督”账户中反映。作会计分录如下：

借：一般预算外支出——医疗卫生——卫生监督　　55 000
　　贷：财政专户存款 ——某开户银行　　55 000

2. 政府调剂支出

政府调剂支出是指各级财政部门经批准从一般预算外资金统筹安排的款项，包括调入财政预算内的部分款项。政府调剂支出属于政府内部不同性质资金之间的转移性支出，而不是上下级政府之间的财力转移。

处理政府调剂支出业务时，应设置“政府调剂支出”账户，财政专户会计统筹调剂拨出款项业务时，借记“政府调剂支出”账户，贷记“财政专户存款”账户；年终转账时，将本账户余额全部转入“预算外余额”账户，即借记“预算外余额”账户，贷记“政府调剂支出”账户。该账户平时借方余额反映当年累计调剂使用预算外资金的数额。该账户应按最新《政府收支分类科目》中“支出功能分类科目”的类、款、项、目级科目依次设置明细账，同时也可根据调剂用途进行明细核算。

【例 6-10】 某市财政专户会计经批准将一般预算外资金进行统筹调剂，从财政专户拨出款项 65 000 元。该调剂拨出款项应在“政府调剂支出——转移性支出——调出资金——其他调出资金”账户中反映。作会计分录如下：

借：政府调剂支出——转移性支出——调出资金——其他调出资金　　65 000
　　贷：财政专户存款　　65 000

6.4.3 预算外资金结余的业务

预算外结余又称财政专户会计净资产，即是预算外资金收入减去预算外资金支出后的余额。预算外结余通过“预算外结余”账户进行核算。其借方登记年终由“一般预算外支出”和“政府调剂支出”等账户转入数；贷方登记年终由“一般预算外收入”和“上级补助收入”等账户转入数；年终余额在贷方，反映预算外资金累计结余数额，转入下年度。该账户可根据管理需要，按部门和单位进行明细核算。

【例 6-11】 某市财政专户会计进行年终结账。有关预算外资金收入和预算外资金支出账户的余额分别为：“一般预算外收入”账户贷方余额 180 000 元，“上级补助收入”账户贷方余额 85 000 元，“一般预算外支出”账户借方余额 55 000 元，“政府调剂支出”账户借方余额 65 000 元，财政专户会计将有关预算外资金收入和预算外资金支出账户的年末余额转入“预算外余额”账户。作会计分录如下：

借：一般预算外收入　　180 000
　　上级补助收入　　85 000
　　贷：预算外余额　　265 000
借：预算外余额　　120 000
　　贷：一般预算外支出　　55 000
　　　　政府调剂支出　　65 000

同时，财政专户会计应结平所有有关预算外资金收入和预算外资金支出的明细账。

在例 6-11 中，预算外结余的年末余额为 145 000 元(265 000－120 000)。财政专户会计可根据需要对“预算外结余”账户按部门和单位进行明细核算，分别核算出各部门或各单位的预算外资金的结余数额。

6.5 预算外资金会计报表

6.5.1 预算外资金会计报表的概述

预算外资金会计报表是财政专户会计预算外资金收支计划执行情况及其结果的定期书面报告，是各级政府和上级财政部门了解情况、指导预算外资金管理工作的重要资料，也为编制下年度预算外资金收支计划打下基础。预算外资金会计报表的编制，主要包括资产负债表、预算外资金收支情况表和预算外资金收支项目表等。

6.5.2 预算外资金会计报表的编制

1. 资产负债表

资产负债表是反映某一特定日期财政专户中预算外资金财政状况的会计报表。资产负债表的主要内容和编制方法，应根据财政部有关决算编报的具体规定办理，其具体格式见表6-1。

表6-1 资产负债表

编报单位： 年 月 日 单位：万元

资产部类			负债部类		
科目名称	年初数	年末数	科目名称	年初数	年末数
一、资　产			二、负债		
财政专户存款			暂存款		
有价证券			…		
…			负债合计		
			三、净资产		
			预算外结余		
			…		
			净资产合计		
资产部类合计			负债部类合计		

特别提示

表6-1的主要内容是财政专户存款和预算外结余，有价证券是指财政专户会计经批准用以前年度预算外资金结余来购买的尚未变现的国债等有价证券。当财政专户会计经批准将有价证券变现后，有价证券就不存在。暂存款是指财政专户会计收到性质不明的待结算款项。当财政专户会计经批准将暂存款拨回或转作其他处理后，暂存款也就不存在。

2. 预算外资金收支情况表

预算外资金收支情况表是反映财政专户预算外资金收支情况的报表。预算外资金收支情况表的主要内容和编制方法，应根据财政部有关决算编报的具体规定办理，其具体格式见表6-2。

表 6-2 预算外资金收支情况表

编报单位：　　　　　　　　　　　　年度　　　　　　　　　　　　单位：万元

部门（单位）	以前年度结余	本年收入				本年支出					年末结余
		合计	一般预算外收入	上级补助收入	其他收入	合计	一般预算外支出	政府调剂支出	补助下级支出	其他支出	
一、行政事业性收费收入											
1. ××部分											
2. ××部分											
3. ××部分											
…											
二、政府性资金收入											
1. ××部分											
2. ××部分											
3. ××部分											
…											
三、彩票资金收入											
1. ××部分											
2. ××部分											
3. ××部分											
…											
四、其他收入											
1. ××部分											
2. ××部分											
3. ××部分											
…											
合　计											

特别提示

预算外资金收入和预算外资金支出的具体项目都分别具体部门列示。通常情况下，部门或单位上缴的预算外资金收入，都应先纳入部门或单位预算。然后再由财政专户会计根据部门预算从财政专户中返还给上级预算外资金的部门或单位。

3. 预算外资金收支项目表

预算外资金收支项目表是反映各级财政预算外资金收支结算情况的报表。预算外资金收支情况表的收入项目按政府收支科目分类款级科目填列，支出项目按最新《政府收支分类科目》中“支出功能分类科目”的类、款级科目填列。该表的主要内容和编制方法，应根据财政部有关决算编报的具体规定办理，其具体格式略。

项目小结

本项目介绍了财政总预算会计实行财政国库集中支付管理制度后相关业务、财政国库支付执行机构会计业务的核算要求和预算外资金财政专户会计的任务。详细讲述了财政国库集中支付制度、财政专户会计核算的相关知识和预算外资金会计报表的编制及预算外资金包括的内容。并介绍了国库支付执行机构直接支付的资金、预算单位零余额账户授权支付的资金、预算外资金财政专户会计和预算外资金财政专户会计核算方法。

职业能力训练

一、单项选择题

1. 财政总预算会计通过财政国库支付机构直接支付预算资金时贷记(　　)账户。
   A. 已结报支出　　B. 零余额账户用款额度
   C. 国库存款　　D. 财政零余额账户存款
2. 财政国库支付机构会计为预算单位直接支付预算资金时贷记(　　)账户。
   A. 已结报支出　　B. 零余额账户用款额度
   C. 国库存款　　D. 财政零余额账户存款
3. 下列属于财政专户会计支出项目的有(　　)。
   A. 政府调剂支出　　B. 基金预算支出
   C. 调出资金　　D. 其他预算支出
4. 下列项目属于预算外资金收入的有(　　)。
   A. 高等学校住宿费　　B. 外国人签证费
   C. 商标注册收费　　D. 工商罚没收入
5. 预算外资金财政专户会计执行(　　)。
   A. 企业会计制度　　B. 事业单位会计制度
   C. 行政单位会计制度　　D. 财政总预算会计制度

二、多项选择题

1. 下列哪些账户是专为财政国库支付机构会计核算设置的？(　　)
   A. 财政零余额账户存款　　B. 已结报支出
   C. 一般预算支出　　D. 预算外支出
2. 财政总预算会计及财政国库支付机构会计列报直接支付预算资金时借记的账户有(　　)。
   A. 财政零余额账户存款　　B. 已结报支出
   C. 一般预算支出　　D. 基金预算支出

3. 下列各项属于预算外财政专户会计资产的项目是(　　)。

A. 财政专户存款　　B. 有价证券

C. 应收款　　D. 暂存款

4. 下列各项属于预算外财政专户会计支出的项目是(　　)。

A. 一般预算外支出　　B. 政府调剂支出

C. 代收上级财政专户款　　D. 预算外结余

5. 下列哪些账户的累计余额年终转入“预算外结余”账户的借方?(　　)

A. 一般预算外收入　　B. 一般预算外支出

C. 政府调剂支出　　D. 暂存款

三、分析判断题

1. 财政国库支付执行机构会计是财政总预算会计的延伸，其会计核算根据《财政总预算会计制度》执行。(　　)

2. “财政零余额账户存款”账户结清当日直接支付的资金数后，该账户无余额。(　　)

3. 预算资金财政专户会计核算应采用权责发生制。(　　)

4. 预算外资金财政专户会计记账方法、会计期间等均按财政总预算会计制度执行。(　　)

5. 财政专户会计应配置专门人员对预算外资金进行管理与核算。(　　)

四、项目实训

1. 财政国库集中支付和财政国库支付机构会计业务的核算。

资料：某市财政局及国库支付机构发生下列经济业务。

(1)某市财政局通过财政国库支付机构直接支付一般预算资金 45 000 元，基金预算资金 25 000 元。

(2)某市财政局通过预算单位零余额账户授权支付一般预算资金 15 000 元，基金预算资金 13 000 元。

(3) 某市财政局财政国库支付机构为预算单位直接支付一般预算资金 45 000 元。

(4) 当日结清(3)支付一般预算资金 45 000 元。

(5) 财政国库支付机构对预算单位授权支付基金预算资金 20 000 元。

(6) 年终结转(4)和(5)“已结报支出”账户。

要求：根据上述经济业务编制会计分录。

2. 预算外资金财政专户会计业务的核算。

资料：某市财政局发生下列经济业务。

(1) 市财政局收到某单位上缴预算外资金 160 000 元存入银行。

(2) 某市财政局根据批准的计划向某单位拨付预算外资金 150 000 元。

(3) 为了平衡年度预算，经批准用预算外资金收入调入年度预算 60 000 元。

要求：根据上述经济业务编制会计分录。

项目 7 财政总预算会计报表

学习目标

（1）明确财政总预算会计报表的分类和要求，决算报表的组织和编报程序；
（2）了解财政总预算会计报表的编制要求、种类和方法；
（3）掌握年终清理和年终结账的内容；
（4）熟悉一般预算收支总表、资产负债表和其他报表的填制方法。

案例导读

某市财政局录用某重点大学金融专业的毕业生谭凯为单位会计，他在工作的几年间兢兢业业，专业扎实，深得领导的赏识和重用。2009 年，谭凯顺利地考取注册会计师执业资格和会计师资格，2010 年下半年，谭凯被聘任为财政局直属单位的财务总监。谭凯工作认真细致，积极肯干，责任心强，对直属单位的每一项预算收入和预算支出都严格把关，工作非常顺利。但在年终决算时，谭凯发现该单位的收入数与 12 月份预算会计报表中全年累计数有很大出入。于是立刻检查全年预算收支情况，最后发现有一项预算收入款 1 300 万元挂在暂存款往来账户里。

【讨论】 谭凯该怎么办，这是谁的责任？请分析说明。

【解析】

出现以上这种情况，有两种原因。其一是因为相关工作人员工作疏忽，未能准确记录。后经过查明原因，这项预算收入款 1 300 万元，挂在暂存款往来账户的业务账户，是谭凯被聘任之前发生的，不是谭凯的责任，应是直属单位会计人员的责任；其二是根据国家的有关财经方针政策和各级财务制度规定，这是属于严重违反财经纪律转移资产的行为，应及时纠正，并必须追究相关人员的责任。

7.1 财政总预算会计年终清理结算与结账

财政总决算是国家预算执行的全面总结，是反映年度国家预算收支的最终结果，也是国家经济活动在财政上的集中反映。因此，每年年度终了，各级财政部门应当按照上级颁布的

《国家财政决算编审工作的通知》要求，认真进行年终清理、年终决算和年终结账工作，然后正确、完整、及时地编报年终财政总决算。

7.1.1 年终清理

年终清理是指在年度结束时，总预算会计对年度预算收支及有关经济业务进行全面清理、核对工作。年终清理的主要包括如下事项。

1. 核对年度预算收支数字

预算数字是考核决算收支完成情况和办理收支结算的重要依据，也是进行会计结算的依据。年终前各级财政总预算会计应配合预算管理部门的各项工作，并把本级财政总预算与本级各单位预算之间的全年预算数和上、下级财政总预算的有关数据核对清楚。追加追减、上划下划数字，必须在年度终了前核对完毕。为了便于年终清理，本年预算追加追减的企事业单位的上划下划，一般截至 11 月底。各项预算拨款，一般截至 12 月 25 日。

2. 清理本年各项预算收支

凡属本年的一般预算收入，都要认真清理，年终前必须如数缴入国库。财政总预算会计应当督促国库在年终库款报解整理期内，迅速报齐当年的预算收入。本年预算列报的款项，除特殊原因外，应在年终前办理完毕。对清理基金预算收支和专用基金收支，如应列入本年收入的应及时催收，并按时缴入国库或存入指定的银行账户。

相关链接

组织征收机关和国库进行年度对账

年度终了后，按照国库制度的规定，支库应设置 10 天的库款报解整理期（设置决算清理期的年度，库款报解整理期相应顺延）。各经收处 12 月 31 日前所收款项，均应在库款报解整理期内报达支库并列入当年决算。同时，各级国库应按年度对账规定办法编制收入对账单，分送同级财政部门、征收机关核对签章。以保证财政收入数字在国库、财政部门和征收机构之间相互一致。

3. 清理核对当年各项预算拨款支出

各级总预算会计对本级各单位的经费拨款支出应与单位的拨款收入核对清楚。对于当年安排的非包干使用的拨款，其结余部分应根据具体情况做出相应的处理。属于单位正常周转占用的资金可作为预算支出处理；属于应收回的拨款应及时收回，并按收回数相应冲减预算支出；属于预拨下年度的经费，应通过“预拨经费”账户进行核算，不得列入当年预算支出。

4. 清理往来款项

财政总预算会计对各级财政资金的暂收、暂付等往来款项，要在年终前认真清理，到期借出款必须按期收回，到期未偿还的款项，年终前必须认真进行清理，做到人欠收回，欠人归还。应转作各项预算收入或预算支出的款项，应及时转入本年有关的收支账户，不得长期挂账。

5. 清理财政周转金收支

各级财政预算部门或周转金管理机构应对财政周转金收支款项、上下级财政之间的财政周转金借入借出款项进行清理。同时对各项财政周转金贷款进行清理。财政周转金由财政业务部门核算，各级财政预算部门和周转金管理机构应与业务部门的明细账进行核对，做到账账相符。

7.1.2　年终结算

年终结算是指年终财政体制收支基数以外发生的上下级财政之间的收支变化以及财力转移事项，按照年终结算办法，采取中央财政与地方财政、地方上级财政与下级财政之间实行单独结算的办法来处理。

特别提示

年终财政结算的基本方法是各级财政要在年终清理的基础上，结清上下级财政总预算之间的转移性收支和往来款项。在按照财政管理体制的规定，计算出全年应补助、应上解和应返还数额，并与年度预算执行过程中已补助、已上解和已返还数额进行比较，结合借垫款项，计算出全年最后应补助或应退数额，在年终结算时填制“年终财政决算结算单”，经核对无误后，作为年终财政结算凭证，据以登记入账。

各级财政总预算会计对年终结算期内发生的会计事项应当划清会计年度。属于清理上年度的会计事项应记入上年度账内；属于新年度的会计事项应记入新年度账内。要防止错记、重记和漏记。年终财政决算结算单见表7－1。

表7－1　年终财政决算结算单

类别	项　目	金　额	类别	项　目	金　额
市财政结算平衡情况	一、收入总计		资金结算情况	一、应得资金数	
	其中：结算收入				
	转移性收入			二、已得资金数	
	二、支出总计			三、应上解数	
	其中：结算支出			其中：体制上解支出	
	转移性支出			专项上解支出	
	三、年终滚存结余			四、应欠补助数	
	其中：结转下年支出			其中：应补资金	
	净结余			应上解资金	
				已拨往来资金	

【例7－1】　年终结算，某市按年度预算计划上解数为198 500 000元。年度预算执行中实际上解数额为165 800 000元，上级应专项补助该市2 850 000元。先计算再作会计分录如下。

市应补上解数＝市上解省数－市实际上解数

即　　32 700 000＝198 500 000－165 800 000

市应补上解省数＝市应补上解数－省应补助市数

即　　29 850 000＝32 700 000－2 850 000

市财政总预算会计，根据已审批(上级财政)结算结果，通过“与上级往来”账户与省财政办理结算：

借：上解支出　　32 700 000

　　贷：与上级往来　　32 700 000

借：与上级往来　　2 850 000

　　贷：补助收入　　2 850 000

“与上级往来”账户的贷方余额 29 850 000 元，即为市欠省应补上解和省对市专项补助差数。

省财政总预算会计也应通过“与下级往来”账户与所属市办理结算：

借：与下级往来　　32 700 000

　　贷：上解收入　　32 700 000

借：补助支出　　2 850 000

　　贷：与下级往来　　2 850 000

“与下级往来”账户的借方余额 29 850 000 元，即为所属某市应补交的款项。

7.1.3　年终结账

年终结账是编制财政总决算的一项基础性工作。按总预算会计制度规定，各级财政总预算会计在年度结束前，必须经过年终清理和结算，并把各项结算收支全部记账后，即可办理年终记账。年终结算工作应分为年终转账、结清旧账和记入新账 3 个环节。

1. 年终转账

办理年终转账业务，首先要计算出各账户 12 月份合计数和全年累计数，结出 12 月末各账户余额，根据各账户 12 月末的余额编制结账前的“资产负债表”，并进行试算平衡。

年终财政结账采用的会计账户有“预算结余”、“基金预算结余”和“专用基金结余”等账户。这些会计账户属于净资产类账户，可以反映一级财政预算执行的最终结果。“预算结余”、“基金预算结余”和“专用基金结余”各账户借方反映一般预算支出类账户转入数，贷方反映一般预算收入类账户转入数；结转后，贷方余额反映为滚存结余，借方余额反映为收支逆差数。

2. 结清旧账

财政总预算会计将各个收入账户和支出账户的借方、贷方结出全年累计数，然后在下面划通栏双红线，表示本账户全部结清。然后编制结账前的“资产负债表”，并进行试算平衡。对年终有余额的账户，在“摘要”栏内注明“结转下年”字样，并在下面划通栏双红线，表示旧账余额结束，已转入新账。

相关链接

年终转账应重视的两点内容

年终转账时应重视两点内容：一是动用财政结余资金购买的有价证券包含在“预算结余”、“基金预算结余”中。即在地方财政有购入的有价证券的情况下，“预算结余”、“基金预算结余”中包含未兑付的有价证券；二是基金预算各项目都有指定用途，对于基金预算要分别按各基金项目计算出每一项基金的结余。

3. 记入新账

财政总预算会计根据本年度各个总账账户和明细账户年终转账后的余额编制年终决算“资产负债表”，并将表列各账户的余额直接记入新年度有关总账预留空行的余额栏内，记入新账时，应在“摘要”栏注明“上年结转”字样，以区别新年度发生数。

特别提示

根据预算法的有关规定，各级财政部门编制本级决算草案，经本级人民代表大会常务委员会或本级人民代表大会审查批准，如需更正原报决算草案中收入、支出数字，则要相应调整旧账，重新办理结账和记入新账。

7.2　财政总预算会计报表概述

财政总预算会计报表是各级财政部门定期反映预算收支执行情况及其结果的书面报告，是各级政府和上级财政部门了解情况、掌握政策、指导预算执行工作的重要资料，也是编制下年度预算的基础资料。

特别提示

财政总预算会计报表是由各级财政部门逐级编制和定期汇总的，为了及时掌握预算执行情况和处理预算管理中存在的问题，应统一制度政策，采取措施，保证国家预算和地方各级预算的顺利执行。

7.2.1　财政总预算会计报表的种类和要求

财政总预算会计报表可按不同的标准进行分类。

(1) 财政总预算会计报表按编制的经济内容可分为资产负债表、预算执行情况表、财政基金预算收支总表、预算外财政专户资金收支表、一般预算收支总表、一般预算支出明细表、一般预算结算明细表、一般预算支出来源情况表、一般预算收入分部门情况表预算执行情况说明书及其他附表等。其他附表有基本数字表、行政事业单位收支汇总表以及所附会计报表。

(2) 财政总预算会计报表按编制的时间可分为旬报、月报和年报。

(3) 财政总预算会计报表按编制的单位可分为本级财政总预算会计报表和汇总财政总预算会计报表。

相关链接

财政总预算会计报表的编制要求

财政总预算会计报表的编制要求有以下3点。

(1) 在编制财政总预算会计报表时，数字必须真实可靠，必须根据核对无误的账户记录进行汇总。切实做到账表相符，有根有据。不能估列代编，更不能弄虚作假、改、伪造数字。

(2) 在编制财政总预算会计报表时，要严格按照国家统一规定的报表种类和内容填报，不得漏填漏报。每份报表无论是表内项目，还是报表附注资料，内容都应一一填列齐全，不得遗漏。

(3) 报送及时是指财政总预算会计报表有很强的时间性。在日常会计核算工作中，各级财政总预算会计要督促有关单位及时记账和结账。所有预算会计单位都应在规定期限内报出报表，以便主管部门和财政部门及时汇总。

7.2.2 财政总预算会计报表的编制程序

财政总预算会计报表是中央政府预算和地方政府预算收支执行情况及其结果的定期报表，是财政部门了解情况，掌握政策、分析预算执行情况的主要依据，同时也是制定下年度预算的重要资料。各级财政部门的收支汇总表是财政总预算会计报表的一个重要组成部分，必须从基层单位编报，由主管部门逐级汇总后报同级财政部门，并由财政总预算会计进行汇总。此外，参与国家预算执行的国库、银行的报表是财政总预算会计记账和报表的重要组成部分，必须由地方各级财政部门定期向同级财政部门报送财政总预算会计报表。

特别提示

逐级汇总编制的国家预算会计报表，地方各级财政部门要及时地报送同级人民政府部门，财政部门要及时地向国务院汇报中央预算和地方预算收支的执行情况。

7.3 财政总预算会计报表的编制

7.3.1 按旬编制的预算会计报表

旬报是反映各级财政部门从月初至本旬末止主要预算收支执行情况的报表。旬报于每月上、中旬各报一次(上旬：本月1日到10日；中旬：本月1日到20日。下旬：一般，免报，以月报代替。如特别需要，可列报上、中、下旬三旬或一个月的累计发生数上报)。旬报一般只列报收支总数和一些主要的大类数。上旬旬报列报本旬发生数，中旬旬报列报上、中旬两旬的累计发生数。

旬报的报送要求及时、快速，具有时效性。县级财政部门旬报一般要求在旬后1日内上报上级财政部门，省级财政部门的旬报一般要求在旬后3日内上报财政部。旬报填报的项目内容和编制方法由财政部根据实际情况规定并逐级布置。旬报使用的一般格式见表7-2。

表 7-2 一般预算收支旬报

编报单位： 年 月 旬 单位：万元

代号	项目	金额(万元)	说明
	一般预算收入合计		
	一、税收收入		
	其中：增值税		
	营业税		
	…		
	二、非税收入		
	其中：专项收入		
	行政事业性收费收入		
	其他收入		
	…		
	一般预算支出合计		
	一、一般公共服务		
	二、外交		
	…		
	十五、其他支出		
	基金预算收入		
	基金预算支出		

在表 7-2 中"一般预算收入合计"栏反映一般预算收入实现的总数。一般预算收入的具体项目是根据《最新政府收支分类科目》中的一般预算收入的科目为依据。其中大多数为款级科目。如国内增值税、营业税、企业所得税等。"一般预算支出合计"栏反映一般预算支出发生的总数。一般预算支出的具体项目是根据《最新政府收支分类科目》中的一般预算支出的科目为依据。其中直接以预算支的类级科目来反映。如一般公共服务、外交、国防等。

特别提示

在表 7-2 中，一般预算收入和一般预算支出仅指会计核算中的一般预算收入和一般预算支出，不包括转移性收入和转移性支出，也不包括贷款转贷回收本金收入。另外，也不反映债务预算收入和债务预算支出、社会保险基金收入和社会保险基金支出、预算外资金收入和预算外资金支出的内容。基金预算收入和基金预算支出通过在表中设置专栏以合计数的形式反映。

7.3.2 按月编制的预算会计报表

月报是反映各级财政部门月度预算收支情况的报表(月报即从月初至本月末止反映预算收支的完成情况)。月报主要分为"资产负债表"、"预算执行情况表"、"基金预算收支月报表"等。在编制月报的同时，还应及时附上本月收支执行情况的书面文字说明。

1. 资产负债表的编制

在财政总预算会计中，资产负债表是反映某一特定时日一级财政实际拥有资金状况的会计报表，它提供某一特定时日一级财政实际控制的资产、承担的负债以及拥有的净资产情况。

（1）资产负债表以“资产＋支出＝负债＋净资产＋收入”的平衡公式为理论依据设计，分为左右两方，左方为资产类科目，右方为负债类科目。两方总计数必须相等。

（2）财政总预算会计应先编出本级财政的资产负债表，然后与经审核无误的所属下级总预算会计汇总的资产负债表汇总编成本地区财政汇总的资产负债表。

（3）在汇编中，将本级财政的“与下级往来”和下级财政的“与上级往来”、本级财政的“上解收入”和下级财政的“上解支出”、本级财政的“补助支出”和下级财政的“补助收入”等核对无误后互相冲销，以免重复汇总。

（4）资产负债表分“年初数”和“年末数”两栏，“年初数”应根据上年年末资产负债表的“年末数”栏内的数字填列；如果上年度资产负债表规定的各个项目的名称和内容同本年度不相一致，按规定应调整上年年末项目再填入“年初数”栏内。资产负债表“年末数”应根据年终结账后各总账余额填列。

（5）资产负债表只要求编制和汇总月报和年报。按制度规定，各支出类和收入类账户只有年终时才将累计余额分别转入结余账户。因此本表的月报中支出类和收入类各项目均应有数字反映。年报中支出类和收入类各项目数额均为零。资产负债表使用的具体格式见表 7－3。

表 7－3　资产负债表(月报)

编报单位：　　　　　　　　　　　　　年　月　日　　　　　　　　　　　　　单位：万元

资产部类			负债部类		
科目名称	年初数	年末数	科目名称	年初数	年末数
一、资产			二、负债		
国库存款			借入款		
其他财政存款			暂存款		
财政零余额账户存款			与上级往来		
有价证券			已结报支出		
在途款			借入财政周转金		
暂付款			负债合计		
与下级往来			三、净资产		
基建拨款			预算结余		
预拨经费			基金预算结余		
财政周转金放款			专用基金结余		
借出财政周转金			预算周转金		
待处理财政周转金			财政周转基金		
资产合计			净资产合计		
四、支出			五、收入		
一般预算支出			一般预算收入		
基金预算支出			基金预算收入		
专用基金支出			专用基金收入		
补助支出			补助收入		
上解支出			上解收入		
调出资金			调入资金		
财政周转金支出			财政周转金收入		
支出合计			收入合计		
资产部类合计			负债部类合计		

特别提示

由于财政总预算会计以执行财政总预算为中心，在预算年度中期，资产负债表主要是反映收支预算的执行情况，并通过该情况反映一级财政的财务状况变化以及国家财政政策的执行情况与结果。

财政总预算会计月度不对收入账户和支出账户结账，到年终一次将各项收支账户的余额结转至有关净资产账户，以反映一级财政年终财政收支的平衡情况和财务状况。由此，财政总预算会计编制的资产负债表月报是根据“资产＋支出＝负债＋净资产＋收入”的平衡公式为理论依据编制的。即在资产负债表的月报中不仅反映资产、负债和净资产的三大会计要素，还反映收入和支出两大会计要素。

2. 预算执行情况表的编制

预算执行情况表是反映从年初至月末止的预算执行情况及其结果的报表。预算执行情况表按收支配比要求，可分为“一般预算收入月报”、“一般预算支出月报”和“基金预算收支月报”。“一般预算收入月报”是反映从年初至月末止的一般预算收入的取得情况；“一般预算支出月报”是反映从年初至月末止的一般预算支出的发生情况；“基金预算收支月报”是反映从年初至月末止基金预算收支的取得或发生情况。财政总预算会计在编制月报时，也可以将一般预算收支与基金预算收支合并编报。

（1）一般预算收入月报填报口径按年度收入累计数编制。各类、款的收入数应与国库核对一致。如国库中没有相应的核对数据，应根据总预算会计一般预算收入明细账有关数据填列。各省收入月报一般要求在月后5日内报送到财政部，并随后报送月份的预算收支执行情况报告的收入部分的内容。省以下的可由省财政根据实际情况决定。其格式见表7－4。

（2）一般预算支出月报填报口径与收入月报相同，各类、款的支出数据，根据总预算会计一般预算支出明细账有关数据填列。各省支出月报一般要求在月后5日内报送到财政部，并附报月份预算收支执行情况报告书的支出部分内容。其格式见表7－5。

表7－4　一般预算收入月报

编报单位：　　　　　　　　　年　月份　　　　　　　　　单位：万元

代号	预算项目	当月数	累计数
	一般预算收入		
	一、税收收入		
	增值税		
	国内增值税		
	…		
	营业税		
	一般营业税		
	…		
	企业所得税		
	国有工业企业所得税		
	…		
	企业所得税退税		
	国有工业企业所得税退税		
	固定资产投资方向调节税		
	…		

续表

代号	预算项目	当月数	累计数
	二、非税收入		
	专项收入		
	水资源收入		
	…		
	行政事业性收费收入		
	公安行政事业性收费收入		
	…		
	转移性收入		
	一、返还性收入		
	增值税和消费税税收返还收入		
	…		
	二、专项转移支付收入		
	补助收入		
	…		
	收入总计		

表 7-5　一般预算支出月报

编报单位：　　　　年　月　日　　　　单位：万元

代号	预算项目	当月数	累计数
	一般预算支出		
	一、一般公共服务		
	人大事务		
	政协事务		
	财政事务		
	…		
	二、外交		
	对外合作与交流		
	外交部门和党政		
	人大、政协领导人出国访问		
	…		
	三、国防		
	现役部队及国防后备力量		
	国防动员		
	…		
	四、公共安全		
	武装警察		
	公安		
	…		

续表

代号	预算项目	当月数	累计数
	五、教育		
	教育管理事务		
	普通教育		
	职业教育		
	…		
	六、科学技术		
	科学技术管理事务		
	基础研究		
	…		
	七、文化体育与传媒		
	…		
	转移性支出		
	一、返还性支出		
	二、财力性返还支付		
	…		
	支出合计		

3. 基金预算收支月报表的编制

根据财政部的规定，各级地方财政部门要及时向财政部及政府有关部门报告政府性基金收支的执行情况。同时报送用于反映纳入预算管理的政府性基金收支执行情况的月报表。各项政府性基金预算收入以缴入国库数或财政总预算会计的实际收到数为准；各项政府性基金预算支出以财政总预算会计的账面数为准。“基金预算收支月报”的格式与“一般预算收支月报”基本相同，这里不再重复。在编制月报时，也可以将一般预算收支与基金预算收支合并编报。其基金预算收支月报表的格式略。

7.3.3　按年编制的预算会计报表

年报又称年终财政总决算报表，是全面反映各级财政预算收支执行情况及其结果的年度报表。财政总预算年报就是各级政府全年经济活动在财政上的集中反映，也是各级政府的财政总决算。

特别提示

每年年度终了，各级财政部门都应按照国家财政颁布的决算编报办法要求，认真进行年终清理和年终结账等各项工作，正确、完整、及时地编好财政总决算报表。

财政总决算报表主要包括一般预算收支总表、一般预算收入决算明细表、一般预算支出决算明细表、财政收支决算分级表、一般预算收入分部门情况表、基金预算收支决算总表、资产负债表等。

1. 一般预算收支总表

一般预算收支总表是财政决算的主体报表，是反映各级财政一般决算收入、支出及结余总体情况的报表。各级财政在编制报表时，应按政府收支分类科目中的一般预算收支科目分类填列预算数和决算数。预算数根据当年安排的收支预算数额填列，决算数根据年终结账前一般预算收入明细账和一般预算支出明细账中的全年预算收入数和全年预算支出数填列。

一般预算收支总表的主要内容和编制方法，应根据财政部有关决算编报的具体规定办理，其具体格式见表 7－6。

表 7－6　一般预算收支总表

编报单位：　　　　年度　　　　单位：万元

收入			支出		
收入项目	预算数	决算数	支出项目	预算数	决算数
一、税收收入			一、一般公共服务		
增值税			二、外交		
营业税			三、国防		
企业所得税			四、公共安全		
企业所得税退税			五、教育		
个人所得税			六、科学技术		
资源税			七、文化体育与传媒		
固定资产投资方向调节税			八、社会保险与就业		
城市维护建设税			九、医疗卫生		
房产税			十、环境保护		
印花税			十一、城乡社区事务		
城镇土地使用税			十二、农林水事务		
土地增值税			十三、交通运输		
车船税			十四、工业商业金融等事务		
耕地占用税			十五、其他支出		
契税					
烟叶税					
其他税收收入					
二、非税收入					
专项收入					
行政事业性收费收入					
罚没收入					
国有资产经营收入					
国有资源(资产)有偿使用收入					
其他收入					

续表

收　入			支　出		
收入项目	预算数	决算数	支出项目	预算数	决算数
本年收入合计			本年支出合计		
转移性收入			转移性支出		
上级补助收入			上解上级支出		
增值税和消费税税收返还收入			出口退税专项上解支出		
所得税基数返还收入			其他		
…			…		
下级上解收入			补助下级支出		
专项补助收入					
专项上解收入			专项上解支出		
预算外转移收入					
上年结余收入			年终结余		
调入资金			调出资金		
其中：预算外收入					
基金收入			净结余		
其他					
收入总计			支出总计		

2. 一般预算收入决算明细表

一般预算收入决算明细表是反映各级财政部门决算收入明细情况的报表。该表的数字应根据财政总预算会计登记的一般预算收入明细账的全年预算收入数填列。表中的预算科目一般需要填列到一般预算收入科目的“项”级科目。如“增值税”等科目还需要填列到一般预算收入科目的“目”级科目。财政总预算会计在将本级收入决算明细表与下级收入决算明细表进行汇总时，应将本级财政与下级财政之间的对应科目进行冲销，一般预算收支决算明细表的主要内容和编制方法，应根据财政部有关决算编报的具体规定办理，其具体格式见表7－7。

表7－7 ______年一般预算收入决算明细表

编报单位：　　　　单位：万元

预算科目	决算数	预算科目	决算数
增值税		营业税	
国内增值税		金融保险业营业税（地方）	
国有企业增值税		铁道营业税	
集体企业增值税		一般营业税	
…		…	

续表

预算科目	决算数	预算科目	决算数
企业所得税		契税税款滞纳金	
国有工业企业所得税		其他税收收入	
国有冶金工业企业所得税		非税收入	
国有交通工业企业所得税		政府性基金收入	
…		专项收入	
企业所得税退税		排污收入	
国有工业企业所得税退税		水资源收入	
国有冶金工业企业所得税退税		教育费附加收入	
国有交通工业企业所得税退税		矿产资源补偿费收入	
…		铀产品出售收入	
个人所得税		…	
利息所得税		其他专项收入	
股息所得税		彩票资金收入	
红利所得税		彩票公益金收入	
…		行政事业性收费收入	
资源税		公安行政事业性收费收入	
海洋石油资源税		法院行政事业性收费收入	
…		司法行政事业性收费收入	
固定资产投资方向调节税		…	
…		罚没收入	
城市维护建设税		一般罚没收入	
…		公安罚没收入	
房产税		技术监督罚没收入	
…		…	
印花税		国有资产经营收入	
证券交易印花税		国有资产投资收益	
…		国有企业计划亏损补贴	
城镇土地使用税		…	
国有企业城镇土地使用税		国有资源(资产)有偿使用收入	
…		海域使用收入	
土地增值税		场地和矿区使用费收入	
国有企业土地增值税		…	
…		其他收入	
车船税		捐赠收入	
车船使用税		基本建设收入	
关税		利息收入	
特别关税		…	
契税		本年收入合计	

3. 一般预算支出决算明细表

一般预算支出决算明细表是反映各级财政部门决算支出明细情况的报表。该表的数字应根据财政总预算会计登记的一般预算支出明细账的全年预算支出数填列。表中的预算科目一般需要填列到一般预算支出科目的“项”级科目。由于财政总预算会计对同级行政事业单位包干经费拨款数的列报采用以拨款数列报支出数的办法，而行政事业单位根据有关规定对于从同级财政取得的包干经费与其他收入来源合并使用，综合平衡，在列报财政资金支出数时采用统计方法列报。

特别提示

财政总预算会计在支出决算明细表中列报的决算支出数，与行政事业单位在经费支出明细表或事业支出明细表中列报的财政拨款支出数通常不一致。各级财政总预算会计在将本级支出决算明细表与下级支出明细表进行汇总时，应将本级财政与下级财政之间的对应科目进行冲销。

一般预算支出决算明细表的主要内容和编制方法，应根据财政部有关决算编报的具体规定办理，其具体格式见表7－8。

表7－8　______年一般预算支出决算明细表

编报单位：　　　　　　　　　　　　　　　　　　　　　　单位：万元

预算科目	决算数	预算科目	决算数
一般公共服务		…	
人大事务		国防	
行政运行		现役部队及国防后备力量	
一般行政管理事务		现役部队	
…		预备役部队	
政协事务		…	
行政运行		公共安全	
一般行政管理事务		武装警察	
…		内卫	
政府办公厅(室)及相关机构事务		…	
行政运行		公安	
一般行政管理事务		行政运行	
…		…	
…		国家安全	
外交		行政运行	
外交管理事务		…	
行政运行		…	
…		教育	
驻外机构		教育管理事务	
驻外领事馆		行政运行	

续表

预算科目	决算数	预算科目	决算数
…		环境保护	
普通教育		环境保护管理事务	
学前教育		行政运行	
…		…	
…		…	
科学技术		城乡社区事务	
科学技术管理事务		城乡社区管理事务	
…		行政运行	
…		…	
文化体育与传媒		…	
文化		农林水事务	
行政运行		农业	
体育		行政运行	
行政运行		…	
一般行政管理事务		林业	
…		行政运行	
…		…	
社会保障与就业		…	
社会保障与就业管理事务		交通运输	
行政运行		公路水路运输	
一般行政管理事务		行政运行	
…		…	
…		…	
医疗卫生		工业商业金融等事务	
医疗卫生管理事务		采掘业	
行政运行		制造业	
一般行政管理事务		建筑业	
…		电力	
医疗服务		…	
综合医院		其他支出	
…		住房改革支出	
…		本年支出合计	

特别提示

因为表7-7和表7-8均是表7-6的明细报表，所以表7-7和表7-8分别与表7-6在内容和数字之间存在着相互勾稽的关系，表7-7和表7-8中有关收支项目的合计数之和应等于表7-6中相应各项目的数据。

4. 财政收支决算分级表

财政收支决算分级表是反映地方财政收支决算中分级收支决算情况的会计报表，该表的收支数应根据省级、地级、县级、乡镇级收支决算数分别填列，省、地、县、乡镇级的收支决算合计数，应与财政决算收支决算总表、明细表中的有关数字一致，财政一般预算收入决算分级表的具体格式见表7-9。

表7-9 财政一般预算收入决算分级表

单位：万元

收入类						支出类					
预算科目	决算数合计	省级	地级	其中地级直属乡镇	县级	乡镇级	预算科目	决算数合计	省级	地级	其中地级直属乡镇	县级	乡镇级
一、税收收入							一、一般公共服务						
增值税							二、外交						
营业税							三、国防						
企业所得税							四、公共安全						
企业所得税退税							五、教育						
个人所得税							六、科学技术						
资源税							七、文化体育与传媒						
固定资产投资方向调节税							八、社会保障和就业						
城市维护建设税							九、医疗卫生						
房产税							十、环境保护						
印花税							十一、城乡社区事务						
城镇土地使用税							十二、农林水事务						
土地增值税							十三、交通运输						
车船税							十四、工业商业金融等事务						
耕地占用税							十五、其他支出						
契税													

续表

收入类							支出类						
预算科目	决算数合计	省级	地级	其中地级直属乡镇	县级	乡镇级	预算科目	决算数合计	省级	地级	其中地级直属乡镇	县级	乡镇级
烟叶税													
其他税收收入													
二、非税收入													
专项收入													
行政事业性收费收入													
罚没收入													
国有资产经营收入													
国有资源(资产)有偿使用收入													
其他收入													
本年收入合计							本年支出合计						

5．一般预算收入分部门情况表

一般预算收入分部门情况表是反映分部门组织一般预算收入情况的报表，它可以分为国税部分组织收入、地税部分组织收入和财政部门组织收入三大部分进行收入项目列示。填报时，应填报上年数、本年数和较上年增长的百分比(%)。一般预算收入分部门情况表的主要内容和编制方法，应根据财政部有关决算编报的具体规定办理，其具体格式见表 7－10。

表 7－10　一般预算收入分部门情况表

编报单位：　　　　年度　　　　单位：万元

部门项目	上年决算数	本年决算数	较上年增长/%	备注
一、国税部门组织收入				
1. 增值税				
2. 企业所得税				
3. 储蓄存款利息所得、个人所得税				
4. 其他非税收入				
二、地税部门组织收入				
1. 营业税				

续表

部门项目	上年决算数	本年决算数	较上年增长/%	备注
2. 企业所得税				
3. 个人所得税				
4. 资源税				
5. 城镇维护建设税				
6. 房产税				
7. 印花税				
8. 城镇土地使用税				
9. 土地增值税				
10. 车船使用和牌照				
11. 其他税收收入				
12. 教育费附加				
13. 其他非税收入				
三、财政部门组织收入				
1. 耕地占用税				
2. 契税				
3. 其他税收收入				
4. 专项收入				
排污费收入				
水资源费收入				
矿产资源补偿费收入				
探矿权、采矿权使用费及价款收入				
其他专项收入				
5. 行政性收费收入				
6. 罚没收入				
7. 国有资产经营收入				
8. 国有资产(资产)有偿使用收入				
9. 其他非税收收入				
一般预算收入合计				

6. 基金预算收支决算总表

基金预算收支决算总表是反映各级财政部门管理的政府性基金决算收入、决算支出及决算结余总体情况的报表。该表的收入项目按政府预算收支科目中的基金预算收入科目数的款、项级科目填列。支出项目按政府预算收支分类科目《支出功能分类科目》中的基金预算支出科目的款、项级科目填列。基金预算收支决算总表填列的预算数根据当年安排的基金预算收支数填列，决算数根据年终结算前基金预算收入明细账和基金预算支出明细账中的全年预算收入数和全年预算实际支出数填列。基金预算收支决算总表的主要内容和编制方法，应根据财政部有关决算编报的具体规定办理，其具体格式见表7－11。

表7－11　基金预算收支决算总表

编报单位：　　　　　　　　　　　　年度　　　　　　　　　　　　单位：万元

决算收入			决算支出		
项目	金额	备注	项目	金额	备注
一、农网还贷款			一、教育		
二、能源建设基金收入			教育附加及基金支出		
三、库区维护建设附加费收入			地方教育附加支出		
四、铁路建设附加费收入			地方教育基金支出		
五、民航机场管理建设费收入			二、文化体育与传媒		
六、养路费收入			其他文化体育与传媒		
七、公路客运附加费收入			文化事业建设费支出		
八、燃油附加费收入			国家电影发展专项支出		
九、转让政府还贷道路收费权收入			三、社会就业保障金收入		
十、下放港口以港养港收入			残疾人事业		
十一、散装水泥专项资金收入			残疾人就业保障金支出		
十二、墙体材料专项基金收入			四、城乡社区服务		
十三、文化事业建设费收入			政府住房基金支出		
十四、地方教育附加收入			国有土地使用权出让金支出		
十五、地方教育基金收入			城镇公用事业附加支出		
十六、国家电影事业发展专项资金收入			五、农林水事务		
十七、农业发展基金收入			农业		
十八、新菜地开发基金收入			农林发展基金支出		
十九、国有土地使用权出让金收入			林业		
二十、新疆建设用地土地有偿使用费收入			林业建设基金支出		
二十一、林业建设基金			水利		
二十二、育林建设基金			灌溉水源灌排工程补偿费支出		
二十三、森林植被恢复费			六、交通运输		
二十四、地方水利建设基金收入			公路水路运输		
二十五、南水北调基金收入			养路费支出		
二十六、水源灌排工程补偿费收入			铁路运输		
二十七、水资源补偿费收入			铁路建设附加费支出		
二十八、残疾人就业保障金收入			民用航空运输		
二十九、政府住房基金收入			七、工商业金融事务制造业		

续表

决算收入			决算支出		
项目	金额	备注	项目	金额	备注
三十、城镇公用事业附加收入			制造业		
三十一、其他基金收入			散装水泥专项资金支出		
			建筑业		
			八、其他基金支出		
收入合计			支出合计		
转移性收入			转移性支出		
上级补助收入			上解上级支出		
下级上解收入			补助下级支出		
上年结余收入			调出资金		
调入资金			年终结余		
收入总计			支出总计		

7. 资产负债表(年报)

年终资产负债表是反映各级财政年末实际拥有财力状况的报表，资产负债表应按年终结账后的各总账账户余额填列，结账后的报表已将各项收入、支出账户的余额结转到净资产账户，转后各项收入、支出账户的余额为零。因此，年终编制资产负债表的会计要素有3个，即资产、负债和净资产，其具体平衡公式为“资产＝负债＋净资产”。年终资产负债表的主要内容和编制方法，应根据财政部有关决算编报的具体规定办理，其格式见表7－12。

表7－12 资产负债表(年报)

编报单位： 年 月 日 单位：万元

资产部类			负债部类		
科目名称	年初数	年末数	科目名称	年初数	年末数
一、资产			二、负债		
国库存款			借入款		
其他财政存款			暂存款		
财政零余额账户存款			与上级往来		
有价证券			已结报支出		
在途款			借入财政周转金		
暂付款			负债合计		
与下级往来			三、净资产		
基建拨款			预算结余		
预拨经费			基金预算结余		
财政周转金放款			专用基金结余		
借出财政周转金			预算周转金		
待处理财政周转金			财政周转基金		
			净资产合计		
资产部类合计			负债部类合计		

7.4 财政总预算会计报表的审核与汇总

为保证财政总预算会计报表的数字准确、内容完整，如实反映全年预算的执行情况，各级财政总预算会计必须对本级财政和下级财政部门的会计报表做到认真审核，然后再进行汇总上报，确保财政总预算会计报表的信息质量和应发挥的作用。

7.4.1 财政总预算会计报表的审核

财政总预算会计报表的审核是一项非常复杂的政策性和技术性工作，主要包括政策性审核和技术性审核两个方面的内容。

1. 政策性审核

政策性审核的依据是国家的有关财经方针政策和各级财务制度规定。审核可分为财政预算收入和财政预算支出两种。

1）财政预算收入着重审核的内容

（1）严格审核本年度的预算收入是否依据国家有关政策规定，应缴库的各项预算收入是否及时足额缴入国库，审核有无拖欠、截留、挪用国库收入，或将应交的预算收入挂在暂存款往来账户等行为。

（2）严格审核收入退库是否符合国家有关政策规定范围，对应列作预算支出或改列预算支出的款项，有无存在继续办理退库冲减收入的行为。

（3）年终决算收入数与 12 月份预算会计报表中全年累计数有较大出入的，要具体查明原因，属于违反财经纪律转移资产的要及时纠正。

2）财政预算支出着重审核的内容

（1）严格审核本年度的决算支出是否符合规定年度，是否存在本年预拨的下年度经费列入本年支出行为。

（2）严格审核决算支出是否按规定的列报口径列支。

（3）严格审核是否有将列入预算外的支出列入预算内报销的行为。

（4）严格审核是否有无擅自提高开支标准，扩大支出范围和漏报的现象。

（5）会计报表全年累计数和年终决算支出有出现较大差距的要及时查明原因，重点检查超支和增支中是否有违反财经纪律的现象。

2. 技术性审核

技术性审核主要审核预算会计报表中各栏目数字是否填列齐全，审核的内容有以下 4 个方面。

（1）审核决算报表之间的有关数字是否一致。

（2）审核上下年度有关报表数字是否一致。

（3）审核上下级财政总决算之间，财政部门和单位决算之间有关上解、补助、暂收、暂付往来和拨款项目数字是否一致。

（4）审核财政总决算报表的有关数字与其他有关部门的财务决算，税收年报、国库年报等有关数字是否一致，有无数据计算错误或漏填、错填现象。

相关链接

财政总预算会计报表的审核有几种形式

财政总预算会计报表的审核有3种形式：一是本单位自行审核。二是由上级财政部门审核。三是由组织同级财政部门总会计人员联审互查等。为了提高财政总决算的编审质量，必须在基层预算单位自审的基础上，主管部门组织联审互查或集中互审。采用较多的一种审核方式是由上级财政部门审核。同级财政部门总会计人员联审互查可进一步加快报表编审的进度并起到互相交流经验的作用。

特别提示

在财政总预算会计报表审核时，如发现有违法乱纪的行为，应提出处理意见，迅速报请有关部门，属于少报收入多列支出的，要予以收缴和剔除；属于漏报某些项目或报表方面的，要责令编报单位及时补报；属于计算、归类或列项等技术方面错误的，要及时予以更正。

7.4.2 财政总预算会计报表的汇总

财政总预算会计报表经过审核无误后，县以上财政总预算会计应在编制本级财政总决算会计报表时，将所属各级财政总决算会计报表与本级财政总决算会计报表进行汇总，编成汇总会计报表，并及时报送上级财政部门。上级财政总决算会计在编制汇总会计报表时，应将本级财政与下级财政之间对应科目的数字予以冲销，如将“补助支出”与下级财政的“补助收入”冲销，将“与下级往来”与下级财政的“与上级往来”冲销，将“上解收入”与下级财政的“上解支出”冲销等，以避免报表有关收支的重复计算和列报。

特别提示

财政总预算会计决算报表汇编完成后，地方各级财政决算会计提请地方各级人民政府审核，并提请同级人民代表大会讨论审批，国家财政决算报表必须报请国务院审核，并提请全国人民代表大会讨论审批。

项 目 小 结

本项目主要介绍财政总预算会计报表的编制，要求了解财政总预算会计报表的特点、编制要求、种类、编制程序与方法，理解财政总预算会计年终清理结算的内容，掌握财政总预算会计报表年终的结算报表方法。

职业能力训练

一、单项选择题

1. 年终前，各种预算拨款的截止时间一般是(　　)。
   A. 12月15日　　B. 12月20日　　C. 12月25日　　D. 12月31日

2. 在一般预算收支总表中反映的项目是(　　)。

A. 工资福利支出　　B. 非税收入

C. 彩票资金收入　　D. 地税部门组织收入

3. 填报“财政零余额账户存款”项目的报表是(　　)。

A. 资产负债表　　B. 一般预算收支总表

C. 预算外财政专户资金表　　D. 一般预算收入分部门情况表

4. 反映当年财力、专项补助收入、上年结余收入和调入资金情况的报表是(　　)。

A. 一般预算收入分部门情况表　　B. 资产负债表

C. 预算外财政专户资金表　　D. 一般预算支出来源情况表

5. 反映各级财政部门月度预算收支情况的报表是(　　)。

A. 旬报　　B. 月报

C. 半年报　　D. 年报

二、多项选择题

1. 一般预算收支总表是财政决算的主体报表，它反映各级财政(　　)的总体情况。

A. 一般决算收入报表　　B. 一般决算支出报表

C. 一般决算结余报表　　D. 一般预算收入分部门情况表

2. 财政总预算会计报表按编报的经济内容分为(　　)。

A. 预算执行情况表　　B. 一般预算收支总表

C. 一般预算支出明细表　　D. 资产负债表

3. 财政总预算会计编制年度会计报表前应做好的主要工作是(　　)。

A. 结清旧账　　B. 年终结算

C. 年终结账　　D. 年终清理

4. 财政总预算会计报表审核的内容包括(　　)。

A. 完整性审核　　B. 正确性审核

C. 政策性审核　　D. 技术性审核

5. 月报主要分为(　　)。

A. 资产负债表　　B. 预算执行情况表

C. 一般决算支出报表　　D. 基金预算收支月报表

三、分析判断题

1. 一般预算收入决算明细表是反映各级财政部门决算收入明细情况的报表。(　　)

2. 旬报是反映各级财政部门本旬内预算收支主要指标完成情况的报表。(　　)

3. 财政总预算会计月度资产负债表采用的平衡公式的理论依据是：“资产＋支出＝负债＋净资产＋收入”。(　　)

4. 年终结账就是将有关预算收支数字结转到相应的结余账户。(　　)

5. 年终资产负债表是反映各级财政年末实际拥有财力状况的报表。(　　)

四、项目实训

练习编制资产负债表。

资料：某市财政局 2010 年年终转账前各账户余额见表 7－13。

表 7-13　某市财政局 2010 年年终转账前各账户余额

金额单位：万元

账户名称	金额(以下金额为借方)	账户名称	金额(以下金额为借方)
国库存款	1 040	暂存款	50
其他财政存款	160	借入款	600
有价证券	150	与上级往来	96
暂付款	24	预算结余	120
与下级往来	40	基金预算结余	50
基建拨款	172	财政周转基金	100
预拨经费	100	预算周转金	240
一般预算支出	8 230	基金预算收入	1 020
基金预算支出	1 020	上解收入	640
上解支出	640	补助收入	320
补助支出	320	调入资金	520

要求：编制年终转账后的资产负债表。

注意：结账前、结账后资产负债表编入一表，用不同栏次表示。年终转账会计分录在表中列示，编号分别为(1)、(2)。该习题不涉及的项目及上年数从略。

第二部分

行政单位预算会计

项目 8 行政单位资产的核算

学习目标

(1) 了解行政单位和行政单位会计的含义；
(2) 理解行政单位流动资产、固定资产和对外投资的会计核算；
(3) 掌握行政单位资产核算中原始凭证的编制和审核实操；
(4) 掌握行政单位资产核算中记账凭证的编制和相关账簿的登记实操。

案例导读

小张是A行政单位的会计，某天她拿到单位购买电脑的发票和运费单，单上注明电脑一台5 000元，税金850元，运费150元，都已由单位转账支付。会计主管要小张据此业务做分录。小张做分录：

借：固定资产　　5 000
　　贷：银行存款　　5 000

会计主管审核后，认为小张所做的分录有误，让小张更正。

【讨论】 指出小张所做分录错在哪里？正确分录应怎么做？

【解析】

根据《行政单位财务规则》规定，一般设备单价在500元以上(含500)，耐用时间在1年以上确认为固定资产(电脑符合规定)应作为固定资产入账。购入、调入的固定资产，按实际支付的买价、调拨价以及运杂费、保险费、安装费、车辆购置附加费记账。因此该固定资产的入账价值为6 000元(5 000+850+150)。

行政单位购建、有偿调入固定资产应借记有关支出科目，贷记“银行存款”等科目；同时，借记“固定资产”科目，贷记“固定基金”科目。正确分录应为：

借：经费支出　　6 000
　　贷：银行存款　　6 000
借：固定资产　　6 000
　　贷：固定基金　　6 000

8.1 行政单位会计概述

1. 行政单位的概念

行政单位指进行国家行政管理，组织经济建设和文化建设，维护社会公共秩序的单位，包括国家权力机关、行政机关、司法机关、检察机关及各级党政和人民团体。

2. 行政单位会计核算的特点

行政单位会计是核算、反映和监督行政单位预算执行过程及其结果的专业会计。与企业会计比较，它具有以下特点。

1）行政单位会计的主体是行政单位

行政单位主要包括国家权力机关、行政机关、司法机关、检察机关以及各级党政和人民团体。行政单位业务活动是为了满足社会公共需要，具有明显的非市场性。而企业会计主体是各类生产经营性组织，获取利润是这些组织的经营目的。

2）行政单位会计的客体是国家预算资金的取得、使用和结果

行政单位会计核算监督的对象是国家预算资金取得、使用和结果所引起的经济活动。行政单位收支核算必须服从预算管理的要求。企业会计核算监督的对象是资金的筹集、运用、退出和盈亏状况。

3）行政单位会计核算的基础是收付实现制

行政单位会计核算采用收付实现制的主要原因：一是行政单位资金的流入和流出时间与现金的收付时间基本一致，采用收付实现制更为准确，会计核算的结果与实际权利和义务发生的时间偏差不大；二是国家预算是以当年预计的现金流入量和流出量作为编制基础，行政单位资金收付采用收付实现制可提供与国家预算相一致的会计信息，便于反映预算的执行结果；三是行政单位资金的流转过程中，各方关心的是行政单位收到的资金能否正好满足其执行行政职能所需支出的资金，或资金的流入和流出是否达到平衡。企业会计核算基础采用权责发生制。

4）行政单位不进行成本核算

成本是为了获取收入而付出的代价。行政单位的收入来源于财政无偿拨款，不需要付出代价，因此不进行成本核算。但是，应对各项支出的发生情况进行严格的考核和监督，保证国家预算资金的安全。而企业以盈利为目的，企业会计需要核算物化劳动和活劳动所消耗的价值，正确计算盈亏。

5）行政单位资金的运动是单向的

行政单位以拨款方式从财政部门取得经费来源，不需要偿还；办理公务过程中发生的资金支出，不求资金回报，呈单向运动状态。而企业资金运动是循环状态，周而复始，在循环过程中实现资金增值。

3. 行政单位会计科目设置

行政单位科目按会计要素分为五大类，22 个科目。其中，资产类 8 个，负债类 6 个，净资产类 2 个，收入类 3 个，支出类 3 个，具体的内容见表 8－1。

表 8-1 行政单位会计科目一览表

编号	会计科目	核算内容
	一、资产类	
101	1. 现金	核算行政单位的库存现金
102	2. 银行存款	核算行政单位存入银行及其他金融机构的各种款项
103	3. 有价证券	核算行政单位购入的有价证券(国库券)
104	4. 暂付款	核算行政单位发生的待核销的结算款项
105	5. 库存材料	核算行政单位大宗购入、需要库存的物资材料等，行政单位办公材料随买随用或没有大宗购入，不需要库存的，可以不设本科目
106	6. 固定资产	核算行政单位固定资产的原价
107	7. 零余额账户用款额度	核算行政单位财政授权支付业务的资金活动
	8. 财政应返还额度	核算实行国库集中支付制度下行政单位的年终结余资金
	二、负债类	
201	9. 应缴预算款	核算行政单位按规定应缴入国家预算的款项。行政单位的应缴预算款主要包括：纳入预算管理的政府性基金、行政性收费、罚款、没收财物变价款、无主财产变价款、赃款和赃物变价款、其他按照预算管理规定应上缴预算的款项
202	10. 应缴财政专户款	核算行政单位按规定代收的应上缴财政专户的预算外资金
203	11. 暂存款	核算行政单位发生的临时性暂存、应付等待结算款项
211	12. 应付工资(离退休费)	核算向职工发放的工资或离退休费
212	13. 应付地方(部门)津贴补贴	核算向职工发放的各类地方(部门)津贴补贴
213	14. 应付其他个人收入	核算向职工发放除“211 应付工资(离退休费)”、“212 应付地方(部门)津贴补贴”以外的其他个人收入
	三、净资产类	
301	15. 固定基金	核算行政单位因购入、调入、建造、接受捐赠以及盘盈固定资产所形成的基金
303	16. 结余	核算行政单位年度各项收支相抵后的累计余额
	四、收入类	
401	17. 拨入经费	核算行政单位按照经费领报关系，由财政部门或上级单位拨入的预算经费
404	18. 预算外资金收入	核算行政单位预算外资金收入情况
407	19. 其他收入	核算行政单位其他资金收入的情况。包括：行政单位在业务活动中取得的不必上缴财政的零星杂项收入、有偿服务收入、有价证券及银行存款利息等
	五、支出类	
501	20. 经费支出	核算行政单位在业务活动中发生的各项支出
502	21. 拨出经费	核算行政单位按核定预算拨付所属单位的预算资金
505	22. 结转自筹基建	核算行政单位经批准用拨入经费拨款以外的资金安排基本建设，其所筹集并转存建设银行的资金

8.2 流动资产的核算

8.2.1 资产的概述

1. 资产的概念和特征

资产是行政事业单位占有或使用的，能以货币计量的经济资源，包括流动资产和非流动资产。资产具有以下特征。

(1) 它是行政事业单位拥有或控制的经济资源，具有为行政事业单位服务的潜能或某些特定权利，行政事业单位可以自主地运用其进行经济活动，并承担由此产生的风险。

(2) 具有价值，可用货币计量。

(3) 它必须通过已经发生的交易或事项为行政事业单位所取得。

2. 资产的分类

行政单位为了有效管理各项资产，按照资产的流动性，将资产划分为流动资产和非流动资产。

(1) 流动资产是指可以在一年内变现或耗用的资产，包括现金、银行存款、零余额账户用款额度、暂付款、库存材料。

(2) 非流动资产是指不准备在一年内变现或耗用的资产，包括有价证券和固定资产。

8.2.2 货币资金的核算

行政单位的货币资金包括现金、银行存款和零余额账户用款额度。

1. 现金的核算

1) 现金的管理

(1) 遵守现金使用范围。按照国家现金管理制度规定，可以在以下范围内使用现金：①支付给个人的工资、津贴；②支付给个人的劳动报酬；③根据国家规定，颁发给个人的各种奖金；④各种劳保福利费用以及对个人的其他支出；⑤向个人收购农副产品和其他物资的价款；⑥出差人员必须随身携带的差旅费；⑦结算起点以下的零星支出；⑧中国人民银行确定需要支付现金的其他支出。

(2) 遵守库存现金限额管理。为了保证现金的安全，规范现金管理，同时又能保证开户单位的现金正常使用，按照《现金管理暂行条例》及实施细则规定，库存现金限额由开户银行和开户单位根据具体情况商定，凡在银行开户的单位，银行根据实际需要核定3～5天的日常零星开支数额作为该单位的库存现金限额。边远地区和交通不便地区的开户单位，其库存现金限额的核定天数可以适当放宽在5天以上，但最多不得超过15天的日常零星开支的需要量。

各单位实行收支两条线，不准“坐支”现金。所谓“坐支”现金是指企业事业单位和机关、团体、部队从本单位的现金收入中直接用于现金支出。各单位现金收入应于当日送存银行，如当日确有困难，由开户单位确定送存时间，如遇特殊情况需要坐支现金，应该在现金日记账上如实反映坐支情况，并同时报告开户银行，便于银行对坐支金额进行监督和管理。各单位送存现金和提取现金，必须注明送存现金的来源和支取的用途，且不得私设“小金库”。

相关链接

现金管理“八不准”

按照《现金管理暂行条例》及其实施细则规定，企业事业单位和机关团体部队现金管理应遵循“八不准”，即①不准用不符合财务制度的凭证顶替库存现金；②不准单位之间互相借用现金；③不准谎报用途套取现金；④不准利用银行账户代其他单位和个人存入或支取现金；⑤不准将单位收入的现金以个人名义存入储蓄；⑥不准保留账外公款；⑦不准发生变相货币；⑧不准以任何票券代替人民币在市场上流通。

2）现金的核算

（1）现金收付的核算。现金账户属于资产类账户，借方反映现金的增加，贷方反映现金的减少，期末的借方余额表示行政单位库存现金的数额。

【例8－1】　小张是A行政单位的会计人员，本月收到以下有关现金核算业务的原始凭证，会计主管要求小张根据收到的凭证做出会计分录。

① 购买办公用品300元，办公用品随买随用。原始凭证见单据8－1、单据8－2。

借：经费支出　　300

　　贷：现金　　300

单据8-1：商品销售发票

广东省商品销售统一发票

购货单位：×××行政单位　　2011年1月1日

商品	规格	单位	数量	单价	金额						
					万	千	百	十	元	角	分
复印纸	A4	箱	1	300			3	0	0	0	0
合计						¥	3	0	0	0	0
合计金额（大写）零万零仟叁佰零拾零元零角零分											

开票：刘云　　收款：李玉　　开票单位：

第二联　发票联

全国统一发票监制章　广东　地方税务局监制

单据8-2：现金支出凭单

现金支出凭单

2011年01月01日　　第　　号

付给　文泰文具行　购买办公用品　款　　现金付讫

科目　　方

账户

计人民币(大写)零拾零万零仟叁佰零拾零元零角零分

收款人(盖章)　李玉　　¥ 300.00

审批人：　　主管会计：　　记账员：　　出纳员：张一

② 开具现金支票，从银行提取 1 000 元作为备用金。

借：现金　　1 000

　　贷：银行存款　　1 000

③ 某部门变卖废旧物品收入现金 500 元。原始凭证见单据 8－3。

借：现金　　500

　　贷：其他收入　　500

单据 8-3：缴款书

缴　款　书　　No. 0010000

2011 年 1 月 2 日　　支票号

今　收　到　某部门

交　来　废旧物品收入款

现金收讫

金额（大写）零佰零拾零万零仟伍佰零拾零元零角零分　¥500.00

收款单位（盖章）　　收款人（签章）：张一

第一联记账

核准：　　会计：　　记账：　　出纳：张一　　经手人：陈无

（2）现金清查的核算。当行政单位出现现金盘盈时，首先通过“暂存款”科目核算，查明原因后，再做进一步处理；当出现现金盘亏时，首先通过“暂付款”科目核算，查明原因后，再做进一步处理。

【例 8－2】 A 行政单位进行现金清查，发现如下情况。

①现金的实际数比账面数多出 500 元，暂时没有查明原因。原始凭证见表 8－2。

借：现金　　500

　　贷：暂存款　　500

表 8－2　现金盘点报告单

日期	账面余额	实际库存额	长款	短款	原因	处理意见
2011.12.12	10 000	10 500	500		未查明	

出纳：张一　　会计：　　财务科长：高琳

② 假设经过调查，发现盘盈的 500 元现金为错收现金所致，则相应归还盘盈款于当事人。

借：暂存款　　500

　　贷：现金　　500

③ 假设经过调查，没有发现盘存原因，或无法找到还款人，作为无主财物上缴。

借：暂存款　　500

　　贷：应缴预算款　　500

【例 8－3】 A 行政单位进行现金清查，发现如下情况。

① 现金的实际数比账面数少了 500 元，暂时没有查明原因。原始凭证见表 8－3。

借：暂付款　　500

　　贷：现金　　500

表 8-3 现金盘点报告单

日期	账面余额	实际库存额	长款	短款	原因	处理意见
2011.12.12	10 000	9 500		500	未查明	

出纳：张一　　　　会计：　　　　财务科长：高琳

② 假设经过调查，发现盘亏的 500 元现金为出纳人员错付现金所致，由相应的责任人赔偿。

借：现金　　500

　贷：暂付款　　500

③ 假设经调查，没发现盘亏原因，经单位领导批准作经费支出。

借：经费支出　　500

　贷：暂付款　　500

2. 银行存款的核算

1）银行存款的管理

银行存款是指行政单位存入银行及其他金融机构的各种款项。行政单位应按开户银行、存款种类等，分别设置“银行存款日记账”。由出纳人员根据收付款凭证，按照业务的发生顺序逐笔登记，每日终了应结出余额。

2）银行存款的核算

(1) 银行存款收付的核算。行政单位将款项存入银行或其他金融机构时，借记“银行存款”科目，贷记“现金”等有关科目；提取和支出存款时，借记“现金”等有关科目，贷记本科目。本科目借方余额，反映行政单位银行存款数额。

【例 8-4】 小张是 A 行政单位的会计人员，本月收到以下有关银行存款核算业务的原始凭证，会计主管要求小张根据收到的凭证做出会计分录。

① 收到财政部门以实拨资金方式拨入的经费补助 100 000 元，已通过银行存款账户划拨。原始凭证见单据 8-4、单据 8-5。

借：银行存款　　100 000

　贷：拨入经费　　100 000

单据 8-4：预算拨款凭证

预算拨款凭证（收账通知）

拨款日期：2011 年 01 月 03 日　　　　第 1 号

付款人	全称	×××财政局	收款人	全称	×××行政单位
	账号或地址	201621557955		账号或地址	201621557852
	开户银行	工行广州分行		开户银行	工行广州分行
拨款金额	人民币（大写）：壹拾万元整		金额（小写）¥100 000.00		
用途：基本支出			款：21　项：02		
会计分录	付款银行转账或付款日期： 记账员：李易　　出纳员：张一		上述款项已进账，如有错误，请持此联来行核对。此致		

单据 8-5：中国工商银行进账单

中国工商银行进账单（收账通知）

交款日期　　2011 年 01 月 03 日

付款人	全称	×××财政局	收款人	全称	×××行政单位
	账号或地址	201621557955		账号或地址	201621557852
	开户银行	工行广州分行		开户银行	工行广州分行

人民币（大写）	壹拾万元整	千	百	十	万	千	百	十	元	角	分
			¥	1	0	0	0	0	0	0	0
票据种类											
票据张数		款：21　项：02									

中国工商银行广州分行 高新分理处 11.01.03 (3)

单位主管：　　会计：　　复核：　　记账：

② 根据政策决议，向下属单位拨付本月经费 10 000 元，通过银行存款账户划拨。

借：拨出经费　　10 000

　　贷：银行存款　　10 000

③ 购买单位日常活动必需的办公用品，由于数量较大，采用银行转账，价款 5 500 元。

借：经费支出　　5 500

　　贷：银行存款　　5 500

(2) 银行存款清查的核算。为了防止记账发生差错，正确掌握银行存款的实际余额，“银行存款日记账”应定期与银行对账，至少每月核对一次。月份终了，行政单位账面结余与银行对账单余额之间如有差额，应逐笔查明原因，分别情况进行处理。属于未达账项，应按月编制“银行存款余额调节表”，调节相符。

特别提示

所谓未达账项是指企业与银行对同一笔收付业务，因记账时间不同，一方已入账而另一方尚未入账的款项。未达账一般有 4 种情况：①企业已收款入账，而银行尚未收款入账；②企业已付款入账，而银行尚未付款入账；③银行已收款入账，而企业尚未收款入账；④银行已付款入账，而企业尚未付款入账。

【例 8－5】　以下是 A 行政单位的银行存款日记账和银行对账单，见表 8－4 和表 8－5。会计主管让小张据此编制银行存款余额调节表。

表 8－4　银行存款日记账

2008 年		摘要	对方科目	借方	贷方	结余
月	日					
6	1	期初余额				700 000
	3	销售农产品	经营收入	280 000		980 000
	5	收到货款	应收款	100 000		1 080 000
	10	支付货款	库存物资		500 000	580 000
	16	销售农产品	经营收入	120 000		700 000
	20	提取现金	现金		30 000	670 000
	29	支付货款	应付款		200 000	650 000
	30	销售农产品	经营收入	100 000		750 000

表 8-5 银行对账单

2008 年		摘要	借方	贷方	结余
月	日				
6	1	结余			700 000
	3	存入		280 000	980 000
	11	支取	500 000		480 000
	17	存入		120 000	600 000
	26	支取	200 000		580 000
	27	存入		60 000	640 000
	30	支取	90 000		550 000

小张编制的银行存款余额调节表见表 8-6。

表 8-6 银行存款余额调节表

项目	金额	项目	金额
单位银行存款日记账余额	750 000	银行对账单余额	550 000
加：银行已收，单位未收	60 000	加：单位已收，银行未收	100 000
减：银行已付，单位未付	90 000	减：单位已付，银行未付	30 000
调节后余额	720 000	调节后余额	720 000

3. 零余额账户的核算

1）零余额账户的管理

预算单位零余额账户是由财政部门为本部门和预算单位在商业银行开设的账户。预算单位零余额账户用于财政授权支付。该账户每日发生的支付，于当日营业终了前由代理银行在财政部批准的用款额度内与国库单一账户清算；营业中单笔支付额超过 5 000 万元人民币的（含 5 000 万元），应及时与国库单一账户清算。

特别提示

预算单位零余额账户只能用于财政部授权预算单位支付额度内的支付和国库单一账户的资金清算。不得违反规定从该账户向预算单位其他账户划拨资金。财政授权的转账业务一律通过预算单位零余额账户办理。预算单位零余额账户在行政单位会计和事业单位会计中使用。

相关链接

财政性资金的支付方式

财政性资金的支付实行财政直接支付和财政授权支付两种方式。

（1）财政直接支付是指由财政部向中国人民银行和代理银行签发支付指令，代理银行根据支付指令通过国库单一账户体系将资金直接支付到收款人或用款单位账户。财政直接支付主要适用于工资、大宗物品和服务采购、大型修缮、大中型基本建设项目等，贷方通过“拨入经费”账户核算。

(2) 财政授权支付是指预算单位按照财政部的授权，自行向代理银行签发支付指令，代理银行根据支付指令，在财政部批准的预算单位的用款额度内，通过国库单一账户体系将资金支付到收款人账户。财政授权支付主要适用于单位的小额零星支出、特别紧急支出和经财政部门批准的其他支出，贷方通过“零余额账户用款额度”账户核算。

2）零余额账户的核算

为核算行政单位财政授权支付方式下的资金收付业务，设置“零余额账户用款额度”科目。该科目借方核算财政核定给预算单位的用款额度和因特殊原因退回账户的额度资金，贷方核算预算单位支用的额度和年终未用的注销额度，账户每日资金结算后无余额。

行政单位收到代理银行盖章的《财政授权支付用款额度到账通知书》，与每月用款计划核对后记账，借记“零余额账户用款额度”科目，贷记“拨入经费——财政授权支付”科目。

行政单位从零余额账户转账支付使用时，借记“经费支出”、“库存材料”等科目，贷记“零余额账户用款额度”科目。

行政单位从零余额账户中提取现金和支用时，借记“现金”科目，贷记“零余额账户用款额度”科目。

【例 8－6】 小张是 A 行政单位的会计人员，本月收到以下有关零余额账户用款额度核算业务的原始凭证，会计主管要求小张根据收到的凭证做出会计分录。

(1) 收到《财政授权支付用款额度到账通知书》确定授权支付额度为 110 000 元。原始凭证见表 8－7。

借：零余额账户用款额度　　110 000

　　贷：拨入经费——财政授权支付　　110 000

表 8－7　财政授权支付额度到账通知书

×××行政单位：

你单位 1 月份财政授权支付额度已经财政部核准，特予通知。

银行(签章)单位国际码：　　零余额账户账号　　单位：元

预算科目			科目名称	项目	财政授权支付额度	备注
类	款	项				
21	2 102		政府机关经费		110 000	

(2) 小张填写《财政资金授权支付凭证》，购买业务所需材料，授权支付金额为 5 000 元。原始凭证见单据 8－6、表 8－8。

借：库存材料　　5 000

　　贷：零余额账户用款额度　　5 000

单据 8-6：财政资金授权支付凭证

财政资金授权支付凭证(回单)2

2011 年 1 月 6 日

付款人	全称	×××行政单位	收款人	全称	广州材料有限公司
	账号或地址	201621557852		账号或地址	201678552479
	开户银行	工行广州分行		开户银行	工行广州分行
	单位国际码	YJGLJ135		单位国际码	YJGLJ478
支付金额	人民币(大写)伍仟元整		金额（小写）￥5 000.00		
用途	备用		类： 款： 项：		
（预算单位预留银行印鉴）			代理银行（签章）		

表 8-8 入库单

库别：办公用品库　　2011 年 1 月 6 日

名称	单位	数量	单价	金额	备注
A 材料	千克	100	50	5 000	

主管：　会计：　记账：　保管员：李丽　经手人：张云

（3）开出转账支票，从零余额账户中支付劳务费 4 000 元。原始凭证见单据 8-7。

借：经费开支　　4 000

　　贷：零余额账户用款额度　　4 000

单据 8-7：支付凭证

财政授权支付凭证(回单)2

2011 年 1 月 6 日

付款人	全称	×××行政单位	收款人	全称	广州劳务有限公司
	账号或地址	201621557852		账号或地址	201678554885
	开户银行	工行广州分行		开户银行	工行广州分行
	单位国际码	YJGLJ135		单位国际码	YJGLJ135
支付金额	人民币(大写)肆仟元整		金额（小写）￥4 000.00		
用途	备用		类： 款： 项：		
（预算单位预留银行印鉴）			代理银行（签章）		

（4）从零余额账户提取现金 5 000 元备用。原始凭证见单据 8-8。

借：现金　　5 000

　　贷：零余额账户用款额度　　5 000

单据 8－8：支付凭证

<table>
<tr><td colspan="6">财政授权支付凭证(回单)2
2010 年 1 月 6 日</td></tr>
<tr><td rowspan="4">付款人</td><td>全称</td><td>×××行政单位</td><td rowspan="4">收款人</td><td>全称</td><td>×××行政单位</td></tr>
<tr><td>账号或地址</td><td>201621557852</td><td>账号或地址</td><td>201621557852</td></tr>
<tr><td>开户银行</td><td>工行广州分行</td><td>开户银行</td><td>工行广州分行</td></tr>
<tr><td>单位国际码</td><td>YJGLJ135</td><td>单位国际码</td><td>YJGLJ135</td></tr>
<tr><td colspan="2" rowspan="2">支付金额</td><td colspan="2" rowspan="2">人民币(大写)伍仟元整</td><td colspan="2">金额（小写）￥5 000.00</td></tr>
<tr><td colspan="2"></td></tr>
<tr><td colspan="2">用途</td><td colspan="2">备用</td><td colspan="2">类：　款：　项：</td></tr>
<tr><td colspan="4">(预算单位预留银行印鉴)</td><td colspan="2">代理银行（签章）</td></tr>
</table>

8.2.3 暂付款的核算

1. 暂付款的管理

暂付款是行政单位在业务活动中与其他单位、所属单位或本单位职工发生的临时性待结算款项。暂付款按实际发生数额记账。行政单位在管理暂付款时应掌握以下原则。

(1) 从严掌握，严格控制规模。在日常业务中，对可能发生的暂付款业务必须严格审批，从严控制规模，防止出现因暂付款数额庞大而影响正常经费开支的问题。对于各项暂付款项，按预算，根据借款人的借款收据，经有关机关审批，并进行办理。对于不符合规定的，会计部门应当拒付。

(2) 注意资金收回，及时结算。经办人对于临时性的借款和欠款，要根据实际情况及时进行催收和结算，防止出现借款不结算长期挂账的现象。借款人办事结束后，在规定日期结算报销，如有余款应同时交回，以后需要时，另行办理手续。尚未办理结算清账的，原则上不得再借。年终，借款原则上应全部结清，不得跨年挂账；暂付给所属报账单位的备用金，根据实际需要，核定定额加以控制，平时报销后再给予补充。年终，原则上全部结清收回备用金，下年另行处理。

(3) 定期清算，杜绝长期挂账。每年终了前，要对所有暂付款进行一次全面彻底清查。

2. 暂付款的核算

“暂付款”科目核算行政单位发生的待核销的结算款项。本科目应按债务单位或个人名称设置明细账。

发生暂付款时，借记本科目，贷记“现金”、“银行存款”等有关科目；结算收回或核销转列支出时，借记“经费支出”等有关科目，贷记本科目。本科目借方余额，反映尚待结算的暂付款累计数。

【例 8－7】 小张是 A 行政单位的会计人员，本月收到以下有关暂付款核算业务的原始凭证，会计主管要求小张根据收到的凭证做出会计分录。

(1) 李云出差预借差旅费 3 000 元，经领导批示，以现金支付。原始凭证见单据 8－9、单据 8－10。

借：暂付款　　3 000

　　贷：现金　　3 000

单据 8-9：借款单

借　款　单

借款理由：李云到深圳出差	
借款数额（大写）叁仟元整　¥3 000.00 借款人签章 李云　2011 年　01 月　04 日	
单位负责人意见：　同意　　黎林	会计主管人员意见：卫涓

单据 8-10：现金支出凭单

现 金 支 出 凭 单

2011 年　01 月　04 日　　　　第　　号

付给　李云　预借差旅费 款　　现金付讫

科目　　方
账户

计人民币(大写) 零拾零万叁仟零佰零拾零元零角零分

收款人(盖章) 李云　　¥3 000.00

审批人：　　主管会计：　　记账员：　　出纳员：张一

（2）李云出差回来，实际开支 2 450 元，报销退回多余现金 550 元。原始凭证见单据 8－11、单据 8－12。

借：经费支出　　2 450

　　现金　　550

　　贷：暂付款　　3 000

单据 8－11　差旅费报销单

差旅费报销单

报销部门：办公室　　　　填报日期：2011 年 1 月 10 日

姓名		王易		职别		职员		出差事由		因公出差	
出差起止日期自 2011 年 01 月 01 日起至 2011 年 01 月 05 日止，共 5 天附单据 5 张											
日期		起讫地点	天数	机票费	车船费	市内交通费	住宿费	出差补助	住宿节约补助	其他	小计
月	日										
1	05	广州一深圳	5		300		2 000	150			2 450
		合计			300		2 000	150			2 450
总计金额（大写）		贰仟肆佰伍拾元整				预支3 000.00 元，结余超支金额550.00 元					

负责人：　会计：　出纳：张一　审核：　部门主管：高琳　出差人：李云

单据 8-12：缴款书

<table>
<tr><td colspan="4">缴　款　书　　　　No.0010000
2011 年 01 月 02 日　　　　支票号</td><td rowspan="5">第一联记账</td></tr>
<tr><td colspan="4">今　收　到　某部门李云</td></tr>
<tr><td colspan="4">交　来　出差多余款</td></tr>
<tr><td colspan="4">金额（大写）零佰零拾零万零仟伍佰伍拾零元零角零分　¥ 550.00</td></tr>
<tr><td colspan="4">收款单位（盖章）　现金收讫　收款人（签章）：张一</td></tr>
<tr><td>核准：</td><td>会计：</td><td>记账：</td><td>出纳：张一</td><td>经手人：陈无</td></tr>
</table>

（3）开具转账支票，拨付所属单位备用金 2 000 元。

借：暂付款——备用金　　2 000

　　贷：银行存款　　2 000

（4）为购买日常工作所需办公品，预付 900 元，开具支票。

借：暂付款　　900

　　贷：银行存款　　900

（5）购买办公用品，实际支付 1 000 元，用现金补足余额。原始凭证见单据 8－13、单据 8－14。

单据 8-13：销售发票

广东省商品销售统一发票

购货单位：×××行政单位　　发票联　　2011 年 1 月 6 日

全国统一发票监制章 广东 税务局监制

品名	规格	单位	数量	单价	金额 万	千	百	十	元	角	分
签字笔	黑色	箱	5	200		1	0	0	0	0	0
合计					¥	1	0	0	0	0	0
合计金额（大写）零万壹仟零佰零拾零元零角零分											

开票：刘云　　收款：李玉　　开票单位：

第二联 发票

表 8-14：现金支出凭单

<table>
<tr><td colspan="4">现 金 支 出 凭 单　　顺序　3　号
2011 年 01 月 06 日　　第　　号</td></tr>
<tr><td colspan="3">付给　文泰文具行　　补购买办公用品差额 款
现金付讫</td><td>科目　方
账户</td></tr>
<tr><td colspan="4">计人民币　(大写) 零拾零 零仟壹佰零拾零元零角零分</td></tr>
<tr><td colspan="3">收款人(盖章)　李玉</td><td>¥100.00</td></tr>
<tr><td>审批人：</td><td>主管会计：</td><td>记账员：</td><td>出纳员：张一</td></tr>
</table>

借：经费支出　1 000
　　贷：暂付款　900
　　　　现金　100

8.2.4　库存材料的核算

1. 库存材料的计价

库存材料是指行政单位大宗购进入库存，并陆续耗用的行政用物资材料。库存材料应按实际耗用数列支。办公用品数量不大，随买随用的，按购入数直接列为支出。

1）材料收入的计价

购入、有偿调入的材料，分别以购价、调拨价作为入账价格。材料采购、运输过程中发生的差旅费、运杂费等不计入库存材料价格，直接列入有关支出科目核算。

2）材料发出的计价

行政单位可采用先进先出法、加权平均法、个别计价法等方法确认出库材料单价。出库材料计价发放一经确定，不得随意更改，如需更改，应在财务报告中说明。实际工作中，一般采用先进先出法或加权平均法确定出库材料的单价。

相关链接

先进先出法和加权平均法

先进先出法是指根据先入库先发出的原则，对于发出的存货以先入库存货的单价计算发出存货成本的方法。用先进先出法计算的期末存货额，比较接近市价。采用这种方法的具体做法是：先按存货的期初余额的单价计算发出的存货成本，领发完毕后，再按第一批入库的存货单价计算，以此类推，计算发出存货和结存货的成本。

加权平均法是指以本月全部进货数量加上月初存货数量作为权数，去除本月全部进货成本加上月初存货成本，计算出存货的加权平均单位成本，以此为基础计算本月发出存货的成本和期末存货的成本的一种方法。采用加权平均法只在月末一次计算加权平均单价，比较简单，有利于简化成本计算工作，但由于平时无法从账上提供发出和结存存货的单价及金额，因此不利于存货成本的日常管理与控制。

存货单位成本＝［月初库存货的实际成本＋∑(本月各批进货的实际单位成本×本月各批进货的数量)］/(月初库存存货数量＋本月各批进货数量之和)

本月发出存货成本＝本月发出存货的数量×存货单位成本

本月月末库存存货成本＝月末库存存货的数量×存货单位成本

2. 库存材料的核算

为核算行政单位大宗购入、需要库存的物资材料等设置“库存材料”科目。行政单位办公材料随买随用或没有大宗购入，不需要库存的，可以不设本科目。

本科目应按库存材料的类别、品种等有关项目设置明细账，并根据库存材料入库、出库单逐笔登记。

1）材料收入的核算

购入或有偿调入材料时，以购价、调拨价作为入账价格借记本科目，贷记“银行存款”

等有关科目。材料采购、运输过程中发生的差旅费、运杂费等不在“库存材料”科目核算，直接列入“经费支出”科目核算。

接受捐赠或无偿调入材料时，借记“库存材料”科目，贷记“其他收入”科目。

【例 8-8】 小张是 A 行政单位的会计人员，本月收到以下有关材料核算业务的原始凭证，会计主管要求小张根据收到的凭证做出会计分录。

(1) 购入甲材料 400 千克，每千克 15 元，共 6 000 元，税款 1 020 元，款项已用支票付讫，又用现金支付装卸费 200 元，运输费 300 元，材料已验收入库。

借：库存材料	7 020	
贷：银行存款		7 020
借：经费支出	500	
贷：现金		500

广东增值税专用发标及入库单见单据 8-15、表 8-9。广东省服务业专用发标见单据 8-16。

单据 8-15：发票

广东省服务业专用发票

开票日期：　2011 年 1 月 6 日

购货单位						密码区	
名　称：	****行政单位						
纳税人识别号：	6201047221055860						
地 址 、 电 话：	广州市天河区　0719-46258856						
开户行及账号：	工行城北区支行 250056200236523						
货物或应税劳务名称	规格型号	单位	数量	单价	金额	税率	税额
甲材料		千克	400	15.00	6 000.00	17%	7 020.00
合计					6 000.00	1 020.00	7 020.00
价税合计（大写）	柒仟零贰拾零元零角零分				（小写）¥	7020.00	
销货单位						备注	
名　称：	广东宏大材料有限公司						
纳税人识别号：	450121168168168						
地 址 、 电 话：	天星市越秀区 0771-3838888						
开户行及账号：	中国工商银行天星分行越秀分理处 00381208010019						

收款人：　　　复核：　　　开票人：李文　　　销货单位：（章）

表 8-9　入库单

库别：材料库　　　　2011 年 1 月 5 日

名称	单位	数量	单价	金额	备注
甲材料	千克	400	15	6000	

主管：　　　会计：　　　记账：　　　保管员：李丽　　　经手人：张云

单据 8-16：发票

广东省服务业专用发票

付款单位：×××行政单位　　　　全国统一发票监制章 广东 税务局监制　发票联　　　　2011 年 1 月 5 日

服务项目	单位	数量	单价	金额							
				万	千	百	十	元	角	分	第
装运费						5	0	0	0	0	二
											联
合计					¥	5	0	0	0	0	发
人民币金额合计（小写）¥500.00											票
人民币金额合计（大写）零万零仟伍佰零拾零元零角零分											

(2) 接受捐赠乙材料一批，价值 50 000 元，单位以现金支付运费 200 元。原始凭证见表 8－10、单据 8－16。

借：库存材料　　　　50 000

　　贷：其他收入　　　　50 000

借：经费支出　　　　200

　　贷：现金　　　　200

表 8－10　入库单

库别：材料库　　　　2011 年 1 月 6 日

名称	单位	数量	单价	金额	备注
乙材料	千克	100	50	5 000	

主管：　　会计：　　记账：　　保管员：李丽　　经手人：张云

单据 8-16：发票

广东省服务业专用发票

付款单位：×××行政单位　　　　全国统一发票监制章 广东 税务局监制　发票联　　　　2011 年 1 月 6 日

服务项目	单位	数量	单价	金额							
				万	千	百	十	元	角	分	第
运费						2	0	0	0	0	二
											联
合计					¥	2	0	0	0	0	发
人民币金额合计（小写）¥200.00											票
人民币金额合计（大写）零万零仟贰佰零拾零元零角零分											联

收款单位：广州大力装运公司　　　　收款人：王娜　　　　开票人：李梅

2）材料发出的核算

材料领用出库时，贷记“库存材料”科目，借记有关支出科目。

【例 8－9】　A 行政单位发生以下有关材料的业务，采用加权平均法计算材料出库成本，并做出发出分录。

12 月 1 日　库存甲材料 200 千克，单价 5 元/千克
12 月 3 日　发出　　100 千克
12 月 5 日　购进　　100 千克，单价 5.1 元/千克
12 月 18 日 发出　　100 千克
12 月 20 日 购进　　500 千克，单价 5.2 元/千克
12 月 25 日 发出　　300 千克

甲材料加权平均单价＝(200×5＋100×5.1＋500×5.2)/(200＋100＋500)＝5.14(元/千克)

发出材料成本＝(100＋100＋300)×5.14＝2 569(元)

借：经费支出　　2 569
　　贷：库存材料　　2 569

3）材料调出的核算

行政单位多余不用的材料，经上级批准，可有偿调拨给其他单位。调入时，按材料账面价值贷记“库存材料”科目，按收回的价款借记“银行存款”等科目，变价发生的损益，增加或减少当期相关支出。

【例 8－10】　A 行政单位将乙材料调拨给某外单位 100 千克，单价 3.5 元，计 350 元，已交银行。该材料原账面价值 320 元，发生变价溢价 30 元。将丙材料调拨给某外单位 200 千克，单价 4 元，计 800 元已交银行，该材料原账面价值 810 元，发生变价损失 10 元。

借：银行存款　　350
　　贷：库存材料　　320
　　　　经费支出　　30

借：银行存款　　800
　　经费支出　　10
　　贷：库存材料　　810

4）材料盘盈、盘亏的核算

行政单位的库存材料，每年至少应盘点一次。对于发生的盘盈、盘亏等情况，应当查明原因，属于正常的溢出或损耗，作为减少或增加当期支出处理。盘盈时，借记本科目，贷记有关支出科目；盘亏时，借记有关支出科目，贷记本科目，属于非正常性的毁损，应按规定的程序报经批准后处理。

【例 8－11】　A 行政单位盘盈甲材料 50 千克，每千克单价 20 元；盘亏乙材料 10 千克，每千克单价 10 元；盘亏丙材料 20 千克，每千克单价 15 元。财产清查报告单见表 8－11。

表 8－11　财产清查报告单

仓库类别：材料库　　　　2011 年 12 月 20 日

品名	单位	单价	账存数	实存数	盘盈		盘亏		盈亏原因
					数量	金额	数量	金额	
甲材料	千克	20	100	150	50	1 000			正常溢出
乙材料	千克	10	100	90			10	100	正常损失
丙材料	千克	15	100	80			20	300	保管人赔偿

甲材料的处理：

借：库存材料——甲材料　　1 000
　　贷：经费支出　　1 000

乙材料属于正常损失：

借：经费支出 100

　　贷：库存材料——乙材料 100

丙材料属于保管人的责任事故，由保管人赔偿：

借：暂付款——×××责任人 300

　　贷：库存材料——丙材料 300

8.3 有价证券和固定资产的核算

8.3.1 有价证券的核算

1. 有价证券的管理

有价证券是指行政单位用结余资金购买的国债。行政事业单位的有价证券仅仅指国库券。行政单位购买的有价证券作为流动资产管理，应当遵循以下管理原则。

(1) 按照国家规定，行政单位只能用结余资金购买国家指定的债券。不能把购买的有价证券列入支出预算内，购买有价证券不能影响正常财政开支。

(2) 只能购买中央财政发行的国家公债，不能购买其他有价证券。

(3) 购买的有价证券需妥善保管，定期清查，做到账实相符。

(4) 有价证券按取得时的实际成本记账。有价证券的购买不能列作支出核算。有价证券的利息及转让取得的收益应做收入入账，不能作为福利处理或设立“小金库”。

2. 有价证券的核算

为核算行政单位购入的有价证券，设置“有价证券”科目。本科目借方余额，反映尚未兑付的有价证券本金数。

购入有价证券时，按照实际支付的款项，借记本科目，贷记“银行存款”科目；兑付本息时，借记“银行存款”科目，贷记本科目(本金)和“其他收入”(利息)科目。当期有价证券的利息以及转让有价证券取得的收入与其账面成本的差额，记入当期收入。

【例 8-12】 小张是A行政单位的会计人员，本月收到以下有关有价证券核算业务的原始凭证，会计主管要求小张根据收到的凭证做出会计分录。

(1) 用结余资金购买国家发行的国债40 000元，以转账方式付款。原始凭证见单据8-17。

单据 8-17：凭证式国债收款凭证

中华人民共和国凭证式国债收款凭证

中国工商银行　　　　20160002100-4

购买日期	印密	年度	期次	期限	年利率	到期日期	柜员号
2011/01/10				3年	3%	2014/01/10	1189

账号 1005565-01　　户名　×××行政单位

金额（大、小写）肆万元整

¥40 000.00

兑取日期	计息天数	年利率	利息	柜员号

中国工商银行广州分行 高新分理处 11.01.10 转讫 (3)

借：有价证券　　40 000

　　贷：银行存款　　40 000

(2) 到期兑付原购入的一年期国债 160 000 元，利息收入 4 800 元。原始凭证见单据 8-18。

借：银行存款　　164 800

　　贷：有价证券　　160 000

　　　　其他收入　　4 800

单据 8-18　结算单

中国工商银行证券兑付结算单

2011 年 1 月 10 日

卡号/存折号　　20160002100-4

	储种	存期	利率%
	其他储种	1 年	3%
	本金	利息	税率
人民币	160 000	4 800	0.00%
利息	自动转存已扣税		本次代扣税
4 800.00	0.00		0.00
税后利息	本息实付金额		
4 800.00	164 800.00		

8.3.2　固定资产的核算

1. 固定资产的概念和分类

1) 固定资产的概念

固定资产是指使用年限在一年以上，单位价值在规定标准以上，并在使用过程中基本保持原来物质形态的资产，包括房屋及建筑物、专用设备、一般设备、文物和陈列品、图书、其他固定资产。

行政单位的一般设备、单价在 500 元以上，专用设备单价在 800 元以上，使用年限在 1 年以上的，都作为固定资产进行管理和核算。单价虽然未达到规定标准，但使用时间在一年以上的大批同类物资，应作为固定资产核算。

2) 固定资产的分类

行政单位固定资产按用途和形态的不同一般可分为以下几大类。

(1) 房屋及建筑物：指行政单位拥有后控制的房屋建筑及附属设施，主要包括办公用房、业务用房、后勤用房、生活用房、道路、场地、绿地、围墙、水井等。

(2) 专用设备：指行政单位开展业务活动中使用的具有专门用途的设备，主要包括试验检测仪器、交通工具、电子设备等。

(3) 一般设备：指各类通用设备，主要包括办公设备、被服装具等。

（4）文物和陈列品：指博物馆、展览馆、文物陈列馆等单位及其他行政单位所保管的文物、古董等。

（5）图书：指专业藏书机构储藏的各类图书，或行政单位同意储藏管理使用的图书。

（6）其他固定资产：指不包括在上述范围内，但符合固定资产标准的其他资产。

2. 固定资产的确认和初始计量

1）固定资产的确认

根据《行政单位财务规则》规定，固定资产的具体标准如下。

（1）一般设备。单价在500元以上(含500)，耐用时间在1年以上的设备。

（2）专用设备。单价在800元以上(含800)，耐用时间在1年以上的设备。

（3）价值虽未达到规定的标准，但是耐用时间在1年以上的大批同类物资，也作为固定资产进行核算和管理。

2）固定资产的初始计量

行政单位的固定资产应按照下列规定确定其价值，并登记入账。

（1）购入、调入的固定资产，按实际支付的买价、调拨价以及运杂费、保险费、安装费、车辆购置附加费记账。

（2）自行建造的固定资产，应按建造过程中实际发生的全部支出记账。

（3）在原有固定资产基础上进行改建、扩建的固定资产，应按改建、扩建发生的支出，减去改建、扩建过程中发生的变价收入后的净增加值，记入固定资产账户。

（4）接受捐赠的固定资产，应当按照同类固定资产的市场价格或者有关凭据记账。接受固定资产时发生的相关费用，应当记入固定资产价值。

（5）无偿调入的固定资产，应当按估计价值记账。

（6）盘盈的固定资产，按重置完全价值记账。

（7）已投入使用但尚未办理移交手续的固定资产，可先按估计价值记账，待确定实际价值后，再进行调整。

（8）购置固定资产过程中发生的差旅费，不计入固定资产价值。

（9）行政单位的固定资产不计提折旧。

已经入账的固定资产，除发生下列情况外，不得任意变动。

（1）根据国家规定对固定资产价值重新估价。

（2）增加补充设备或改良装置的。

（3）将固定资产的一部分拆除的。

（4）根据实际价值调整原来暂估价值的。

（5）发现原来记录固定资产价值有错误的。

3. 固定资产的核算

“固定资产”科目核算行政单位固定资产的原价。借方登记固定资产的增加数，贷方登记非固定资产的减少数，期末借方余额反映行政单位所有固定资产价值的总额。行政单位应设置“固定资产登记簿”或“固定资产卡片”，按固定资产类别进行明细核算。

“固定基金”是净资产类科目，核算行政单位因购入、调入、建造、接受捐赠以及盘盈固定资产所形成的基金，借方登记固定资产的减少数，贷方登记固定资产的增加数，期末贷方余额反映行政单位固定基金总额。

特别提示

“固定资产”和“固定基金”是两个相对应的科目。在行政单位，这两个科目期末余额是相等的。

1）固定资产增加的核算

（1）购建、有偿调入的固定资产。行政单位购建、有偿调入固定资产借记有关支出科目，贷记“银行存款”等科目；同时，借记“固定资产”科目，贷记“固定基金”科目。

借：经费支出

　　贷：银行存款　　　　　　　　　　（单位自行支付）

　　　　拨入经费　　　　　　　　　　（财政直接支付）

　　　　零余额账户用款额度　　　　　（财政授权支付）

同时

借：固定资产

　　贷：固定基金

【例 8－13】　小张是 A 行政单位的会计人员，本月收到以下有关固定资产核算业务的原始凭证，会计主管要求小张根据收到的凭证做出会计分录。

① 购复印机一台，开出转账支票付款 10 000 元，并用现金支付运费 150 元。原始凭证见单据 8－19、单据 8－20、表 8－12。

分录	借方	贷方
借：经费支出	10 150	
贷：银行存款		10 000
现金		150
借：固定资产——一般设备(复印机)	10 150	
贷：固定基金		10 150

单据 8-19：发票

广东省服务业专用发票

发票联

付款单位：×××行政单位　　　　　　　　2011 年 1 月 10 日

服务项目	单位	数量	单价	金额							第二联发票联
				万	千	百	十	元	角	分	
运费						1	5	0	0	0	
合计					¥	1	5	0	0	0	
人民币金额合计（小写）¥150.00											
人民币金额合计（大写）零万零仟壹佰伍拾零元零角零分											

单据 8-20：发票

广东省商品销售统一发票

购货单位：×××行政单位　　　发票联　　　2011 年 1 月 10 日

品名	规格	单位	数量	单价	金额						
					万	千	百	十	元	角	分
复印机	黑色	台	1	10 000	1	0	0	0	0	0	0
合计					1	0	0	0	0	0	0
合计金额（大写）壹万零仟零佰零拾零元零角零分											

表 8－12　固定资产验收单

计划项目：　　　2011 年 1 月 10 日

名称规格	单位	数量	总值金额	总值中的安装费	存放地点
复印机	台	1	10 150.00		办公室
附注：					

② 通过财政直接支付向广东如意办公用品有限公司购买计算机 5 台，价款 80 000 元，验收合格，交付使用。原始凭证见表 8－13、表 8－14。

借：经费支出　　80 000

　　贷：拨入经费——财政直接支付　　80 000

借：固定资产　　80 000

　　贷：固定基金　　80 000

表 8－13　财政直接支付入账通知书

基层预算单位：×××行政单位　　　一级预算单位：×××单位　　　单位：元

预算科目				收款人全称	金额	备注
类	款	项	名称			
309	02		办公设备购置	广东如意办公用品有限公司	80 000.00	
合计			¥80 000.00			

以上款项，已有财政国库支付局直接支付，请据以入账。

表 8－14　固定资产验收单

计划项目：　　　2011 年 1 月 10 日

名称规格	单位	数量	总值金额	总值中的安装费	存放地点
计算机	台	5	80 000.00		办公室
附注：					

验收部门：总务科　　　验收人：李丽　　　部门负责人：章鱼　　　制单：张兴

③ 开出财政授权支付凭证，购买文件柜 5 个，计 3 000 元，验收合格，交付使用。原始凭证见单据 8－21、表 8－15、单据 8－22。

借：经费支出　　3 000

　　贷：零余额账户用款额度　　3 000

借：固定资产　　3 000

　　贷：固定基金　　3 000

单据 8－21　支付凭证

财政授权支付凭证

2011 年 1 月 10 日

付款人	全称	×××行政单位	收款人	全称	广州如意办公用品有限公司
	账号或地址	201621557852		账号或地址	201621557852
	开户银行	工行广州分行		开户银行	工行广州分行
	单位国际码	YJGLJ135		单位国际码	YJGLJ135
支付金额	人民币(大写)叁仟元整		金额（小写）¥3 000.00		
用途	备用		类：　款：　项：		
（预算单位预留银行印鉴）			代理银行（签章）		

表 8－15　固定资产验收单

计划项目：　　2011 年 1 月 10 日

名称规格	单位	数量	总值金额	总值中的安装费	存放地点
文件柜	个	5	3 000.00		办公室
附注：					

单据 8-22：发票

广东省商品销售统一发票

购货单位：×××行政单位　　发票联　　2011 年 1 月 10 日

品名	规格	单位	数量	单价	金额						
					万	千	百	十	元	角	分
文件柜	黑色	个	5	600		3	0	0	0	0	0
合计					¥	3	0	0	0	0	0
合计金额（大写）壹万叁仟零佰零拾零元零角零分											

开票：刘云　　收款：李玉　　开票单位：

④ 接收有偿调入汽车一辆，支付 100 000 元。原始凭证见单据 8－23、表 8－17。

借：经费支出　　100 000

　　贷：银行存款　　100 000

借：固定资产　　100 000
　　贷：固定基金　　100 000

单据 8-23 调拨单

固定资产调拨单

调出单位：×××建设局　　2011 年 1 月 10 日　　调拨号：0001

调入单位：×××行政单位

调拨原因或依据		业务需要		调拨方式	有偿
固定资产名称	规格及型号	单位	数量	原值	协商价格
凯美瑞小轿车	2.4	辆	1	250 000	100 000
调出单位签章：		调入单位签章：			

表 8-17 固定资产验收单

计划项目：　　2011 年 1 月 10 日

名称规格	单位	数量	总值金额	总值中的安装费	存放地点
凯美瑞小轿车	辆	1	100 000.00		车队
附注：					

验收部门：总务科　　验收人：李丽　　部门负责人：章鱼　　制单：张兴

(2) 接受捐赠的固定资产，借记“固定资产”科目，贷记“固定基金”科目。

【例 8-14】 A 行政单位接到国外一团体赠送的轿车一辆，价值 600 000 元，支付关税和国内运费 3 000 元，已转账支付。

借：经费支出　　3 000
　　贷：银行存款　　3 000
借：固定资产　　60 3000
　　贷：固定基金　　60 3000

(3) 行政单位盘盈固定资产。

行政单位对其占有或使用的固定资产，每年应当盘点一次。盘盈的固定资产，按重置完全价值，借记本科目，贷记“固定基金”科目。

【例 8-15】 A 行政单位年末对本单位的固定资产进行盘查，盘盈电视机一台，价值是 1 000 元。原始凭证见表 8-18、表 8-19。

借：固定资产　　1 000
　　贷：固定基金　　1 000

表 8-18 财产清查报告单

仓库类别：固定资产　　2011 年 12 月 20 日

品名	单位	单价	账存数	实存数	盘盈		盘亏		盈亏原因
					数量	金额	数量	金额	
电视机	台	1 000	10	11	1	1 000			正常溢出

表 8-19 固定资产验收单

计划项目： 2011 年 12 月 20 日

名称规格	单位	数量	总值金额	总值中的安装费	存放地点
电视机	台	1	1 000.00		会议室
附注：					

验收部门：总务科 验收人：李丽 部门负责人：章鱼 制单：张兴

2）固定资产减少的核算

行政单位固定资产减少的原因主要有出售、报废、毁损、盘亏等。

(1) 固定资产变价出售、有偿调拨、无偿调拨。

有偿调出、变卖的固定资产，按其账面价值销账，借记“固定基金”科目，贷记“固定资产”科目。有偿调出、变卖固定资产取得的变价收入和清理报废固定资产取得的变价收入，作为其他收入处理。无偿调出的固定资产，按其账面价值销账，借记“固定基金”科目，贷记“固定资产”科目。

【例 8-16】 A 行政单位一辆原值为 30 万元的汽车已经闲置，现作价 25 万元出售，已办理有关银行转账手续。

借：固定基金 300 000

　　贷：固定资产 300 000

借：银行存款 250 000

　　贷：其他收入 250 000

如果上述闲置汽车无偿调拨给外单位，则

借：固定基金 300 000

　　贷：固定资产 300 000

(2) 固定资产的报废、毁损及盘亏。报废、毁损及盘亏的固定资产，按减少固定资产的账面原值销账。毁损、报废固定资产清理过程中发生的收入记入“其他收入”科目，清理过程中的支出，记入有关支出科目。

【例 8-17】 A 行政单位报废一台设备，原价 40 000 元，变价收入 1 500 元，款项存入银行，并以现金支付清理费 200 元，已清理完毕。

按账面价值销账：

借：固定基金 40 000

　　贷：固定资产 40 000

收到变价收入：

借：银行存款 1 500

　　贷：其他收入 1 500

支付清理费用：

借：经费支出 200

　　贷：现金 200

【例 8-18】 A 行政单位根据年终财产清查结果，盘亏沙发一张，原价 900 元。

借：固定基金 900

　　贷：固定资产 900

若属责任事故，由责任人赔偿，则收到赔偿时：

借：现金 900

贷：其他收入 900

3）固定资产的后续支出

（1）资本化后续支出。行政单位固定资产改建、扩建，如能延长资产使用寿命，或使产品质量实质性提高，则该支出属于资本化支出，应记入固定资产账面价值，但其增计后的金额不应超过固定资产的可收回金额。

行政单位固定资产资本化的后续支出，按其增值部分借记“固定资产”科目，贷记“固定基金”科目，同时，借记“经费支出”科目，贷记“银行存款”等科目。

【例8-19】 A行政单位对一办公楼进行改建，共支付相关费用500 000元。

借：经费支出 500 000

贷：银行存款 500 000

借：固定资产 500 000

贷：固定基金 500 000

（2）费用化后续支出。行政单位为了保持固定资产的正常运转和使用，而对其进行的必要修理，属于费用化支出，不记入资产账面价值，只列为当期经费支出。

【例8-20】 A行政单位对一办公楼进行修理，支付修理费3 000元

借：经费支出 3 000

贷：银行存款 3 000

项目小结

本项目着重阐述了行政单位资产的概念、各项资产的核算方法。行政单位资产核算包括各项货币资金增加、减少及对账的核算；库存材料增加、减少及盘点的核算；固定资产各种形式的增加、减少和盘点的核算；暂付款的运用和核算。

职业能力训练

一、单项选择题

1. 行政单位的一般设备单位价值应在（　　）元以上。

A. 800　　B. 500　　C. 200　　D. 100

2. 在现金收付过程中，对现金短款可先做（　　）处理。

A. 库存现金　　B. 银行存款

C. 暂存款　　D. 暂付款

3. 行政单位购买有价证券应（　　）处理。

A. 作为单位支出处理　　B. 作为有价证券处理

C. 作为拨出款处理　　D. 作为固定资产处理

4. 允许行政单位购买的有价证券是（　　）。

A. 股票　　B. 基金　　C. 国库券　　D. 金融债券

5. 行政单位材料采购过程中发生的运杂费、差旅费应(　　)。

A. 不记入材料价格　　B. 记入材料价格

C. 差旅费记入，运杂费不记　　D. 运杂费记入，差旅费不记

二、多项选择题

1. 行政单位的固定资产包括(　　)。

A. 文物及陈列品　　B. 图书及其他固定资产

C. 房屋及建筑物　　D. 专用设备和一般设备

2. 行政单位的货币资金包括(　　)。

A. 现金　　B. 银行存款

C. 零余额账户用款额度　　D. 借入款

3. 行政单位购买有价证券必须遵守的原则是(　　)。

A. 只能购买国库券　　B. 只能用结余资金购买

C. 债券利息收入记入其他收入　　D. 可作支出数报销

4. 行政单位财政性资金的支付方式有(　　)方式。

A. 财政直接支付　　B. 财政授权支付

C. 国库集中支付　　D. 国库统一支付

5. 行政单位的流动资产包括(　　)。

A. 现金　　B. 库存材料

C. 暂付款　　D. 暂存款

三、分析判断题

1. 固定资产和固定基金是对应的会计科目，都属于资产类。(　　)

2. 行政单位发生固定资产修理时，不论大修理和日常修理均作为当期费用处理。(　　)

3. 行政单位可以用暂时闲置的现金和银行存款购买有价证券。(　　)

4. 固定资产报废过程中，发生的清理费用应记入“经费支出”账户，发生的变价收入应记入“其他收入”账户。(　　)

5. 行政单位的固定资产不提取折旧。(　　)

四、项目实训

1. 资料：某行政单位发生下列业务。

(1) 从银行提取现金 800 元备用。

(2) 以现金 400 元购买办公用品，直接交付使用。

(3) 盘点库存现金，长款 300 元，暂时未查明原因。

(4) 盘点库存现金，短款 200 元，暂时未查明原因。

(5) 上项短款，经查明是由于工作失误造成，经批准，由责任人赔偿 150 元，收到现金，另 50 元由单位核销。

(6) 将收到的现金 800 元送存银行。

(7) 收到上级拨入经费 20 000 000 元，存入银行。

(8) 以存款购置办公用品 500 元，直接交付使用。

(9) 拨付所属单位经费 3 000 000 元。

要求：根据上述经济业务编制会计分录，填制记账凭证，登记相关账簿。

2. 资料：某行政单位发生下列业务。

(1) 用结余资金 400 000 元，购买国库券，银行存款支付。

(2) 国库券到期，收回 2 050 000 元，其中 2 000 000 元本金，50 000 利息。

(3) 公务员小李出差预借旅费 1 000 元，以现金支付。

(4) 公务员小李返回报销旅费 880 元，交回现金 120 元。

(5) 下属单位领取备用金 2 000 元，现金支付。

(6) 所属报账单位前来报账，共支出 1 000 元，同时补足备用金。

(7) 预付购设备款 6 000 元，款已通过银行划出。

(8) 原预付款的设备到达，价款 8 000 元，另补付 2 000 元。

要求：根据上述经济业务编制会计分录，填制记账凭证，登记相关账簿。

3. 资料：某行政单位发生下列业务。

(1) 购入材料货款共计 8 000 元，材料验收入库，同时支付材料运费 200 元，以支票付款。

(2) 领用库存办公用品 800 元。

(3) 预付货款 2 000 元，预备购入甲材料。

(4) 材料到达入库，共计货款 6 000 元，冲减前预付货款 2 000 元，其余货款已汇出。

(5) 领用材料 100 千克，单价 6 元，共计 600 元。

(6) 库存盘点，盘盈 A 材料 400 元，盘亏 B 材料 200 元，经批准由企业核销。

(7) 材料变价出售，原材料价格为 2 000 元，出售收入为 1 500 元，收回款项存入银行。

(8) 材料变价出售，原材料价格为 2 000 元，出售收入为 2 200 元，收到款项存入银行。

要求：根据上述经济业务编制会计分录，填制记账凭证，登记相关账簿。

4. 资料：某行政单位发生下列业务。

(1) 建造办公楼一幢，造价 800 000 元，以支票付款，经验收合格交付使用。

(2) 购买计算机，共计价格 300 000 元，以支票付款，经验收合格交付使用。

(3) 购买设备一台 50 000 元，运费 1 000 元，安装费 2 000 元，以支票付款，设备交付使用。

(4) 接受捐赠设备一台，评估确认的价值为 60 000 元。

(5) 维修办公楼，以银行存款支付维修费 5 000 元。

(6) 支付办公设备修理费 800 元。

(7) 盘盈办公设备两台，价值 2 000 元，盘亏桌子一张，价值 1000 元。经批准分别销账和补账。

要求：根据上述经济业务编制会计分录，填制记账凭证，登记相关账簿。

项目 9　行政单位负债和净资产的核算

学习目标

（1）了解行政单位负债和净资产的含义和具体内容；
（2）掌握行政单位负债、净资产的会计核算方法；
（3）掌握行政单位负债和净资产核算中原始凭证的编制和审核实操；
（4）掌握行政单位负债和净资产核算中记账凭证的编制和相关账簿的登记实操。

案例导读

小张是 A 行政单位的会计，某天她收到一笔应缴入国库管理的行政性收费 100 000 元，存入银行。同时，将本月应上缴财政预算的款项 150 000 元缴入国库。

【讨论】　会计主管要小张据此业务做分录。

【解析】

根据《行政单位制度》规定，应缴预算款是指行政单位在业务活动中按规定取得的应缴财政预算的各种款项。行政单位按规定应缴入国家预算的款项通过“应缴预算款”账户核算。

行政单位收到应缴预算款项时，借记“银行存款”等科目，贷记本科目。上缴时，借记本科目，贷记“银行存款”等科目。应做分录：

借：银行存款　　100 000
　　贷：应缴预算款　　100 000
借：应缴预算款　　150 000
　　贷：银行存款　　150 000

9.1　负债的核算

负债是行政单位承担的能以货币计量，需要以资产偿付的债务，包括应缴预算款、应缴财政专户款、暂存款等。

9.1.1 应缴预算款的核算

1. 应缴预算款的管理

应缴预算款是指行政单位在业务活动中按规定取得的应缴财政预算的各种款项，主要包括：纳入预算管理的政府性基金、行政性收费、罚款、没收财物变价款、无主财物变价款、赃款和赃物变价款、其他应缴预算的资金等。

行政单位取得的应缴预算款项应当按照规定及时、足额上缴国库。对于未达到缴款起点或需要定期清缴的，应及时存入银行存款账户。

特别提示

行政单位的应缴预算款项应当按照同级财政部门规定的缴款方式、缴款期限及其他缴款要求及时办理缴库。每月月末不论是否达到缴款额度，均应清理结缴。任何单位不得缓缴、截留、挪用或自行坐支应缴预算款项。年终必须将当年的应缴预算款项全部清缴入库。

2. 应缴预算款的核算

“应缴预算款”科目核算行政单位按规定应缴入国家预算的款项。本科目应按应缴预算款项的类别设置明细账。

收到应缴预算款项时，借记“银行存款”等科目，贷记本科目。上缴时，借记本科目，贷记“银行存款”等科目。本科目贷方余额，反映应缴未缴数。年终，应缴预算款项需全部清缴入库，本科目应无余额。

【例 9－1】 A 行政单位发生如下应缴预算款业务。

(1) 收到应上缴国家罚没款 80 000 元，款项存入银行。

借：银行存款	80 000	
贷：应缴预算款		80 000

(2) 收到按规定收取的行政性收费 200 000 元，款项存入银行。

借：银行存款	200 000	
贷：应缴预算款		200 000

(3) 将追回赃物变价出售，所得 8 000 元，款项存入银行。

借：银行存款	8 000	
贷：应缴预算款		8 000

(4) 将长期无人认领的无主暂存款 10 000 元转应缴预算款。

借：暂存款	10 000	
贷：应缴预算款		10 000

(5) 将本期应缴预算款 298 000 元上缴财政。

借：应缴预算款	298 000	
贷：银行存款		298 000

9.1.2 应缴财政专户款的核算

1. 应缴财政专户款的概述

1) 应缴财政专户款的内容

应缴财政专户款是指行政单位按规定代收的应上缴财政专户的预算外资金。应缴财政专户的预算外资金范围及管理办法，按国务院和财政部规定办理。

预算外资金是指行政单位依据国家法律和具有法律效力的规章收取、提取和安排使用的未纳入国家预算管理的各种财政性资金。行政单位预算外资金主要包括以下内容。

(1) 法律、法规规定的行政事业性收费、基金和凭借政府职权筹集的资金。

(2) 国务院或省级人民政府及其财政、计划(物价)部门审批的项目和标准，收取和提取的各种行政事业性收费收入。

(3) 主管部门从所属单位集中的管理费和其他资金。

(4) 用于乡镇政府开支的乡自筹资金和乡统筹资金。

(5) 其他未纳入预算管理的财政性资金。

2) 应缴财政专户款的管理

预算外资金是国家财政性资金，不是部门和单位的自有资金，必须纳入财政管理。财政部门要在银行开设统一的专户，用于预算外资金收入和支出管理。部门和单位的预算外收入必须上缴财政专户，支出由同级财政按预算外资金收支计划和单位财务收支计划统筹安排，从财政专户中拨付，实施收支两条线管理。

行政单位预算外资金上缴同级财政专户的办法有 3 种：①全额上缴财政专户；②按比例上缴财政专户；③收支相抵后的结余数上缴同级财政专户。

相关链接

收支两条线

收支两条线是指对单位的资金收入流向和支出流向进行隔离式管理的一种方式。这种方式要求单位的银行账户要分收入账户和支出账户，收入账户只收入不支出，支出账户只支出不收入。具体就是单位的收入账户只能组织收入，然后将收入转入财政部门的预算外资金账户，进行专项管理；单位使用预算外资金需提出申请，经财政部门审批后，从财政部门预算外资金专户返还到单位的支出账户，单位方可支配使用。收支两条线管理的核心是单位不得将预算外资金收入存入支出账户直接使用，也不得从收入账户直接支出资金。

2. 应缴财政专户款的核算

为核算行政单位按规定代收的应上缴财政专户的预算外资金，设置“应缴财政专户款”科目。贷方登记应上缴财政专户的预算外资金的收入数，借方登记已上缴的数额，贷方余额，反映应缴未缴数。年终，应全部上缴，本科目应无余额。本科目应按预算外资金的类别设置明细账。

1) 预算外资金全额上缴财政专户方式下的核算

实行预算外资金全额上缴财政专户的行政单位，收到应上缴财政专户的各项收入时，借记“银行存款”等科目，贷记“应缴财政专户款”科目；上缴财政专户时，借记“应缴财政专户款”科目，贷记“银行存款”科目。

【例 9－2】 A 行政单位收到应缴财政专户的预算外收入 60 000 元。

收取预算外资金收入时：

借：银行存款	60 000	
贷：应缴财政专户款		60 000

上缴财政专户时：

借：应缴财政专户款　60 000

　　贷：银行存款　60 000

2）预算外资金按比例上缴财政专户

实行按比例上缴财政专户的行政单位，收到预算外资金收入时，应分别记入“应缴财政专户款”和“预算外资金收入”科目，借记“银行存款”科目，贷记“预算外资金收入”及“应缴财政专户款”科目。上缴财政专户时，借记“应缴财政专户款”科目，贷记“银行存款”科目。

【例 9－3】 A 行政单位实行预算外资金按比例上缴财政专户，本期收到预算外资金收入 100 000 元，按核批上缴比例 65%，留用比例 35%。

收到预算外资金收入时：

借：银行存款　100 000

　　贷：应缴财政专户款　65 000(100 000×65%)

　　　　预算外资金收入　35 000(100 000×35%)

缴财政专户时：

借：应缴财政专户款　65 000

　　贷：银行存款　65 000

3）预算外资金收支相抵后上缴财政专户

实行预算外资金结余上缴财政专户办法的单位，定期结算预算外资金结余时，应按结余数借记“预算外资金收入”科目，贷记“应缴财政专户款”科目；上缴财政专户时，借记“应缴财政专户款”科目，贷记“银行存款”科目。

【例 9－4】 A 行政单位实行预算外资金收支结余上缴财政专户，本期收取预算外资金收入 200 000 元。期末，收支相抵后结余 50 000 元。有关会计处理如下。

收取预算外资金收入时：

借：银行存款　200 000

　　贷：预算外资金收入　200 000

期末，计算预算外资金收支结余时：

借：预算外资金收入　50 000

　　贷：应缴财政专户款　50 000

上缴财政专户时：

借：应缴财政专户款　50 000

　　贷：银行存款　50 000

9.1.3 暂存款的核算

1. 暂存款的内容

暂存款是指行政单位在业务活动中与其他单位和个人发生的预收、应付等待结算款项，包括临时性暂存款和其他应付款项、不明性质的资金以及收到外单位委托办事的资金。

临时暂存款包括其他单位存入的押金、保证金、预收的劳务报酬以及性质不明的长期款等；其他应付款包括赊欠其他单位的货款及欠付职工的工资。

特别提示

行政单位应加强暂存款的管理，不得将纳入单位收入管理的款项列入暂存款项；对各种暂存款应及时清理、结算，属于暂欠他人的，应及时归还；属于应转作收入的，要及时转入收入账户，不得长期挂账。

2. 暂存款的核算

为核算行政单位发生的临时性暂存、应付等待结算款项，设置“暂存款”科目。贷方登记暂存、应付款项的发生数，借方登记冲销或结算清偿数，贷方余额，反映尚未结算的暂存款数额。本科目应按债权单位或个人名称设置明细账。

行政单位收到暂存款时，借记“银行存款”、“现金”等科目，贷记“暂存款”科目；冲转或结算退还时，借记“暂存款”科目，贷记“银行存款”、“现金”等科目。

【例 9－5】 A 行政单位，收到无人认领的现金 2 000 元。年终，将长期无人认领的暂存款 2 000 元转作应缴预算款。

收到暂存款时：

借：现金　　2 000

　　贷：暂存款　　2 000

将暂存款转作应缴预算款时：

借：暂存款　　2 000

　　贷：应缴预算款　　2 000

【例 9－6】 某行政单位，上月出差的小张领取上个月未领取的工资 3 000 元，付给现金。

发放工资时：

借：经费支出　　3 000

　　贷：暂存款　　3 000

支付时：

借：暂存款　　3 000

　　贷：现金　　3 000

【例 9－7】 A 单位租用某单位固定资产，交来押金 20 000 元，存入银行。

借：银行存款　　20 000

　　贷：暂存款　　20 000

A 单位退回固定资产，行政单位扣除 3 000 元作为租金，其余押金退回。

借：暂存款　　20 000

　　贷：银行存款　　17 000

　　　　其他收入　　3 000

9.1.4 应付工资的核算

《行政事业单位工资和津贴补贴有关会计核算办法》规定，从 2006 年 7 月 1 日起，在《行政单位会计制度》和《事业单位会计制度》负债类科目下增设“应付工资(离退休费)”、“应付地方(部门)津贴补贴”、“应付其他个人收入”科目。

“应付工资”科目核算向职工发放的工资或离退休费。工资是指行政单位按国家统一规定发放给在职人员的职务工资、级别工资、年终一次性奖金，事业单位按国家统一规定发放给在职人员的岗位工资、薪级工资、绩效工资，以及经国务院或人事部、财政部批准设立的津贴补贴。离退休费是指按国家统一规定发放给离退休人员的离休、退休费及经国务院或人事部、财政部批准设立的津贴补贴。

“应付地方津贴补贴”科目核算向职工发放的各类地方(部门)津贴补贴。地方(部门)津贴补贴是指各地区各部门各单位出台的津贴补贴。

“应付其他个人收入”科目，核算向职工发放的其他个人收入。其他个人收入是指按国家规定发给个人除上述以外的其他收入，包括误餐费、夜餐费，出差人员伙食补助费、市内交通费，出国人员伙食费、公杂费、个人国外零用费，发放给个人的一次性奖励等。

以上科目按“在职人员”、“离休人员”、“退休人员”设二级科目进行明细核算。

单位发放工资(离退休费)、地方(部门)津贴补贴、其他个人收入时，借记相关支出科目，贷记“应付工资(离退休费)”、“应付地方(部门)津贴补贴”或“应付其他个人收入”科目。同时，借记“应付工资(离退休费)”、“应付地方(部门)津贴补贴”或“应付其他个人收入”科目，贷记“银行存款”、“拨入经费(财政直接支付)”、“财政补助收入(财政直接支付)”、“零余额账户用款额度”或“现金”等科目。

【例9-8】 A行政单位发放职工的基本工资20 000元，津贴10 000元，奖金8 000元，代扣个人所得税1 600元，住房公积金2 400元。实发工资34 000元中20 000元由财政统发(财政直接支付)，14 000元由代理银行发放(单位自行支付)。原始凭证见表9-1、表9-2。

借：经费支出——基本支出——基本工资　　20 000
　　　　　　　　　　　　——津贴补贴　　10 000
　　　　　　——其他工资福利支出　　8 000
　贷：应付工资——在职人员　　20 000
　　　应付地方津贴补贴——在职人员　　10 000
　　　应付其他个人收入——在职人员　　8 000

借：应付工资——在职人员　　20 000
　　应付地方津贴补贴——在职人员　　10 000
　　应付其他个人收入——在职人员　　8 000
　贷：拨入经费——财政直接支付——基本支出　　20 000
　　　银行存款　　14 000
　　　暂存款——个人所得税　　1 600
　　　　　　——住房公积金　　2 400

表9-1　12月工资明细表

姓名	基本工资	津贴	其他收入	应发工资	代扣个人所得税	代扣住房公积金	实发工资
张静	5 000	2 500	2 000	9 500	400	600	8 500
周宝宝	5 000	2 500	2 000	9 500	400	600	8 500
李江	5 000	2 500	2 000	9 500	400	600	8 500
王明	5 000	2 500	2 000	9 500	400	600	8 500
合计	20 000	10 000	8 000	38 000	1600	2 400	34 000

表 9-2 财政直接支付入账通知书

基层预算单位：×××行政单位　　一级预算单位：×××行政单位　　单位：元

预算科目				收款人全称	金额	备注
类	款	项	名称			
301	01		基本工资	×××行政单位职工	20 000.00	

以上款项，已由财政国库支付局直接支付，请据以入账。

9.2 净资产的核算

净资产是指行政单位资产减负债和收入减支出的差额，包括固定基金、结余等。

固定基金是指行政单位固定资产所占用的基金。

结余是行政单位各项收入与支出相抵后的余额。行政单位的正常经费结余与专项资金结余应分别核算。

9.2.1 固定基金的核算

固定基金是行政单位固定资产所占用的基金，是行政单位拥有所有权的固定资产总额。

相关链接

固定基金与固定资产的数额在账面上始终相等

固定资产随着不断使用，其价值是不断减少的，国家和行政单位所拥有的固定基金数额也是逐年减少的。由于行政单位固定资产不计提折旧，所以，账面上固定基金的数额与固定资产的数额始终是相等的。

为核算行政单位因购入、调入、建造、接受捐赠及盘盈固定资产所形成的基金，设置“固定基金”科目。本科目贷方余额，反映行政单位固定基金总额。

增加固定基金时，借记“固定资产”科目或有关科目，贷记本科目；减少固定资产基金时，借记本科目，贷记有关科目。

【例 9-9】 A 行政单位发生以下固定资产业务。

(1) 通过政府采购购入计算机 2 台，计 10 000 元，验收合格，交付使用，由财政直接支付。原始凭证见表 9-3、表 9-4。

借：经费支出——基本支出　　10 000

　　贷：拨入经费——财政直接支付　　10 000

借：固定资产　　8 000

　　贷：固定基金　　8 000

表 9-3 财政直接支付入账通知书

基层预算单位：×××行政单位　　一级预算单位：×××单位　　单位：元

预算科目				收款人全称	金额	备注
类	款	项	名称			
309	02		办公设备购置	广东如意办公用品有限公司	10 000.00	
合计			80 000.00			

以上款项，已由财政国库支付局直接支付，请据此入账。

表 9-4 固定资产验收单

计划项目：　　2011 年 1 月 10 日

名称规格	单位	数量	总值金额	总值中的安装费	存放地点
计算机	台	2	10 000.00		办公室
附注：					

验收部门：总务科　　验收人：李丽　　部门负责人：章鱼　　制单：张兴

(2) 从某建设局有偿调入小汽车一辆，价款 80 000 元，由财政授权支付。原始凭证见单据 9-1、单据 9-2。

借：经费支出——基本支出　　80 000

　　贷：零余额账户用款额度　　80 000

借：固定资产　　80 000

　　贷：固定基金　　80 000

单据 9-1：支付凭证

财政授权支付凭证(回单)2

2011 年 1 月 10 日

付款人	全称	×××行政单位	收款人	全称	×××建设局
	账号或地址	201621557852		账号或地址	201678552789
	开户银行	工行广州分行		开户银行	工行广州分行
	单位国际码	YJGLJ135		单位国际码	YJGLJ135
支付金额	人民币(大写)捌万元整		金额（小写）￥80 000.00		
用途	备用		类：　款：　项：		
(预算单位预留银行印鉴)			代理银行（签章）		

单据 9-2：调拨单

固定资产调拨单

调出单位：×××建设局　　2011 年 1 月 10 日　　调拨号：0001

调入单位：×××行政单位

调拨原因或依据		业务需要		调拨方式	有偿
固定资产名称	规格及型号	单位	数量	原值	协商价格
小轿车	1.6	辆	1	100 000	80 000
调出单位签章：		调入单位签章：			

(3) 将不用的办公设备变价出售，原价 15 000 元，取得变价收入 8 000 元，存入银行。

借：固定基金　15 000

　　贷：固定资产　15 000

借：银行存款　8 000

　　贷：其他收入　8 000

(4) 报废旧汽车一辆，原价 200 000 元。

借：固定基金　200 000

　　贷：固定资产　200 000

9.2.2 结余的核算

结余是行政单位各项收入与支出相抵后的余额。行政单位的正常经费结余与专项资金结余应分别核算。有专项资金的单位应将结余分为经常性结余和专项结余进行明细核算。

为核算行政单位年度各项收支相抵后的累计余额，设置“结余”科目进行核算。该科目借方登记年终各支出账户余额的转入数，贷方登记年终各收入账户余额的转入数。年终该科目贷方余额为行政单位滚存结余。

年终，将“拨入经费”(不含预拨下年经费)，“预算外金收入”和“其他收入”科目的余额转入本科目的贷方，借记“拨入经费”、“预算外资金收入”、“其他收入”科目，贷记本科目；将“经费支出”(不含预拨下年经费)、“拨出经费”和“结转自筹基建”科目的余额转入本科目借方，借记本科目，贷记“经费支出”、“拨出经费”科目。有专项资金收支的单位，应将非专项的收支分别转入“结余”科目的“基本结余”明细科目中；将专项收入和支出分别转入结余科目的“项目结余”明细科目中。

【例 9-10】 年终结束，会计主管让小张做年终结转账务处理。

(1) A 行政单位收入账户余额如下。

拨入经费——基本支出　6 000 000

　　　　——项目支出　700 000

预算外资金收入——基本支出　100 000

其他收入　30 000

小张做结转分录：

借：拨入经费——基本支出 6 000 000

预算外资金收入——基本支出 100 000

其他收入 30 000

贷：结余——基本结余 6 130 000

借：拨入经费——项目支出 700 000

贷：结余——项目结余 700 000

(2) A 行政单位支出账户余额如下，做年终结转。

拨出经费——基本支出 3 000 000

——项目支出 500 000

经费支出——基本支出 2 000 000

——项目支出 300 000

结转自筹基建 700 000

小张做结转分录：

借：结余——基本结余 5 700 000

贷：拨出经费—基本支出 3 000 000

经费支出—基本支出 2 000 000

结转自筹经费 700 000

借：结余——项目结余 800 000

贷：拨出经费——项目支出 500 000

经费支出——项目支出 300 000

项目小结

本项目着重阐述了在实行财政资金集中汇缴方式下，行政单位代收和缴库预算内、预算外财政资金的核算；各项负债增加、减少的核算；固定基金的核算；行政单位会计期末收支转账的计算及账务处理。

职业能力训练

一、单项选择题

1. 实行预算外资金全额上缴的财政单位，收到属于预算外的收入应记入(　　)科目。
   A. 预算外资金收入　　B. 拨入经费
   C. 应缴财政专户款　　D. 其他收入
2. 国家行政机关依法查处的罚没收入应记入(　　)账户。
   A. 其他收入　　B. 应缴预算款
   C. 应缴财政专户款　　D. 预算外资金收入
3. 结余账户所反映的余额是(　　)。
   A. 当年的结余数额　　B. 专项收入和专项支出的差额
   C. 历年来的滚存余额　　D. 经费收入和经费支出的差额

4.“应缴财政专户款”核算的内容是应上缴财政的(　　)。

A. 预算内资金　　B. 不纳入预算管理的其他资金

C. 暂存款和暂付款　　D. 预算外资金

5. 下列各项作为“暂存款”核算的有(　　)。

A. 罚没收入　　B. 行政性规费收入

C. 保证金　　D. 无主财产变价收入

二、多项选择题

1. 行政单位的负债主要包括(　　)。

A. 暂付款　　B. 应缴财政专户款

C. 应缴预算款　　D. 暂存款

2. 应缴预算款的内容主要包括(　　)。

A. 行政性规费收入　　B. 纳入预算管理的基金收入

C. 罚没收入　　D. 预算外收入

3. 下列各项作为“暂存款”核算的有(　　)。

A. 存入的押金　　B. 存入的保证金

C. 未领工资　　D. 预收劳务费

4. 行政单位预算外资金上缴财政专户的办法有(　　)。

A. 全部不上缴财政专户　　B. 按确定比例上缴财政专户

C. 收支相抵后的结余数上缴财政　　D. 全额上缴财政专户

5. 以下对行政单位净资产说法正确的有(　　)。

A. 资产减去负债后的余额　　B. 是各项收入和支出相抵后的差额

C. 反映行政单位对资产的所有权　　D. 包括固定基金和结余两部分

三、分析判断题

1. 结余账户所反映的余额是历年来的滚存结余。(　　)

2. 应缴财政专户款是指行政单位按规定代收的应上缴财政专户的预算外资金。(　　)

3. 行政单位在行政业务中取得的各项收入都作为单位收入处理。(　　)

4. 预算外资金是国家财政性资金，同时又是单位的自有资金。(　　)

5. 行政单位的固定基金和固定资产始终是相等的。(　　)

四、项目实训

1. 资料：某行政单位发生下列业务。

(1) 收到应上缴的罚款 3 000 元，款项存入银行。

(2) 按规定收到行政性收费收入 6 000 元，存入银行。

(3) 将单位长期无人认领的无主暂存款 500 元，转入应缴预算款。

(4) 将追回的赃款 600 元和赃物变价收入 500 元，存入银行。

(5) 月末，将本月应缴预算款项 10 600 元缴入国库。

要求：根据上述经济业务编制会计分录，填制记账凭证，登记相关账簿。

2. 资料：某行政单位发生下列业务。

(1) 某行政单位实行预算外资金全额上缴财政专户办法，发生下列经济业务。

① 收到预算外收入 70 000 元，存入银行。

② 月末将收到的预算外收入 70 000 元，全部上缴财政。

③ 收到财政部门返还的预算外收入 60 000 元。

(2) 某行政单位实行预算资金按比例上交办法，发生下列经济业务。

① 取得属于预算外管理的行政性收费 10 000 元，按财政规定 80%留用，20%上缴。

② 将应上缴部分上缴财政专户。

(3) 某行政单位采用收支结余上缴财政专户办法，发生下列经济业务。

① 按规定收取预算外资金 200 000 元，存入银行。

② 用预算外资金支付维修费用，价款 150 000 元。

③ 年终，计算结转预算外资金 50 000 元。

④ 将预算外资金结余缴存专户 50 000 元。

要求：根据上述经济业务编制会计分录，填制记账凭证，登记相关账簿。

3. 资料：某行政单位发生下列业务。

(1) 购入材料一批，货款 8 000 元，材料已验收入库，货款尚未支付。

(2) 收到某单位交来的租入固定资产押金 20 000 元，存入银行。

(3) 以银行存款支付购买材料货款 8 000 元。

(4) 将采购员未领的工资 3 000 元，交财务科保管。

(5) 租入固定资产租赁期满时，将固定资产退回，本单位扣除承租单位 15 000 元租金后，将其他款项 5 000 元退回。

要求：根据上述经济业务编制会计分录，填制记账凭证，登记相关账簿。

4. 资料：某行政单位发生下列业务。

(1) 收到捐赠的设备一批，价值 50 000 元。

(2) 用预算经费拨款购买电脑一批，价值 200 000 元。

(3) 经批准报废汽车一辆，价值 200 000 元。

(4) 年终，将各收支账户余额结转“结余”账户。各收支账户余额如下。

拨入经费	2 000 000
预算外资金收入	80 000
其他收入	20 000
拨出经费	1 000 000
经费支出	1 000 000
结转自筹基建	300 000

要求：根据上述经济业务编制会计分录，填制记账凭证，登记相关账簿。

项目 10 行政单位收入和支出的核算

学习目标

(1) 了解行政单位收入和支出的含义和内容；
(2) 理解行政单位收入和支出的会计核算；
(3) 掌握行政单位收支核算中原始凭证的编制和审核实操；
(4) 掌握行政单位收支核算中记账凭证的编制和相关账簿的登记实操。

案例导读

小张是A行政单位的会计，该行政单位实行预算外资金全额上缴财政专户。某天她收到应缴财政专户的预算外收入10 000元，存入银行，同时把本月收到的预算外资金15 000元全部上缴财政专户。会计主管要小张据此业务做会计分录。小张做分录，借：银行存款10 000，贷：预算外收入10 000。借：预算外收入15 000，贷：银行存款15 000。

会计主管审核后，认为小张做错了，要求小张更正。

【讨论】 指出小张错在哪里？正确的分录应如何做？

【解析】

根据《行政单位财务规则》规定，部门和单位的预算外收入必须上缴财政专户，实施收支两条线管理。为核算行政单位按规定代收的应上缴财政专户的预算外资金，设置“应缴财政专户款”科目。

行政单位预算外资金上缴同级财政专户的办法有3种：全额上缴财政专户；按比例上缴财政专户；收支相抵后的结余数上缴同级财政专户。

实行预算外资金全额上缴财政专户的行政单位，收到应上缴财政专户的各项收入时，借记“银行存款”等科目，贷记“应缴财政专户款”科目；上缴财政专户时，借记“应缴财政专户款”科目，贷记“银行存款”科目。A行政单位实行的是预算外资金全额上缴财政专户，所以小张用“预算外收入”科目核算是错误的。

正确的分录如下所示。

收到预算外收入时：

借：银行存款	10 000	
贷：应缴财政专户款		10 000

上缴财政专户时：

借：应缴财政专户款	15 000	
贷：银行存款		15 000

10.1 收入的核算

收入是指行政单位为开展业务活动，依法取得的非偿还性资金，包括拨入经费、预算外资金收入、其他收入等。行政单位的各项收入和支出应当全部纳入单位预算统一管理，统筹安排使用。

10.1.1 拨入经费的核算

1. 拨入经费的内容

拨入经费是指行政单位按照经费领报关系，由财政部门或上级单位拨入的预算经费。

拨入经费包括基本经费和项目经费。

（1）基本经费是行政单位为维持机构正常运转和完成日常工作任务所需要的经费，是行政单位经费的主要来源。行政单位的基本经费实行定员定额管理。定员是国家机构编制主管部门根据行政单位的性质、职能、业务范围和工作任务下达的人员配置标准。定额是财政部门根据行政单位机构正常运转和日常工作任务的合理需求，结合财力的可能，对基本支出的各项内容所规定的指标额度。

（2）项目经费是行政单位在基本支出之外完成特定的行政任务所需要的经费，包括专业业务项目、大型修缮、大型购置、大型会议和其他项目。对于专项经费应专款专用，单独核算，专项结报。

2. 经费领拨的原则

1）按预算级次领拨

行政单位必须严格按照国家统一规定的预算管理级次逐级领拨经费。各级主管单位不得向没有经费领拨关系的单位垂直拨款，同级主管单位之间不得发生经费领拨关系，如有需要，应通知同级财政部门办理预算划转手续。

相关链接

行政单位的预算管理级次

行政单位预算管理分为以下3个级次。

（1）向同级财政部门报领经费，并对下一级预算单位核拨经费的行政单位，为主管预算单位。

（2）向上一级预算单位报领经费，并对下一级预算单位核拨经费的行政单位，为二级预算单位。

（3）向同级财政部门或者上一级预算单位报领经费，没有下级拨款单位的行政单位为基层预算单位。

逐级领拨经费，主管预算单位向同级财政部门申领经费，拨转部分资金给下属二级预算单位；二级预算单位向主管单位申领经费，转拨部分资金给下属基层预算单位；基层预算单位向二级预算单位申领经费，无需下级拨款。

2）按核定的季度分月用款计划、进度拨款

各行政单位都应在核定的全年预算基础上，根据本单位的主要业务活动及对资金的需求，按照国家规定的一般预算支出科目及有关部门的具体要求，及时编制“季度分月用款计划表”呈报财政部门或上级主管单位审批后，作为分月领拨经费的依据实施。

3）按支出用途领拨

各行政单位都必须立足本单位实际，严格按照财政部门核定的全年收支预算，认真编制好经常性用款计划和专项用款计划并及时呈报财政部门审批后，严格按审定的各类款项用途领拨和使用，未经财政部门批准，任何单位及个人均不得随意改变其用途，必须要合理使用经费，并按计划完成原定的各项行政任务。

3. 经费领拨的方式

经费领拨的方式主要有两种：一是传统的实拨资金方式，二是国库集中支付方式。

1）传统的实拨资金方式

传统的经费拨款方式是指行政单位按照经费领报关系，由财政部门或上级单位拨入的预算经费的一种方式。一般由财政部门拨到主管会计部门，由主管会计单位拨到二级会计单位，再由二级会计单位拨到基层会计单位。

财政部门对主管部门或主管部门对所属单位拨入经费的传统方式是划拨资金。划拨资金又称实拨资金，是财政部门根据主管单位的申请，按月开出预算拨款凭证，再通知国库将财政存款划转到申请单位所在银行的存款账户，由主管单位按规定用途办理转拨或支用，月末由用款单位编报单位预算支出报表的一种拨款办法。

2）国库集中支付方式

国库集中收付制度是指将所有财政性资金全部集中到国库单一账户，并规定所有的支出必须由国库直接支付给商品或劳务供应者或用款单位，实行收支两条线管理的一种拨款方法。在这种制度下，财政资金的使用由各部门、单位根据细化的预算自主决定，由财政部门核准后支出，财政资金将由国库单一账户直接拨付给商品和劳务供应商，而不必经过支出单位进行转账结算。为了满足各部门、单位小额零散支出的需要，财政部门可为预算单位设立小额现金账户和当日清算的零余额账户，在实际支付之前，所有资金都集中在国库，财政部门可以统一调度。

特别提示

国库集中支付分为财政直接支付和财政授权支付两种方式。其中，财政直接支付是指由财政部向中国人民银行和代理银行签发支付指令，代理银行根据支付指令通过国库单一账户体系将资金直接支付到收款人或用款单位账户；财政授权支付是指预算单位按照财政部的授权，自行向代理银行签发支付指令，代理银行根据支付指令，在财政部批准的预算单位用款额度内，通过国库单一账户体系将资金支付到收款人账户。

4. 拨入经费的账务处理

为核算行政单位按照经费领报关系，由财政部门或上级单位拨入的预算经费，设置“拨入经费”科目。该科目借方核算缴回的拨款和年末结转的款项，贷方核算收到上级拨入的经费。平时贷方余额反映拨入经费的累计数，年末结转后，无余额。

行政单位收到拨款时，借记“银行存款”科目，贷记本科目；缴回拨款时，借记本科目，贷记“银行存款”科目；年终结账时，将本科目贷方余额(不含收到财政部门或上级单位预拨下年度的经费)转入“结余”科目，借记本科目，贷记“结余”科目。

该科目应分别设置拨入“基本支出”和“项目支出”两个二级科目。在“基本支出”和“项目支出”两个二级科目下，按《政府收支分类科目》中“支出功能分类”的“项”级科目设置。即：

拨入经费——基本支出——按《政府收支分类科目》中的“支出功能分类”的“项”级科目设置

——项目支出

实行国库集中支付制度的单位，还应根据国库集中支付方式分别设置“财政直接支付”和“财政授权支付”二级明细；二级下再设“基本支出”和“项目支出”三级明细；三级以下按《政府收支分类科目》中“支出功能分类”的“项”级科目设置。如果单位的经费来源渠道少，也可以删减某些级别的明细。即：

拨入经费——财政直接支付——基本支出——按《政府收支分类科目》中的“支出功能分类”的“项”级科目设置四级明细

——项目支出

——财政授权支付——基本支出——按《政府收支分类科目》中的“支出功能分类”的“项”级科目设置四级明细

——项目支出

1）传统的实拨资金方式

【例 10－1】 A行政单位发生如下业务，会计主管要求小张根据收到的凭证做出会计分录。

（1）收到财政部门以实拨资金方式拨付本月经费40万元，凭证见单据10－1、单据10－2。

借：银行存款　　400 000

　贷：拨入经费——基本支出　　400 000

单据10-1：预算拨款凭证

预算拨款凭证（收账通知）

拨款日期：2010年01月03日　　第1号

付款人	全称	×××财政局	收款人	全称	×××行政单位
	账号或地址	201621557955		账号或地址	201621557852
	开户银行	工行广州分行		开户银行	工行广州分行
拨款金额	人民币（大写）肆拾万元整			金额（小写）¥400 000.00	
用途：基本支出				款：21　项：02	
会计分录	付款银行转账或付款日期： 记账员：李易　出纳员：张一			上述款项已进账。如有错误，请持此联来行核对。此致	

中国工商银行广州分行 高新分理处 11.01.03 (3)

单据 10-2：进账单

<table>
<tr><td colspan="14">中国工商银行进账单（收账通知）</td></tr>
<tr><td colspan="14">交款日期：2010 年 01 月 03 日</td></tr>
<tr><td rowspan="3">付款人</td><td>全称</td><td>×××财政局</td><td rowspan="3">收款人</td><td colspan="4">全称</td><td colspan="6">×××行政单位</td></tr>
<tr><td>账号或地址</td><td>201621557955</td><td colspan="4">账号或地址</td><td colspan="6">201621557852</td></tr>
<tr><td>开户银行</td><td>工行广州分行</td><td colspan="4">开户银行</td><td colspan="6">工行广州分行</td></tr>
<tr><td colspan="2" rowspan="2">人民币（大写）</td><td colspan="2" rowspan="2">肆拾万元整</td><td>千</td><td>百</td><td>十</td><td>万</td><td>千</td><td>百</td><td>十</td><td>元</td><td>角</td><td>分</td></tr>
<tr><td></td><td>¥</td><td>4</td><td>0</td><td>0</td><td>0</td><td>0</td><td>0</td><td>0</td><td>0</td></tr>
<tr><td colspan="2">票据种类</td><td colspan="2"></td><td colspan="10"></td></tr>
<tr><td colspan="2">票据张数</td><td colspan="2"></td><td colspan="10">款：21 项：02</td></tr>
<tr><td colspan="2">单位主管：
复核：</td><td colspan="2">会计：
记账：</td><td colspan="10">中国工商银行广州分行 高新分理处 11.01.03 (3)</td></tr>
</table>

(2) 通过银行拨给所属单位预算经费 20 万元，凭证见单据 10－3。

借：拨出经费——基本支出　　200 000

　　贷：银行存款　　200 000

单据 10-3：拨款凭证

<table>
<tr><td colspan="6">预算拨款凭证（收账通知）</td></tr>
<tr><td colspan="4">拨款日期：2010 年 01 月 03 日</td><td colspan="2">第 2 号</td></tr>
<tr><td rowspan="3">付款人</td><td>全称</td><td>×××行政单位</td><td rowspan="3">收款人</td><td>全称</td><td>×××下属单位</td></tr>
<tr><td>账号或地址</td><td>201621557852</td><td>账号或地址</td><td>201621557556</td></tr>
<tr><td>开户银行</td><td>工行广州分行</td><td>开户银行</td><td>工行广州分行</td></tr>
<tr><td colspan="2">拨款金额</td><td colspan="2">人民币（大写）贰拾万元整</td><td colspan="2">金额（小写）¥200 000.00</td></tr>
<tr><td colspan="4">用途：基本支出</td><td colspan="2">款：21 项：02</td></tr>
<tr><td colspan="2">会计分录</td><td colspan="2">付款银行转账或付款日期：
记账员：李易　　出纳员：张一</td><td colspan="2">上述款项已进账。如有错误，请持此联来行核对。此致
中国工商银行广州分行 高新分理处 11.01.03 (3)</td></tr>
</table>

(3) 通知缴回财政部门多拨的 10 万元。

借：拨入经费——基本支出　　100 000

　　贷：银行存款　　100 000

(4) 年终结账，将“拨入经费”余额转入“结余”账户。

借：拨入经费——基本支出　　300 000

　　贷：结余　　300 000

(5) 收到财政部门以实拨资金方式拨付的专项经费 50 000 元，凭证见单据 10－4、单据 10－5。

借：银行存款　　50 000

　　贷：拨入经费——项目支出　　50 000

单据 10-4：拨款凭证

预算拨款凭证（收账通知）

拨款日期：2010 年 01 月 03 日　　　　第 3 号

付款人	全称	×××财政局	收款人	全称	×××行政单位
	账号或地址	201621557955		账号或地址	201621557852
	开户银行	工行广州分行		开户银行	工行广州分行
拨款金额	人民币（大写）伍万元整			金额（小写）¥50 000.00	
用途：基本支出				款：21　项：02	
会计分录	付款银行转账或付款日期： 记账员：李易　　出纳员：张一			上述款项已进账。如有错误，请持此联来行核对。此致	

中国工商银行广州分行 高新分理处 (3)

单据 10-5：进账单

中国工商银行进账单（收账通知）

交款日期：2010 年 01 月 03 日

付款人	全称	×××财政局	收款人	全称	×××行政单位
	账号或地址	201621557955		账号或地址	201621557852
	开户银行	工行广州分行		开户银行	工行广州分行

人民币（大写）	伍万元整	千	百	十	万	千	百	十	元	角	分
				¥	5	0	0	0	0	0	0
票据种类											
票据张数		款：21　项：02									
单位主管：　　会计： 复核：　　记账：											

中国工商银行广州分行 高新分理处 11.01.03 (3)

（6）从上述 50 000 元专项经费中，下拨 10 000 元给所属单位作为预算经费，凭证见单据 10－6。

借：拨出经费——项目支出　　10 000

　　贷：银行存款　　10 000

单据 10-6：拨款凭证

预算拨款凭证（收账通知）

拨款日期：2010 年 01 月 03 日　　　　第 1 号

付款人	全称	×××行政单位	收款人	全称	×××下属单位
	账号或地址	201621557852		账号或地址	201621557556
	开户银行	工行广州分行		开户银行	工行广州分行
拨款金额	人民币（大写）壹万元整			金额（小写）¥10 000.00	
用途：基本支出				款：21　项：02	
会计分录	付款银行转账或付款日期： 记账员：李易　　出纳员：张一			上述款项已进账。如有错误，请持此联来行核对。此致	

中国工商银行广州分行 高新分理处

（7）用上述 50 000 元专项经费购置信息网络设备，设备款共计 20 000 元，凭证见单据 10 - 7，表 10 - 1。

借：经费支出——项目支出　　20 000

　　贷：银行存款　　20 000

借：固定资产　　20 000

　　贷：固定基金　　20 000

单据 10-7：发票

广东省商品销售统一发票

购货单位：×××行政单位　　　　发票联　　　　2011 年 1 月 3 日

品名	规格	单位	数量	单价	金额						
					万	千	百	十	元	角	分
×××设备	黑色	台	1	20 000	2	0	0	0	0	0	0
合计					2	0	0	0	0	0	0
合计金额（大写）贰万零仟零佰零拾零元零角零分											

第二联发票联

开票：刘云　　　　收款：李玉　　　　开票单位：

表 10 - 1　固定资产验收单

计划项目：2011 年 1 月 10 日

名称规格	单位	数量	总值金额	总值中的安装费	存放地点
×××设备	台	1	20 000.00		文印室
附注：					

验收部门：总务科　　验收人：李丽　　部门负责人：章鱼　　制单：张兴

（8）年终，结转“拨入经费——项目支出”科目。

借：拨入经费——项目支出　　50 000

　　贷：结余——项目结余　　50 000

（9）年终，结转“经费支出——项目支出”科目和“拨出经费——项目支出”科目。

借：结余——项目结余　　30 000

　　贷：拨出经费——项目支出　　10 000

　　　　经费支出——项目支出　　20 000

2）国库集中支付方式

（1）财政直接支付。

【例 10 - 2】　A 行政单位发生如下业务，会计主管要求小张根据收到的凭证做出会计分录。

① A 行政单位因召开大型专题工作会议，支出 30 000 元，该会议费用从财政局拨来的专项经费中支付，由财政直接支付，凭证见表 10 - 2。

借：经费支出——项目支出　　30 000

　　贷：拨入经费——财政直接支付——项目支出　　30 000

表 10－2 财政直接支付入账通知书

基层预算单位：×××行政单位　　一级预算单位：×××财政局　　单位：元

预算科目				收款人全称	金额	备注
类	款	项	名称			
302	15		会议费	广东万民酒店	30 000.00	
合计			30 000.00			

以上款项，已由财政国库支付局直接支付，请据此入账。

② 本月电费为 10 000 元，款项由财政直接支付，凭证见表 10－3。

借：经费支出——基本支出　　10 000

　　贷：拨入经费——财政直接支付——基本支出　　10 000

表 10－3 财政直接支付入账通知书

基层预算单位：×××行政单位　　一级预算单位：×××财政局　　单位：元

预算科目				收款人全称	金额	备注
类	款	项	名称			
302	06		电费	广东供电局	10 000.00	
合计			10 000.00			

以上款项，已由财政国库支付局直接支付，请据此入账。

(2) 财政授权支付。

【例 10－3】 A 行政单位发生如下业务，会计主管要求小张根据收到的凭证做出会计分录。

① 经单位申请，财政批准，本月财政授权支付额度为 500 000 元，凭证见表 10－4。

借：零余额账户用款额度　　500 000

　　贷：拨入经费——财政授权支付　　500 000

表 10－4 财政授权支付额度到账通知书

×××行政单位：

你单位 1 月份财政授权支付额度已经财政部核准，特予通知。

银行(签章)单位国际码：　　零余额账户账号　　单位：元

预算科目				收款人全称	金额	备注
类	款	项	名称			
21	2 102		政府机关经费		500 000	

② 从零余额账户转账支付材料款 30 000 元，凭证见单据 10－8、表 10－5。

借：库存材料　　30 000

　　贷：零余额账户用款额度　　30 000

单据 10-8：支付凭证

财政授权支付凭证（回单）2

2011 年 1 月 3 日

付款人	全称	×××行政单位	收款人	全称	广州材料有限公司
	账号或地址	201621557852		账号或地址	201678552479
	开户银行	工行广州分行		开户银行	工行广州分行
	单位国际码	YJGLJ135		单位国际码	YJGLJ478
支付金额	人民币（大写）叁万元整			金额（小写）¥30 000.00	
用途	备用			类： 款： 项：	
（预算单位预留银行印鉴）				代理银行（签章）中国工商银行广州分行 高新分理处 11.01.03 (3)	

表 10－15 入库单

库别：办公用品库 2011 年 1 月 3 日

名称	单位	数量	单价	金额	备注
A 材料	千克	100	300	30 000	

主管： 会计： 记账： 保管员：李丽 经手人：张云

③ 从零余额账户转账支付咨询费 10 000 元，凭证见单据 10－9。

借：经费支出——基本支出 10 000

贷：零余额账户用款额度 10 000

单据 10-9：支付凭证

财政授权支付凭证（回单）2

2011 年 1 月 3 日

付款人	全称	×××行政单位	收款人	全称	广州会务咨询公司
	账号或地址	201621557852		账号或地址	201678552139
	开户银行	工行广州分行		开户银行	工行广州分行
	单位国际码	YJGLJ135		单位国际码	YJGLJ598
支付金额	人民币（大写）壹万元整			金额（小写）¥10 000.00	
用途	备用			类： 款： 项：	
（预算单位预留银行印鉴）				代理银行（签章）中国工商银行广州分行 高新分理处 11.01.03 (3)	

10.1.2 预算外资金收入的核算

1. 预算外资金收入的管理

预算外资金收入是指财政部门按规定从财政专户核拨给行政单位的预算外资金和部分经

财政部门核准不上缴预算外资金财政专户，而直接由行政单位按计划使用的预算外资金。

预算外资金是国家财政性资金，不是部门和单位的自有资金，必须纳入财政管理。财政部门要在银行开设统一的专户，用于预算外资金收入和支出的管理。部门和单位的预算外收入必须上缴财政专户，支出由同级财政按预算外资金收支计划和单位财务收支计划统筹安排，从财政专户中拨付，实施收支两条线管理。

行政单位预算外资金上缴同级财政专户的办法有3种：①全额上缴财政专户；②按比例上缴财政专户；③收支相抵后的结余数上缴同级财政专户。

特别提示

预算外资金收入有两个来源：一是由财政专户核拨，对按照有关规定可以收费的行政单位取得预算外资金时，应作为“应缴财政专户款”入账，全额上缴财政专户；支出时专款专用，由财政部门从财政专户核拨，行政单位作为“预算外资金收入”入账。二是经财政部门核准不上缴财政专户，不上缴的预算外资金，需报财政部门批准和确认，方可留用，作为“预算外资金收入”入账，由单位安排使用，但不能挪作他用。

2. 预算外资金收入的账务处理

为核算行政单位预算外资金的收入情况，设置“预算外收入”科目。

本科目应按预算外资金收入管理的要求分别设置“基本支出”和“项目支出”二级科目，二级科目下按“支出功能分类科目”的“项”级科目设置明细账。年终结账时，将该科目贷方余额全数转入“结余”科目，结转后本科目无余额。

预算外资金收入——基本支出——按《政府收支分类科目》中的“支出功能分类”的“项”级科目设置

——项目支出

1）全额上缴财政专户

全额上缴是指行政单位取得预算外资金时，全部上缴财政专户。然后由财政部门从上缴的资金中核拨给行政单位使用，行政单位收到财政部门核拨的预算外资金时，作为本单位的预算外资金收入。

实行预算外资金全额上缴财政专户的行政单位，收到应上缴财政专户的各项收入时，借记“银行存款”等科目，贷记“应缴财政专户款”科目；上缴财政专户时，借记“应缴财政专户款”科目，贷记“银行存款”科目。

【例10-4】 某行政单位实行预算外资金全额专户存储，财政按计划拨还的核算方法，发生以下业务。

（1）取得预算外应缴财政专户款70 000元，存入银行。

借：银行存款　　70 000

　　贷：应缴财政专户款　　70 000

（2）将上述预算外资金70 000元，上缴财政专户。

借：应缴财政专户款　　70 000

　　贷：银行存款　　70 000

（3）收到财政按计划拨还的预算外资金30 000元，存入银行。

借：银行存款　　30 000

　　贷：预算外资金收入　　30 000

2）按比例上缴财政专户

按比例上缴财政专户，即部分上缴财政专户，部分留给单位作为预算外资金收入，直接安排支出。

实行按比例上缴财政专户的行政单位，收到预算外资金收入时，应分别记入“应缴财政专户款”和“预算外资金收入”科目。借记“银行存款”科目，贷记“预算外资金收入”科目和“应缴财政专户款”科目。上缴财政专户时，借记“应缴财政专户款”科目，贷记“银行存款”科目。

【例 10－5】 某行政单位实行预算外资金按比例上缴财政专户，发生以下业务。

（1）该单位收到预算外资金 300 000 元，上缴比例为 80%，留用比例为 20%。

借：银行存款　　300 000

　　贷：应缴财政专户款　　240 000　（300 000×80%）

　　　　预算外资金收入　　60 000　（300 000×20%）

（2）将应上缴的 240 000 元上缴财政专户。

借：应缴财政专户款　　240 000

　　贷：银行存款　　240 000

3）结余上缴财政专户

结余上缴，即平时取得预算外资金收入后不用上缴，直接用于安排经费支出，定期计算预算外资金收支结余，并将结余上缴财政专户。

实行预算外资金结余上缴财政专户办法的单位，定期结算预算外资金结余时，应按结余数借记“预算外资金收入”科目，贷记“应缴财政专户款”科目；上缴财政专户时，借记“应缴财政专户款”科目，贷记“银行存款”科目。

【例 10－6】 某行政单位实行结余上缴预算外资金，发生以下业务。

（1）收到预算外资金 50 000 元，存入银行。

借：银行存款　　50 000

　　贷：预算外资金收入　　50 000

（2）用预算外资金 40 000 元，支付有关费用，以银行存款付讫。

借：经费支出　　40 000

　　贷：银行存款　　40 000

（3）经收支结余计算，应缴财政专户的预算外资金为 10 000。

借：预算外资金收入　　10 000

　　贷：应缴财政专户款　　10 000

（4）将结余的预算外资金上缴财政专户。

借：应缴财政专户款　　10 000

　　贷：银行存款　　10 000

10.1.3 其他收入的核算

其他收入是指行政单位按规定收取的各种收入，以及其他来源形成的收入，包括：行政单位在业务活动中取得的不必上缴财政的零星杂项收入、有偿服务收入、有价证券及银行存款利息收入等。行政单位取得的其他收入应纳入单位预算统一管理。

为核算行政单位其他资金收入的情况，设置“其他收入”科目。该科目可按收入的主要类别设置明细账。

行政单位发生其他收入时，借记“银行存款”、“现金”等科目，贷记“其他收入”科目；冲销转出时，借记“其他收入”科目，贷记有关科目。平时该科目贷方余额反映其他收入累计数。

年终结账时，本科目贷方余额全数转入“结余”科目，借记“其他收入”科目，贷记“结余”科目。年终转账后，本科目无余额。

【例 10-7】 A行政单位发生如下业务，会计主管要求小张做出会计分录。

(1) 收到废旧物品变价收入300元，以现金收讫。

借：现金　　300

　　贷：其他收入　　300

(2) 收到银行存款利息1 000元。

借：银行存款　　1 000

　　贷：其他收入　　1 000

(3) 购买的国库券到期，本金10 000元，利息收入300元。

借：银行存款　　10 300

　　贷：有价证券　　10000

　　　　其他收入　　300

(4) 年终结转其他收入。

借：其他收入　　1 600

　　贷：结余——基本结余　　1 600

10.2 支出的核算

10.2.1 行政单位支出概述

1. 行政单位支出的分类

行政单位的支出是指行政单位为开展业务活动所发生的各项资金耗费及损失，属于行政单位会计要素的一项。行政单位按资金管理要求分类，分为经费支出、拨出经费、结转自筹基建。

1) 经费支出

经费支出是行政单位为完成业务活动所发生的各项支出。按照用途分类，经费支出可分为人员支出、日常公用支出、对个人和家庭的补助支出和固定资产的购建和大修理支出四类；按照支出的性质可分为基本支出和项目支出。基本支出和项目支出是指行政单位为维持正常运转和完成专项特定工作任务发生的资金耗费。具体项目包括基本工资、补助工资、其他工资、职工福利费、社会保险费、公务费、修缮费、设备购置费、其他费用等。

2）拨出经费

拨出经费是指行政单位按核定预算将财政部门或上级单位拨入的经费，按照预算管理级次转拨给所属单位的预算资金。

3）结转自筹基建

结转自筹基建是行政单位经批准用拨入经费款以外的资金安排基本建设，其所筹集并转存建设银行的资金。

2. 行政单位支出的核算方法

根据《行政单位会计制度》规定，各单位应设置“经费支出”、“拨出经费”、“结转自筹基建”等科目分别核算各项支出。支出按照收付实现制的原则确认，确认的标准有：符合支出的定义；支出确认的同时，伴随着资产减少或负债增加的确认；能够可靠地加以计量；按照实际发生额进行计量。

10.2.2 经费支出

1. 经费支出的分类

1）按开支性质分类

按开支性质可分为基本支出和项目支出。

(1) 基本支出是指行政单位为维持正常运转和完成工作任务发生的支出。

(2) 项目支出是指行政单位为完成专项或特定工作任务发生的支出。

基本支出和项目支出的具体内容又可以按支出用途分类，按照《政府收支分类科目》规定，经费支出按“支出经济分类”划分 12“类”、96“款”级科目。“支出经济分类”的“类”级科目包括工资福利支出、商品和服务支出、对个人和家庭的补贴、对企事业单位的补助、转移支出、赠与、债务利息支出、债务还本支出、基本建设支出、其他资本性支出、贷款转贷及产权参股、其他支出等内容。

2）按开支对象分类

按开支对象分为工资福利支出、商品和服务支出、对个人和家庭的补助支出。

(1) 工资福利支出是指用于个人方面的开支，包括基本工资、津贴补贴、奖金、社会保障费、伙食费、伙食补助费、绩效工资、其他工资福利支出等。

(2) 商品和服务支出是指为完成行政任务，用于公用事务方面的开支，包括办公费、印刷费、咨询费、手续费、水费、电费、邮电费、取暖费、物业管理费、交通费、差旅费、出国费、维修(护)费、租赁费、会议费、培训费、招待费、专用材料费、装备购置费、专用燃料费、劳务费、委托加工费、工会经费、福利费、其他商品和服务支出等。

(3) 对个人和家庭的补助支出是指政府对个人和家庭的无偿性补助支出，包括离休费、退休费、退职(役)费、抚恤金、生活补助、救济费、医疗费、助学金、奖励金、生产补贴、住房公积金、提租补贴、购房补贴、其他对个人和家庭的补助支出等。

2. 经费支出的报销口径

目前我国行政单位经费支出的报销口径如下。

(1) 对于发放给个人的工资、津贴补贴、助学金、抚恤金、救济费等应根据实有人数和实发金额，取得本人签收的凭证，列为经费支出，不得以编制定额或预算计划数字列支。

(2) 购入办公用品和行政用材料，一般按购入数直接列为经费支出。但对于购入数量较多、陆续耗用的材料物资，应通过“库存材料”账户核算，并按实际耗用数列支，不得按购入数直接列为经费支出报销。

(3) 福利费和支付的工会经费，按照规定标准和实有人数每月计算提取，直接列为经费支出。

(4) 购入固定资产验收后列报支出，同时记入“固定资产”和“固定基金”账户。

(5) 单位支付的各种罚没款，应在单位自有资金中支付，不得在预算经费中列报。凡应由个人支付的罚款，不得由单位支付。

(6) 其他各项费用，均以实际报销数列为经费支出。

相关链接

经费支出收回的处理

行政单位已列经费支出又收回的款项，按下列方法处理。

(1) 行政单位收回本年度已列为经费支出的款项，冲减当年的经费支出。

(2) 行政单位收回以前年度已经列为经费支出的款项，增加上年结余，不得冲减当年经费支出。

(3) 库存材料的盘盈、盘亏和变价处理的差价，一般减少或增加当年相应的支出。

3. 经费支出的核算

为核算行政单位在业务活动中发生的各项支出，应设置“经费支出”总账账户。该账户属于支出类账户，其借方登记经费实际支出数，贷方登记支出收回或冲销转出数，平时借方余额反映经费实际支出累计数。年终，本账户借方余额应转入“结余”账户，本账户无余额。具体分录如下：

借：经费支出

　　贷：拨入经费　　　　　　　　（财政直接支付）

　　　　零余额账户用款额度　　　（财政授权支付）

　　　　银行存款/现金　　　　　（单位自行支付）

本账户应就基本支出和项目支出分设二级账户，基本支出和项目支出两个二级科目下，应按《政府收支分类科目》中“支出经济分类科目”的“款”级科目设置明细账。

经费支出——基本支出——按《政府收支分类科目》中的“支出经济分类”的“款”级科目设置

　　　　——项目支出——按《政府收支分类科目》中的“支出经济分类”的“款”级科目设置

【例 10-8】 A行政单位发生如下业务，会计主管要求小张根据收到的凭证做出会计分录，支出凭证见单据10-10。

(1) 支付公务车辆修理费4 000元，经批准，款项从零余额账户中支付。

借：经费支出——基本支出——公务用车运行维护费　　4 000

　　贷：零余额账户用款额度　　4 000

(2) 开出转账支票，支付办公用房的维修费 8 500 元。

借：经费支出——基本支出——维修费　　8 500

　　贷：银行存款　　8 500

(3) 职工易融报销差旅费 500 元(原预借 400 元)，补付现金 100 元，报销单见单据 10－11。

借：经费支出——基本支出——差旅费　　560

　　贷：暂付款——易融　　400

　　　　现金　　160

单据 10－10：支付凭证

财政授权支付凭证(回单)2

2011 年 1 月 6 日

付款人	全称	×××行政单位	收款人	全称	广州宏伟维修公司
	账号或地址	201621557852		账号或地址	201678552248
	开户银行	工行广州分行		开户银行	工行广州分行
	单位国际码	YJGLJ135		单位国际码	YJGLJ135
支付金额	人民币(大写)肆仟元整			金额（小写）￥4 000.00	
用途	备用			类：　款：　项：	
(预算单位预留银行印鉴)				代理银行（签章）	

单据 10－11：报销单

差旅费报销单

报销部门：办公室　　填报日期：2011 年 5 月 10 日

姓名		王易		职别		职员		出差事由		因公出差	
出差起止日期自 2011 年 4 月 4 日起至 2011 年 5 月 5 日止　共 31 天附单据 5 张											
日期		起讫地点	天数	机票费	车船费	市内交通费	住宿费	出差补助	住宿节约补助	其他	小计
月	日										
4	04	花都一从化	1			200	300	60			560
		合计				200	300	60			560
总计金额(大写)		伍佰元整				预支400.00元，结余超支金额160.00元					

负责人：傅颖　会计：周立为　出纳：卢敏　审核：　部门主管：秦菁　出差人：易融

(4) 使用专项拨款，购买一批办公用设备，价款 20 000 元，设备已到货，凭证见表 10－12、表 10－6。

借：经费支出——项目支出——办公设备购置费　　20 000

　　贷：银行存款　　20 000

借：固定资产——一般设备——办公设备　　20 000

　　贷：固定基金　　20 000

单据 10－12：电汇凭证

中国工商银行广州区分行电汇凭证(回执单)

委托日期 2011 年 04 月 18 日　　　　第　　号

<table>
<tr><td rowspan="3">汇款人</td><td>全称</td><td colspan="3">×××行政单位</td><td rowspan="3">收款人</td><td>全称</td><td colspan="3">柳州市华美自控设备有限公司</td></tr>
<tr><td>账号或住址</td><td colspan="3">00381208010019 广州市高新技术开发区</td><td>账号或住址</td><td colspan="3">871004059 柳州市航南路 98 号泰星大厦一楼</td></tr>
<tr><td>汇出地点</td><td>广东省广州市</td><td>汇出行名称</td><td>中国工商银行广州区分行高新分理处</td><td>汇入地点</td><td>广西壮族自治区柳州市</td><td>汇入行名称</td><td>柳州市农行航南路分理处</td></tr>
<tr><td>金额</td><td colspan="4">人民币(大写)贰万元整</td><td colspan="5">千 百 十 万 千 百 十 元 角 分
　 　 ¥ 2 0 0 0 0 0 0</td></tr>
<tr><td colspan="5">汇款用途：采购设备</td><td colspan="5" rowspan="2">汇出行盖章

2011 年 04 月 18 日</td></tr>
<tr><td colspan="5">单位主管：　会计：　复核：　记账：</td></tr>
</table>

此联汇出行给汇款人的回单

表 10－6　固定资产验收单

名称规格	单位	数量	总值金额	安装费	存放地点
电脑	台	5	20 000		
附注：编号为					

验收部门：　　验收人：李三　　部门负责人：章站　　制单：林玲

(5) 领用库存材料 500 元，出库单见表 10－7。

借：经费支出——基本支出——办公费　　500

　　贷：库存材料　　500

表 10－7　出库单

库别：办公用品库

名称	单位	数量	单价	金额	备注
专用账表	册	100	5	500	

(6) 用专项资金支付 20 000 元的修理费。

借：经费支出——项目支出　　20 000

　　贷：银行存款　　20 000

(7) 收回以前年度已列为经费支出的 1 000 元。

借：银行存款　　1 000

　　贷：结余——基本结余　　1 000

(8)“经费支出——基本支出”账户借方余额 600 000 元，“经费支出——项目支出”账户借方余额 400 000 元，进行年末转账。

借：结余——基本结余　　600 000
　　　　——项目结余　　400 000
　贷：经费支出——基本支出　　600 000
　　　　　　　——项目支出　　400 000

10.2.3 拨出经费

1. 拨出经费的概念

拨出经费是指行政单位按核定预算将财政部门或上级单位拨入的经费，按照预算管理级次转拨给所属单位的预算资金。

拨出经费的拨款方式也分为传统的实拨方式和国库集中支付方式。

(1) 对于没有实行国库集中收付制度的单位，采用传统的支付方式，即财政实拨资金。在实拨资金制度下，预算资金按拨款级次逐级向下转拨。主管预算单位从向同级财政部门申请的经费中拨转部分给下属二级预算单位，二级预算单位转拨部分资金给下属基层预算单位，基层预算单位无下级拨款。

(2) 实行国库集中收付制度的单位，采用国库集中支付方式，此方式包括财政直接支付和财政授权支付。在实行国库集中支付制度下的行政单位的经费由财政拨付，不再通过主管预算单位、二级预算单位等进行转拨，行政单位不需通过“拨出经费”科目核算转拨经费。

2. 拨出经费的核算

为了核算行政单位按核定预算拨付所属单位的预算资金，设置“拨出经费”账户。该账户为支出类账户，借方登记转拨经费数，贷方登记收回或冲销转出数，平时本账户借方余额反映拨出经费累计数。

本账户应按拨出“基本支出”和“项目支出”分设二级账户，并按所属拨款单位设置明细账。

行政单位转拨经费时，借记本账户，贷记“银行存款”等账户；收回或冲销转出时，借记有关账户，贷记本账户，平时本账户借方余额反映拨出经费累计数。年终结账时，将本账户借方余额(不含预拨下年经费)转入“结余”账户，借记“结余”账户，贷记本账户。

【例 10-9】 A 行政单位发生如下业务，会计主管要求小张做出会计分录。

(1) 按预算计划，向某所属单位拨付基本经费 40 万元。

借：拨出经费——基本支出——×××单位　　400 000
　贷：银行存款　　400 000

(2) 收回多拨给所属单位经费 10 万元。

借：银行存款　　100 000
　贷：拨出经费——基本支出——×××单位　　100 000

(3) 收到上级主管单位拨入项目经费 80 万元。

借：银行存款　　800 000
　　贷：拨入经费——项目支出　　800 000

(4) 向某基层单位拨出项目经费 50 万元。

借：拨出经费——项目支出　　500 000
　贷：银行存款　　500 000

10.2.4 结转自筹基建

基建支出是指行政单位为了完成基本建设工程(项目)的建设，使其达到规定的可使用状态发生的各种开支。行政单位自筹资金进行基本建设，要通过“结转自筹基建”账户进行核算。

1. 结转自筹基建的概念

结转自筹基建就是行政单位经批准用经费拨款以外的资金安排基本建设所筹集并转存建设银行的资金。

自筹基本建设支出应当按规定的基建程序审批，项目施工按规定要招标。批准后的自筹基建资金要按基本建设财务管理的要求进行管理。

2. 结转自筹基建的核算

行政单位应设置“结转自筹基建”账户，用于核算行政单位经批准用经费拨款以外的资金安排基本建设所筹集并转存建设银行的资金。该账户属支出类账户，借方登记自筹的基本建设资金转存建设银行的数额，贷方登记基建工程完工后剩余资金的收回和年终转入“结余”账户的数额，结转后本账户年终无余额。

【例 10 - 10】 A 行政单位经批准将 300 万元自筹资金转存建设银行，用于职工宿舍建设。宿舍工程竣工后，实际造价 280 万元，剩余资金 20 万元收回，年终时将“结转自筹基建”账户余额结转“结余”账户。

(1) 存入建设银行 300 万元自筹基建资金时，会计分录为：

借：结转自筹基建	3 000 000	
贷：银行存款		3 000 000

(2) 竣工结算收回剩余资金时，会计分录为：

借：银行存款	200 000	
贷：结转自筹基建		200 000

(3) 年终结转时，会计分录为：

借：结余——项目结余	2 800 000	
贷：结转自筹基建		2 800 000

10.3 政府采购的核算

1. 政府采购的概念

政府采购是指各级国家机关、事业单位和团体组织，使用财政性资金采购依法制定的集中采购目录以内的或者采购限额标准以上的货物、工程和服务的行为。

政府采购实行集中采购和分散采购相结合。集中采购的范围由省级以上人民政府公布的集中采购目录确定。属于中央预算的政府采购项目，其集中采购目录由国务院确定并公布；属于地方预算的政府采购项目，其集中采购目录由省、自治区、直辖市人民政府或者其授权的机构确定并公布。纳入集中采购目录的政府采购项目，应当实行集中采购。

政府采购限额标准，属于中央预算的政府采购项目，由国务院确定并公布；属于地方预算的政府采购项目，由省、自治区、直辖市人民政府或者其授权的机构确定并公布。

特别提示

政府采购应当遵循公开透明原则、公平竞争原则、公正原则和诚实信用原则。政府采购工程进行招标投标的，适用招标投标法。任何单位和个人不得采用任何方式，阻挠和限制供应商自由进入本地区和本行业的政府采购市场。政府采购应当严格按照批准的预算执行。

相关链接

政府采购的方式和程序

政府采购采用以下方式：公开招标；邀请招标；竞争性谈判；单一来源采购；询价；国务院政府采购监督管理部门认定的其他采购方式。公开招标应作为政府采购的主要采购方式。

负有编制部门预算职责的部门在编制下一财政年度部门预算时，应当将该财政年度政府采购的项目及资金预算列出，报本级财政部门汇总。部门预算的审批，按预算管理权限和程序进行。货物或服务项目采取邀请招标方式采购的，采购人应当从符合相应资格条件的供应商中，通过随机方式选择三家以上的供应商，并向其发出投标邀请书。货物和服务项目实行招标方式采购的，自招标文件开始发出之日起至投标人提交投标文件截止之日，不得少于二十日。

2. 政府采购资金

1）政府采购资金的含义

政府采购资金是指采购单位(即使用单位)获取货物、工程和服务时支付的资金，包括预算资金和与预算资金相配套的单位自筹资金。预算资金是指财政预算内资金、纳入财政专户管理的预算外资金以及经财政部门批准留用的未纳入财政专户管理的预算外资金(以下简称批准留用预算外资金)。单位自筹资金是指采购单位按照政府采购拼盘项目的要求，按规定用单位自有资金安排的配套资金。

各级财政国库管理机构应当按规定在代理银行开设“政府采购资金专户”，专门用于汇集和支付政府采购资金。其他任何部门或单位都不得开设政府采购资金专户。

2）政府采购资金的拨付方式

政府采购资金实行财政直接拨付方式。政府采购资金财政直接拨付是指财政部门按照政府采购合同约定，将政府采购资金通过代理银行直接支付给中标供应商的拨款方式。政府采购资金实行财政直接拨付办法的采购项目和范围由各级财政部门确定。

政府采购资金财政直接拨付分为 3 种方式，即财政全额直接拨付方式(以下简称全额拨付方式)、财政差额直接拨付方式(以下简称差额拨付方式)及采购卡支付方式。

(1) 全额拨付方式是指财政部门和采购单位按照先集中后支付的原则，在采购活动开始前(采取公开招标方式的指发布招标信息前，采取其他采购方式的指经政府采购办公室批准时)必须先将单位自筹资金和经批准留用的预算外资金汇集到政府采购资金专户；在需要支付资金时，财政部门根据合同履行要求，将预算资金和已经汇集的配套资金，通过政府采购资金专户一并拨付给中标供应商。

(2) 差额拨付方式是指财政部门和采购单位按照政府采购拼盘项目合同中约定的各方负担的资金比例，分别将预算内资金、纳入财政专户管理的预算外资金和经批准留用的预算外资金、单位自筹资金支付给中标供应商。

(3) 采购卡支付方式是指采购单位使用财政部门指定的某家商业银行单位借记卡支付采

购资金的行为。采购卡由财政国库管理机构登记核发给采购单位，用于采购单位经常性的零星采购项目。采购卡支付方式的管理办法和核算办法另行制定。

3. 政府采购的账务处理

根据政府采购资金的不同来源和拨付方式，政府采购的具体账务处理如下。

1）政府采购资金全部为预算内资金和纳入财政专户管理的预算外资金

采购单位根据财政部门或主管部门开具的《入账通知书》、实物调拨单及采购发货票：

借：经费支出
　　贷：拨入经费　　　　　（预算内资金）
　　　　预算外资金收入　　（预算外资金）

属于固定资产管理范围的，同时做账：

借：固定资产
　　贷：固定基金

2）政府采购资金中含单位自筹资金及经批准留用的预算外资金时的账务处理

（1）全额拨付方式

① 将单位自筹资金及经批准留用的预算外资金划入政府采购资金专户：

借：暂付款——政府采购款　　（单位划入政府采购资金专户部分）
　　贷：银行存款

② 采购单位根据财政部门或主管部门开具的《入账通知书》、实物调拨单及采购发货票：

借：经费支出
　　贷：暂付款——政府采购款　　　（单位划入政府采购资金专户部分）
　　　　拨入经费　　　　　　　　　（预算内资金）
　　　　预算外资金收入　　　　　　（预算外资金）

属于固定资产管理范围的，同时做账：

借：固定资产
　　贷：固定基金

③ 收到政府退回的节约资金：

借：银行存款
　　贷：暂付款——政府采购款

（2）差额拨付方式。

① 将单位自筹资金及经批准留用的预算外资金支付给中标供应商：

借：经费支出
　　贷：银行存款

② 根据财政部门或主管部门开具的《入账通知书》、实物调拨单及采购发货票：

借：经费支出
　　贷：拨入经费　　　　　（预算内资金）
　　　　预算外资金收入　　（预算外资金）

属于固定资产管理范围的，同时做账：

借：固定资产
　　贷：固定基金

【例 10－11】 A行政单位发生下列有关政府采购事项。

(1) 将经批准留用的预算外资金20 000元划到政府采购资金账户。

借：暂付款——政府采购资金 20 000

贷：银行存款 20 000

(2) 单位利用上述政府采购资金专户的资金18 000元采购办公用品。

借：经费支出 18 000

贷：暂付款——政府采购资金 18 000

(3) 收到政府退回的政府采购结余资金2 000元。

借：银行存款 2 000

贷：暂付款——政府采购资金 2 000

(4) 通过政府采购完成单位办公楼的改扩建工程，工程完工，验收合格，总支出200 000元，政府采购资金全部为预算内资金，款项由财政直接支付。

借：经费支出——基本支出 200 000

贷：拨入经费——财政直接支付——基本支出 200 000

借：固定资产 200 000

贷：固定基金 200 000

项 目 小 结

本项目着重阐述收入和支出的概念和内容；财政直接支付和财政授权支付下财政经费的核算方法；经费拨款方式下财政经费的核算方法；预算外资金领取的核算方法；其他各类非财政资金收入的核算方法；对支出的确认和核算；在使用零余额账户用款额度构成支出的核算；使用银行存款、现金、库存材料形成支出的核算。

职业能力训练

一、单项选择题

1. 目前我国对预算外资金由财政部门建立统一的财政专户并实行(　　)管理办法。

A. 专款专户管理　　B. 收支两条线管理

C. 计划管理　　D. 代理银行监督管理

2. (　　)是行政单位按照领报关系，由财政部门或上级单位拨入的预算经费。

A. 拨入经费　　B. 拨入专款

C. 拨出经费　　D. 预算外资金收入

3. “结转自筹基建”科目属于(　　)。

A. 资产类科目　　B. 支出类科目

C. 收入类科目　　D. 净资产类科目

4. 拨付下属单位经费，使用的会计科目是(　　)。

A. 拨出专款　　B. 专项支出　　C. 经费支出　　D. 拨出经费

5. 行政单位取得的其他收入(　　)。

A. 不纳入单位预算统一管理　　B. 应纳入单位预算统一管理

C. 可纳入也可不纳入单位预算统一管理　　D. 必须全部上缴财政

二、多项选择题

1. 现行预算外资金上缴同级财政专户的办法有(　　)。

A. 全额缴入财政专户　　B. 按预算级次层层领拨

C. 结余上缴财政专户　　D. 比例上缴财政专户

2. 行政单位的支出按资金管理要求分类可分为(　　)。

A. 项目支出　　B. 结转自筹基建

C. 经费支出　　D. 拨出经费

3. 领拨经费的原则有(　　)。

A. 按支出用途领拨　　B. 按预算级次领拨

C. 按用款计划领拨　　D. 按用款进度领拨

4. 在收入的管理中，下列说法正确的是(　　)。

A. 行政单位的收入有的可纳入单位预算，有的不能纳入单位预算

B. 行政单位的收入必须纳入单位预算管理

C. 行政单位的收入是依法取得的

D. 行政单位的各项收入必须实行统一管理

5. 行政单位收入的内容包括(　　)。

A. 拨入经费　　B. 预算外资金收入

C. 其他收入　　D. 自筹基建收入

三、分析判断题

1. 行政单位收回以前年度列为经费支出的款项，应当冲减当年经费支出。(　　)

2. 拨出经费和拨入经费同在“拨入经费”科目中核算。(　　)

3. 行政单位的收入，除了其他收入外，其他的全部纳入单位预算管理。(　　)

4. 预算外资金收入是指行政部门按规定，从财政专户核拨给行政单位的预算外资金和部分经财政部门核准，不上缴的财政专户款。(　　)

5. 行政单位领拨资金采用限额领拨款的方式。(　　)

四、项目实训

1. 资料：某行政单位发生下列业务。

(1) 国库券到期收回本金 40 000 元，利息 5 000 元，存入银行。

(2) 出售废旧物品，收到现金 400 元。

(3) 收到财政部门拨来的基本经费 300 000 元。

(4) 缴回财政部门多拨的基本经费 10 000 元。

(5) 年终，将“拨入经费”余额 290 000 元，转入结余账户。

(6) 收到财政部门拨来专项经费 200 000 元，用于设备购置。

(7) 该项设备购置费共支出 150 000 元。余额按规定留归本单位使用。

(8) 年终，将专项收支结转“结余”账户。

(9) 收到银行利息收入 3 000 元。

(10) 年终，结转其他收入 3 000 元。

要求：根据上述经济业务编制会计分录，填制记账凭证，登记相关账簿。

2. 资料：某行政单位发生下列业务。

(1) 财政局拨来经常性经费 900 000 元，专款 300 000 元。

(2) 通过银行拨付所属单位经常性经费 300 000 元，专款 200 000 元。

(3) 收到付款通知，银行已代付上月水电费 3 000 元。

(4) 小张报销探亲旅费 500 元，退回现金 300 元，原借款 800 元。

(5) 以现金支付印刷费 600 元。

(6) 以银行存款支付单位车辆养路费 4 000 元。

(7) 购入文件柜一个，共计 2 000 元，以支票支付。

(8) 收到所属甲单位缴回多余经费 20 000 元。

要求：根据上述经济业务编制会计分录，填制记账凭证，登记相关账簿。

项目 11 行政单位会计报表

学习目标

(1) 了解行政单位会计报表的附表的编制方法；
(2) 理解行政单位年终清算与结账的内容和程序方法；
(3) 掌握行政单位资产负债表、收入支出总表的编制方法；
(4) 掌握行政单位经费支出明细表的编制方法。

案例导读

小张是A行政单位的会计，年末，会计主管要求小张编制本年度“结账前”的资产负债表和“结账后”的资产负债表，由于小张刚到该单位，对会计报表工作不熟悉，不知“结账前”的资产负债表和“结账后”的资产负债表有什么不同，应如何编制，特向会计主管请教。

【讨论】 分析“结账前”的资产负债表和“结账后”的资产负债表的区别。

【解析】

“结账前”的资产负债表和“结账后”的资产负债表，其编制日期都是12月31日，都反映行政单位年末的财务状况。它们的主要区别有以下几个方面。

(1) 编制依据不同。“结账前”的资产负债表的“期末数”，是依据年终转账前所结计出的12月31日各总账账户余额填列的；而“结账后”的资产负债表的“期末数”是根据年终转账之后各总账账户的年末余额填列的。

(2) 作用不同。编制“结账前”的资产负债表，主要目的是汇集所有账户的年末余额，进行年终转账前的试算平衡，可以说“结账前”的资产负债表是决算资产负债表的工作底稿。“结账后”的决算资产负债表才是真正反映行政单位年末财务状况的会计报表。

(3) 科目状况不同。在“结账前”的资产负债表中，所有会计科目都有余额。而在“结账后”的资产负债表中，收入、支出类科目均已结转，不再有余额。

11.1 年终清理与结账

行政单位在年度结束前，应根据财政部门或主管部门的决算编审工作要求，对各项收支账目、往来款项、货币资金和财产物资进行全面的清理结算。并在此基础上办理年度结账，编报决算。

11.1.1 年终清算

年终清算是对行政事业单位全年预算资金、其他资金收支活动进行全面的清查、核对、整理和结算工作。年终清理结算的主要事项如下。

(1) 清理、核对年度预算收支数字和各项缴拨款，保证上下级之间的年度预算数和领拨经费数一致。

(2) 为了准确反映各项收支数额，凡属本年度的应拨款项，应当在12月31日前汇达对方。主管会计单位对所属各单位的预算拨款和预算外资金拨款，截至12月25日，逾期一般不再下拨。

(3) 凡属本年的各项收入，都要及时入账。本年的各项应缴预算款和应缴财政专户的预算外资金，要在年终前全部上缴。属于本年的各项支出，要按规定的支出渠道如实列报。年度单位支出决算，一律以基层用款单位截至12月31日的本年实际支出数为准，不得将年终前预拨给下级单位的下年预算拨款列入本年的支出，也不得以上级会计单位的拨款数代替基层会计单位的实际支出数。

(4) 行政单位的往来款项，年终前应尽量清理完毕。按照有关规定应当转作各项收入或各项支出的往来款项要及时转入各有关账户，编入本年决算。主管单位收到财政专户核算的预算外资金属于应返还所属单位的部分应及时转拨所属单位，不得在“暂存款”挂账。

(5) 行政单位年终要及时同开户银行对账，银行存款账面余额，要同银行对账单的余额核对相符。现金账面余额，要同库存现金核对相符。有价证券账面数字，要同实存的有价证券实际成本核对相符。

(6) 年终前，应对各项财产物资进行清理盘点，发生盘盈、盘亏的，要及时查明原因，按规定作出处理，调整账务，做到账实相符，账账相符。

11.1.2 年终结账

行政单位在年终清理结算的基础上进行年终结账。年终结账包括年终转账、结清旧账和记入新账。

1. 年终转账

年终转账是一种年末账项调整和结转工作，具体步骤如下。

(1) 将各种收入和支出账户余额，结转记入“结余”科目，从而结平收入、支出账户余额。

①将“拨入经费”（不含预拨下年经费），“预算外资金收入”和“其他收入”科目的余额转入本科目的贷方，借记“拨入经费”、“预算外资金收入”、“其他收入”科目，贷记本科目。

有专项资金收支的单位，应将非专项的收入转入“结余”科目的“基本支出”明细科目中；将专项收入转入结余科目的“项目支出”明细科目中。

借：拨入经费
　　预算外资金收入
　　其他收入
　　贷：结余

②将“经费支出”（不含预拨下年经费）、“拨出经费”和“结转自筹基建”科目的余额转入本科目借方，借记本科目，贷记“经费支出”、“拨出经费”科目。

有专项资金收支的单位，应将非专项的支出转入“结余”科目的“基本支出”明细科目中；将专项支出转入结余科目的“项目支出”明细科目中。

借：结余
　　贷：经费支出
　　　　拨出经费
　　　　结转自筹基建

（2）账目核对无误后，首先计算出各账户借方或贷方的12月份合计数和全年累计数，结出12月末的余额。然后，编制结账前的“资产负债表”，试算平衡后，再将应该对冲结转的各个收支账户的余额按年终转账办法，填制12月31日的记账凭单办理结账冲转。

2. 结清旧账

将转账后无余额的账户结出全年总累计数，然后在下面画双红线，表示本账户全部结清。对年终有余额的账户，在“全年累计数”下行的“摘要”栏内注明“结转下年”字样，再在下面画双红线，表示年终余额转入新账，旧账结束。

3. 记入新账

根据本年度各账户余额，编制年终决算的“资产负债表”和有关明细表。将表列各账户的年终余额数(不编制记账凭单)，直接记入新年度相应的各有关账户，并在“摘要”栏注明“上年结转”字样，以区别新年度发生数。

11.2　会计报表的编制

11.2.1　会计报表概述

1. 会计报表的概念

会计报表是反映行政单位财务会计状况和预算执行结果的书面文件，包括资产负债表、收入支出总表、支出明细表、附表和报表说明书。有专款收支业务的，还应按专款的种类编报专项资金支出明细表。

2. 会计报表的分类

行政单位的会计报表可按如下几个方面分类。

(1) 按编报的时间不同，可划分为月报、季报和年报。

月报是反映行政单位截止报告月度资金活动和经费收支情况的报表。月报要求编报资产负债表、支出明细表。

季报是分析、检查行政单位季度资金活动情况和经费收支情况的报表，应在月报的基础上较详细地反映单位经费收支的全貌。各行政单位的季报，要求在月报的基础上加报基本数字表。

年报(年度决算)是全面反映年度资金活动和经费收支执行结果的报表。年度决算报表种类和要求等，按照财政部门和上级单位下达的有关决算编审规定组织执行。

(2) 按报表编报层次的不同，可划分为本级报表和汇总报表。

本级报表是反映行政单位预算执行情况和资金活动情况的报表

汇总报表是各级部门对本单位和所属单位的报表进行汇总后编制的会计报表。

特别提示

基层会计单位只编本级报表，二级单位和主管会计单位要先编本级报表，再编汇总报表。

(3) 按报表反映的经济活动内容的不同划分，一般包括资产负债表、收入支出总表、支出明细表、附表等。

资产负债表是反映行政单位在某一特定日期(月末、季末、年末)财务状况的报表。它是行政单位最基本、最重要的报表。资产负债表的项目，应当按会计要素的类别分别列示。

收入支出总表是反映行政单位年度收支总规模的报表。收入支出总表要按单位实有各项收支项目汇总列示。

支出明细表是反映行政单位在一定时期内预算执行情况的报表。支出明细表的项目，应按《政府收支分类科目》列示。对于用财政拨款和预算外资金收入安排的支出应按支出的用途分别列示。

附表是根据财政部门或主管会计单位的要求编制的补充性报表，如基本数字表、专项资金收支情况等。附表按财政部门和上级单位规定的项目列示。

3. 会计报表的编制要求

会计报表的编制要求如下。

(1) 行政单位的会计报表，要保证数字准确、内容完整、报送及时。会计报表必须经会计主管人员和机关负责人审阅签章并加盖公章后上报。财政部门和上级单位对于屡催不报报表的单位，有权暂停其预算拨款或预算外资金的拨付。

(2) 基层单位的会计报表，应根据登记完整、核对无误的账簿记录和其他有关资料编制，切实做到账表相符，不得估列代编。

(3) 主管会计单位除根据会计账簿记录和有关资料编制本级的会计报表外，还应根据本级会计报表和经审查过的所属单位会计报表，编制汇总会计报表。

(4) 行政单位在报送月报、季报、年报时都应编写报表说明书。报表说明书包括报表编制技术说明和报表分析说明。报表技术说明主要包括采用的主要会计处理方法，特殊事项的会计处理方法，会计处理方法的变更情况、变更原因以及对收支情况和结果的影响等。

特别提示

报表分析说明一般包括基本情况，影响预算执行、资金活动的原因，经费支出、资金活动的趋势，管理中存在的问题和改进措施，对上级会计单位工作的意见和建议。

相关链接

行政单位会计报表的作用

各单位可利用会计报表及其他有关资料，分析和检查单位预算的执行情况，发现预算管理和财务管理工作中存在的问题，以便采取有效措施，改进预算管理工作，提高财务管理水平。

各级主管部门可利用下级单位的会计报表，考核各单位执行国家有关方针政策的情况，督促各单位认真遵守财经制度与法规，维护财经纪律。主管部门对全系统的会计报表汇总后，还可分析和检查全系统的预算执行情况，提高全系统的预算管理工作水平。

财政机关可利用行政单位上报的会计报表，掌握各单位的预算执行进度，正确地核算预算支出，并了解各单位执行预算的情况和存在的问题，指导和帮助各单位做好预算会计工作，提高预算管理质量。

11.2.2 资产负债表的编制

1. 资产负债表的含义

资产负债表是反映行政单位在某一特定日期财务状况的报表。资产负债表的项目，应当按会计要素的类别分别列示。资产负债表是行政单位最基本、最重要的报表，应于每月末、季末、年末报出。它提供的资料包括行政单位在某一特定日期的资产、负债和净资产以及收入、支出等。

2. 资产负债表的结构

行政单位资产负债表包括表首、正表和表尾3部分。表首概括地说明报表名称、编制单位、编制日期、货币名称、计量单位等；表尾是单位负责人、会计主管、复核人、制表人的签章；正表是资产负债表的主体，列示了用以说明企业财务状况的各个项目。

正表分为左右两方。左方是资产部类，具体包括资产类和支出类项目，右方为负债部类，具体包括负债类、净资产类和收入类项目。依据“资产＋支出＝负债＋净资产＋收入”的会计等式，正表左右两方总额相等。

3. 资产负债表的填列方法

资产负债表的编制可采用直接填列法。资产负债表的项目，应当按会计要素的类别分别列示。

(1) 资产负债表中的“年初数”按上年末资产负债表的期末数填列。

(2) 资产负债表中的“期末数”，应根据不同时间报出的资产负债表区别对待。

若是月报，则在本月账务结束后，按截至报告月份各总账账户的期末余额填列。资产类项目、负债类项目、净资产类按截至报告月份总账账户的期末余额填列，收入类、支出类按截至报告月份总账账户的累计发生额填列。该表为结账前资产负债表。

若是年报，资产类项目、负债类项目项目按截至年末总账账户的期末余额填列；然后进行年终结账工作，将本年的收入和支出全部转入“结余”账户，结账后收入和支出账户期末余额为零；最后按年末转账后的年末余额填列净资产类项目，而收入类和支出类没有数额。该表为结账后资产负债表。

（3）主管单位汇总资产负债表时，必须把本级财务报表与所属单位财务报表之间的重复数字抵消，未实行国库集中支付的单位需将本单位的“拨出经费”账户与所属单位报表内的“拨入经费”账户所列数字相抵消。其余账户，都根据本级和所属单位的财务报表数字直接相加汇编。

【例 11－1】 某行政单位 12 月 31 日年终结账前资产负债表见表 11－1。

表 11－1 资产负债表（结账前）

编制单位： 2011 年 12 月 31 日 单位：元

资产部类	年初数	期末数	负债部类	年初数	期末数
一、资产类			二、负债类		
现金	5 000	15 000	应缴预算款		
银行存款	40 000	50 000	应缴财政专户款		
有价证券	75 000	85 000	暂存款	171 000	51 000
暂付款	131 000	141 000	应付工资（离退休费）		
库存材料	80 000	90 000	应付地方（部门）津贴补贴		
固定资产	5 590 000	5 600 000	应付其他个人收入		
零余额账户用款额度			负债类合计	171 000	51 000
财政返还额度					
资产类合计	5 921 000	5 981 000	三、净资产类		
			固定基金	5 590 000	5 600 000
			结余	160 000	160 000
			基本结余	160 000	160 000
			项目结余		
五、支出类			净资产类合计	5 750 000	5 760 000
经费支出		100 000			
基本支出		100 000	四、收入类		
项目支出			拨入经费		200 000
拨出经费		50 000	基本支出		200 000
基本支出			项目支出		
项目支出		50 000	预算外资金收入		150 000
结转自筹经费		50 000	基本支出		50 000
			项目支出		100 000
			其他收入		20 000
支出类合计		200 000	收入类合计		370 000
资产部类总计	5 921 000	6 181 000	负债部类总计	5 921 000	6 181 000

单位负责人： 会计主管： 复核： 制表：

① 将各收入转入“结余”账户。

结转基本经费：

借：拨入经费——基本支出	200 000	
预算外资金收入——基本支出	50 000	
其他收入	20 000	
贷：结余——基本结余		270 000

结转专项经费：

借：预算外资金收入——项目支出	100 000	
贷：结余——项目结余		100 000

② 将各支出转入“结余”账户。

借：结余——基本结余	150 000	
贷：经费支出——基本支出		100 000
结转自筹经费		50 000
借：结余——项目结余	50 000	
贷：拨出经费——项目支出		50 000

③ 计算结余。

基本结余：270 000－150 000＝120 000(元)

项目结余：100 000－50 000＝50 000(元)

滚存结余：160 000＋120 000＋50 000＝330 000(元)

其中，滚存基本结余：160 000＋120 000＝280 000(元)

　　　滚存项目结余：50 000(元)

依据结果，编制结账后的资产负债表，见表 11－2。

表 11－2　资产负债表(结账后)

编制单位：　　　　　　　　　　年　　月　　日　　　　　　　　　　单位：元

资产部类	年初数	期末数	负债部类	年初数	期末数
一、资产类			二、负债类		
现金	5 000	15 000	应缴预算款		
银行存款	40 000	50 000	应缴财政专户款		
有价证券	75 000	85 000	暂存款	171 000	51 000
暂付款	131 000	141 000	应付工资(离退休费)		
库存材料	80 000	90 000	应付地方(部门)津贴补贴		
固定资产	5 590 000	5 600 000	应付其他个人收入		
零余额账户用款额度			负债类合计	171 000	51 000
财政返还额度					
资产类合计	5 921 000	5 981 000	三、净资产类		
			固定基金	5 590 000	5 600 000
			结余	160 000	330 000
			基本结余	160 000	280 000

续表

资产部类	年初数	期末数	负债部类	年初数	期末数
			项目结余		50 000
五、支出类			净资产类合计	5 750 000	5 930 000
经费支出					
基本支出			四、收入类		
项目支出			拨入经费		
拨出经费			基本支出		
基本支出			项目支出		
项目支出			预算外资金收入		
结转自筹经费			基本支出		
			项目支出		
			其他收入		
支出类合计			收入类合计		
资产部类总计	5 921 000	5 981 000	负债部类总计	5 921 000	5 981 000

单位负责人：　　　　会计主管：　　　　复核：　　　　制表：

11.2.3 收入支出总表的编制

收入支出总表是反映行政单位年度收支总规模的报表。

行政单位收入支出总表包括表首、正表和表尾3个部分。

(1) 表首概括地说明报表名称、编制单位、编制日期、货币名称、计量单位等；表尾是单位负责人、会计主管、复核人、制表人的签章；正表是收入支出总表的主体。

(2) 正表分为收入、支出和结余3个部分。收入包括拨入经费、预算外资金收入和其他收入；支出包括拨出经费、经费支出和结转自筹基建；结余包括结转当年结余和以前年度结余。其格式见表11－3。

表11－3　收入支出总表

编制单位：　　　　年　　月　　日　　　　单位：元

收入			支出			结余
项目	本月数	本年累计	项目	本月数	本年累计	
拨入经费			拨出经费			结转当年结余
其中：项目支出			经费支出			其中：项目结余
预算外资金收入			其中：基本支出			以前年度结余
其中：项目支出			项目支出			
其他收入						
			结转自筹基建			
收入合计			支出总计			累计结余

单位负责人：　　　　会计主管：　　　　复核：　　　　制表：

收入支出总表按单位实有各项收支项目汇总列示。本表设有“本月数”和“本年累计数”两栏，分别根据有关收入、支出账户的“本月合计数”和“本年累计数”填列，并在该表中计算出收入总计、支出总计和累计结余。

特别提示

该表的项目支出和项目结余需单独列示；主管单位汇总编制本表时，应将“拨出经费”与所属单位的“拨入经费”汇总数对冲后填列。

11.2.4 经费支出明细表

经费支出明细表是反映行政单位在一定时期内预算执行情况的报表。经费支出明细表的项目，应当按《政府收支分类科目》的“支出经济分类科目”列示。对于用财政拨款和预算外资金收入安排的支出应按支出的用途分别列示。该表应于每月末、季末、年末报出，表内各项目的数据根据“经费支出明细账”中的记录数据填列。

经费支出明细表包括表首、正表和表尾3个部分。其格式见表11－4。

表11－4　经费支出明细表

编表单位：　　　　　　　　　　　　　年　月　日　　　　　　　　　　　　　单位：元

项目				合计	工资福利支出							商品服务支出			
类别	科目编码		科目名称		小计	基本工资	津贴补贴	奖金	社会保障缴费	伙食补助费	其他	小计	办公费	印刷费	…
	类	款	列次	1	2	3	4	5	6	7	8	9	10	11	12
经费支出															
基本支出															
其中：财政拨款支出															
预算外资金支出															
项目支出															
其中：财政拨款支出															
预算外资金支出															

单位负责人：　　　　会计主管：　　　　　　复核：　　　　　　制表：

(1) 表首概括地说明报表名称、编制单位、编制日期、货币名称、计量单位等；表尾是单位单位负责人、会计主管、复核人、制表人的签章；正表是经费支出明细表的主体。

(2) 正表以经费支出的大类项目为行，分为“基本支出”和“项目支出”，且要求每项支出列出“财政拨款支出”和“预算外资金支出”，即用财政拨款形成的支出和用预算外资金形成的支出，要列出以上数字，应在细化事先编好的预算表的基础上，用分析和统计的方法填列此项数字。

相关链接

“支出经济分类科目”如何划分

根据《政府收支分类科目》的“支出经济分类科目”中的“类”和“款”级科目可划分为12“类”，96“款”。其中12“类”主要包括：工资福利支出、商品和服务支出、对个人和家庭的补贴、对企事业单位的补助、转移支出、赠与、债务利息支出、债务还本支出、基本建设支出、其他资本性支出、贷款转贷及产权参股、其他支出等内容。

编制经费支出明细表时，对财政拨款和预算外资金收入安排的支出应按支出用途分别列示，行政单位根据核定的预算和实际使用情况采用统计方法填列“财政拨款支出”和“预算外资金收入支出”。经费支出明细表中的“项目支出”是指用财政拨款和预算外资金中的专项资金安排的支出，根据“经费支出”账户的“项目支出”二级账户填列，其“预算外资金项目支出”按实有项目汇总填列。经费支出明细表的实际支出数合计，与相应资产负债表中的“经费支出”项目期末数额一致。

11.2.5 附表和报表说明书

1. 附表

附表是指根据财政部门或主管会计单位的要求编报的补充性报表，如基本数字表、专项资金支出情况表等。行政单位还有其他各种附表，其格式和内容按财政部门和上级单位规定的项目和标准列示，不同时期的附表也可能有差别。

1）基本数字表

基本数字表是反映行政单位定员定额执行情况的报表附表。

基本数字表的项目，按财政部门和上级主管部门规定的项目列示。表中数据应根据行政单位人事部门和有关业务部门提供的统计数字填列。

特别提示

行政单位应按照制度规定编制基本数字的季度报表和年度报表。一般来说，各机关在报出季报时，要求加报基本数字表，而在报出年终决算报表时，应以更加详细的资料报出基本数字表。

2）专项资金收支情况表

专项资金收支情况表是反映拨入事业单位各种专项资金收支情况的报表。通过该表可以了解行政单位对专项经费是否做到了“专款专用”，项目开支是否合理。行政单位应定期编制专项资金收支情况表。其格式见表11－5。

表 11－5　专项资金收支情况表

编制单位：　　　　　　　　　　　　年　月　日　　　　　　　　　　　　单位：元

项目	专项	专项	专项
一、期初结转			
二、本年收入			
三、本年已完成项目支出			
四、本年缴回			
五、转入结余			
六、期末结余			

专项资金收支情况表中的“期初结转”根据“结余——项目结余”账户的上年末未完成专项项目资金并结转下年继续使用的数额填列；“本年收入”根据财政部门或上级单位当年拨入的专项资金“拨入经费——项目支出”数额填列；“本年已完成项目支出”根据本年完工项目的支出数填列；“本年缴回”根据本年实际缴回原拨款单位数额填列；“转入结余”根据已完工项目结余经批准归本单位使用并已实际结转的数额填列；“期末结余”根据单位未完成项目资金并结转下年继续使用的数额填列。

2. 报表说明书

报表说明书是对会计报表的一种补充说明。行政单位在报送月报、季报、年报时都必须编写报表说明书，包括报表编制技术说明和报表分析说明。

报表编制技术说明主要包括采用的主要会计处理方法，特殊事项的会计处理方法，会计处理方法的变更情况、变更原因，以及对预算收支情况和结果的影响等。

报表分析说明一般包括：基本情况，影响预算执行、资金活动的原因，经费支出、资金活动的趋势，管理中存在的问题和改进措施，对上级会计单位工作的意见和建议。

项 目 小 结

本项目着重阐述了行政单位资产负债表的内容和编制；收入支出总表的内容和编制；经费支出明细表的内容和编制；其他主要附表以报表说明书的主要内容。

职业能力训练

一、单项选择题

1. 资产负债表是反映行政单位在某一特定日期(　　)的报表。

　A. 财务状况　　　　　　　　　　B. 预算执行情况

　C. 收支情况　　　　　　　　　　D. 专项资金情况

2. 资产负债表中的“期末数”，应根据(　　)不同时间区别对待。

A. 月报和季报　　B. 季报和年报

C. 年报和月报　　D. 旬报和月报

3. 下列报表中属于附表的是(　　)。

A. 基本数字表　　B. 经费支出明细表

C. 收入支出总表　　D. 事业支出明细表

4. 对经费支出项目进行补充说明的报表是(　　)。

A. 收入支出总表　　B. 事业支出明细表

C. 基建投资表　　D. 经费支出明细表

5. 收入支出总表是反映行政单位(　　)情况的报表。

A. 预算收支具体执行　　B. 年度收支总规模

C. 专项资金执行　　D. 年度收支明细

二、多项选择题

1. 行政单位的会计报表按其反映的经济内容分类，主要有(　　)。

A. 资产负债表　　B. 收入支出总表

C. 事业支出明细表　　D. 经营支出明细表

2. 资产负债表包括(　　)。

A. 资产类项目　　B. 支出类项目

C. 负债类项目　　D. 收入类项目

3. 会计报表的内容包括(　　)。

A. 表首部分　　B. 表体部分

C. 表尾部分　　D. 补充资料

4. 收入支出总表包括(　　)。

A. 收入　　B. 支出

C. 结余　　D. 结余分配

5. 经费支出明细表的正表以经费支出的大类项目为行，分为(　　)。

A. 基本支出　　B. 项目支出

C. 财政拨款支出　　D. 预算外资金支出

三、分析判断题

1. 经费支出明细表是反映行政单位特定日期财务状况的报表。(　　)

2. 年终清理是对行政事业单位全年预算资金、其他资金收支活动进行全面的清查、核对、整理和结算工作。(　　)

3. 编制资产负债表的主要方法是直接填列法。(　　)

4. 基本数字表是反映行政单位收支执行情况的报表附表。(　　)

5. 报表说明书包括报表编制技术说明和报表分析说明。(　　)

四、项目实训

资料：某行政单位 12 月 31 日年终结账前资产负债表见表 11－6。

资产负债表(结账前)

编制单位：　　　　　　　　　　2011 年 12 月 31 日　　　　　　　　　　单位：元

资产部类	年初数	期末数	负债部类	年初数	期末数
一、资产类			二、负债类		
现金	5 000	15 000	应缴预算款		
银行存款	40 000	50 000	应缴财政专户款		
有价证券	75 000	85 000	暂存款	281 000	161 000
暂付款	131 000	141 000	负债类合计	281 000	161 000
库存材料	80 000	90 000			
固定资产	5 590 000	5 600 000	三、净资产类		
零余额账户用款额度			固定基金	5 590 000	5 600 000
财政返还额度			结余	160 000	160 000
资产类合计	5 921 000	5 981 000	基本结余	160 000	160 000
			项目结余		
五、支出类			净资产类合计	5 750 000	5 760 000
经费支出		200 000			
基本支出		200 000	四、收入类		
项目支出			拨入经费		200 000
拨出经费		60 000	基本经费		200 000
基本支出			专项经费		
项目支出		60 000	预算外资金收入		150 000
结转自筹经费		50 000	经常性收入		50 000
			专项收入		100 000
			其他收入		20 000
支出类合计		310 000	收入类合计		370 000
资产部类总计	5 921 000	6 291 000	负债部类总计	6 031 000	6 291 000

单位负责人：　　　　会计主管：　　　　复核：　　　　制表：

要求：(1) 年终结束，将收入和支出账户余额转入“结余”，并编制会计分录。

(2) 计算本年和滚存的基本结余和项目结余。

(3) 依据结果，编制结账后的资产负债表。

第三部分

事业单位预算会计

项目 12 事业单位资产的核算

学习目标

(1) 了解事业单位和事业单位会计的含义；
(2) 理解事业单位流动资产、对外投资、固定资产、无形资的会计核算方法；
(3) 掌握事业单位资产核算中原始凭证的编制和审核实操；
(4) 掌握事业单位资产核算中记账凭证的编制和相关账簿的登记实操。

案例导读

小李是B事业单位的会计人员，该事业单位属于一般纳税人，某日小李收到采购部门传递过来的材料采购发票和验收入库单。单据上注明单位购入材料一批自用，价款10 000元，增值税1 700元，运费300元，全部价款已通过银行转账支付。会计主管要小李据此业务做分录。小李做分录如下，

借：材料 10 000
　　贷：银行存款 10 000

会计主管审核后，认为小李的分录有误，要求小李更正。

【讨论】 请指出小李分录错在哪里？正确分录应怎样做？

【解析】

事业单位购入材料，应以购价、运杂费作为材料入账价格。事业单位按《中华人民共和国增值税暂行条例》规定属于一般纳税人的，其购进的材料非自用部分按不含税价格计算；购入的自用材料，按实际支付的含税价格计算。

该事业单位属于一般纳税人，该材料属于自用材料。因此该材料的入账价值应是价款＋增值税＋运费，应为12 000元(10 000＋1 700＋300)。

事业单位购入自用材料并已验收入库的，按材料含税价格借记“材料”科目，贷记“银行存款”等科目。正确分录应为：

借：材料 12 000
　　贷：银行存款 12 000

12.1 事业单位会计概述

1. 事业单位的概念

事业单位是不直接进行物质资料的生产和流通，不具有国家管理职能，直接或间接地为上层建筑、生产建设和人民生活服务的单位，包括科学、教育、文化、广播电视、信息、卫生、体育等科学文化事业单位，气象、水利、社会福利、环保、计划生育等公益事业单位，公证、法律服务等中介机构。

2. 事业单位会计核算特点

事业单位会计是以事业单位实际发生的各项经济业务为对象，记录、反映和监督事业单位预算执行过程及其结果的专业会计。

由于事业单位会计的性质和具体任务与财政会计、行政单位会计不同，因此其具有以下特点。

（1）核算对象不同。事业单位会计不仅要核算预算资金的领取、创收、使用及执行结果，又要核算经营资金活动过程及其结果。

（2）会计核算基础具有选择性，既可采用收付实现制，也可采用权责发生制。事业单位一般采用收付实现制为会计核算基础，但经营性收支业务可以采用权责发生制。行政单位只能采用收付实现制，不能采用权责发生制。

（3）会计核算内容不同。事业单位可以执行政府授权的职责，可以开展必要的有偿服务，因此会计核算内容较广，不仅要核算预算收支情况，有经营收入的事业单位还要核算成本费用，计算收益。行政单位资金支出体现的是公共性和公益性，不核算支出成本。

（4）具有成本核算条件的事业单位，其会计核算方法遵从企业会计准则。在会计科目设置上，既有预算资金收支科目，又有成本费用科目。

3. 事业单位会计科目设置

事业单位会计科目一览表见表12-1。

表12-1 事业单位会计科目一览表

（一）资产类	（二）负债类	（三）净资产类	（四）收入类	（五）支出类
现金	借入款项	事业基金	财政补助收入	拨出经费
银行存款	应付票据	固定基金	上级补助收入	拨出专款
零余额账户用款额度	应付账款	结余分配	拨入专款	专款支出
应收票据	预收账款	事业结余	事业收入	事业支出
应收账款	其他应付款	经营结余	财政专户返还收入	经营支出
预付账款	应缴预算款	专用基金	经营收入	结转自筹基建
其他应收款	应交税金		附属单位缴款	销售税金
材料	应缴财政专户款		其他收入	上缴上级支出

续表

产成品 对外投资 固定资产 无形资产 财政应返还额度	应付工资(离退休费) 应付地方(部门)津贴补贴 应付其他个人收入			对附属单位补助 成本费用

12.2　流动资产的核算

资产是事业单位占有或者使用的，能以货币计量的经济资源，包括流动资产、对外投资、固定资产和无形资产等四类。

事业单位的资产按其流动性，分为流动资产和非流动资产。

(1) 事业单位流动资产是指可以在一年内变现或耗用的资产，包括现金、银行存款、零余额账户用款额度、应收及预付款项、存货等。

(2) 事业单位非流动资产是指不准备在一年内变现或耗用的资产，包括对外投资、固定资产和无形资产。

12.2.1　货币资金的管理与核算

事业单位的货币资金包括现金、银行存款和零余额账户用款额度。

1. 现金的核算

"现金"科目核算事业单位的库存现金。收到现金，借记本科目，贷记有关科目；支出现金，借记有关科目，贷记本科目。本科目借方余额反映库存现金数额。

事业单位应设置"现金日记账"，出纳人员根据原始凭证逐笔顺序登记。每日业务结束，应计算当日现金收入合计数、现金支出合计数和结余数，并将结余数与实际库存数核对，做到账款相符，并编制"库存现金日报表"。现金收入业务较多，单独设有收款部门的单位，收款部门的收款员应将每天所收现金连同收款收据副联编制"现金收入日报表"，送会计部门的出纳员核收；或者将所收现金直接送存开户银行后，将收款收据副联、"现金收入日报表"和向银行送存现金的凭证一并交会计部门的会计员核收记账。

特别提示

有外币现金的事业单位，应分别按人民币、各种外币设置"现金日记账"进行明细核算。

1) 现金收付核算

【例 12－1】　B事业单位发生如下业务，会计主管要求小李根据收到的凭证做出会计分录。

(1) 售出废品，取得收入100元。原始凭证见单据12－1。

借：现金　　100

　　贷：其他收入　　100

单据 12-1：缴款书

缴 款 书 No. 0010000

2011 年 01 月 02 日 支票号

今 收 到 某部门李云

交 来 售出废品款

金额（大写）零 佰 零 拾 零 万 零 仟 壹 佰 零 拾 零 元 零 角 零 分 ¥ 100.00

收款单位（盖章） 现金收讫 收款人（签章）：张一

第一联 记账

核准： 会计： 记账 出纳：张一 经手人：陈无

（2）从银行提取 3 000 元作为备用金。

借：现金 3 000

贷：银行存款 3 000

（3）李云出差借款 500 元，以现金支付。原始凭证见单据 12－2、单据 12－3。

借：其他应收款——李云 500

贷：现金 500

单据 12-2：借款单

借 款 单

借款理由：李云到深圳出差

借款数额（大写）伍佰元整 ¥500.00

借款人签章 李云 2011 年 01 月 04 日

单位负责人意见： 情况属实，同意 500 元整。 黎林	会计主管人员意见： 卫涓

单据 12-3：现金支出凭单

现 金 支 出 凭 单

2011 年 01 月 04 日 第 号

付 给 李云 现金付讫

预借差旅费 款

科目	方
账户	

计人民币 (大写) 零拾 零万 零仟 伍佰 零拾 零元 零角 零分

收款人(盖章) 李云 ¥ 500.00

审批人： 主管会计： 记账员： 出纳员：张一

（4）用现金 300 元购买本单位办公用品。原始凭证见单据 12－4、单据 12－5。

借：事业支出　　300

　　贷：现金　　300

单据 12-4：发票

广东省商品销售统一发票

购货单位：×××事业单位　　发票联　　2011 年 1 月 6 日

品名	规格	单位	数量	单价	金额 万	千	百	十	元	角	分
签字笔	黑色	箱	2	150			3	0	0	0	0
合计						¥	3	0	0	0	0
合计金额（大写）零万零仟叁佰零拾零元零角零分											

第二联　发票联

开票：刘云　　收款：李玉　　开票单位：

单据 12-5：现金支出凭单

现 金 支 出 凭 单　　顺 序 1 号

2011 年 01 月 06 日　　第 号

付 给　*文泰文具行*　*补购买办公用品差额* 款　　现金付讫

科目　　方

账户

计人民币 (大写) 零拾 零万 零仟 叁佰 零拾 零元 零角 零分

收款人(盖章) 李玉　　¥ 300.00

审批人：　　主管会计：　　记账员：　　出纳员：张一

2）现金清查的核算

（1）盘盈现金的核算。事业单位出现现金盘盈时，首先通过“其他应付款”科目核算，查明原因后，再做进一步处理。

【例 12－2】 B 事业单位进行现金清查，发现如下情况。

① 现金的实际数比账面数多出 400 元，暂时没有查明原因。原始凭证见表 12－2。

借：现金　　400

　　贷：其他应付款　　400

表 12－2 现金盘点报告单

日期	账面余额	实际库存额	长款	短款	原因	处理意见
2011.12.12	10 000	10 400	400		未查明	

出纳：张一　　会计：　　财务科长：高琳

② 假设经过调查，发现盘盈的400元现金为出纳人员错收现金所致，则相应归还盘盈款于当事人。

借：其他应付款　　400

　　贷：现金　　400

③ 假设经过调查，没有发现盘存原因，或无法找到还款人，则作为应缴预算款上缴。

借：其他应付款　　400

　　贷：应缴预算款　　400

(2) 现金盘亏的核算。事业单位出现现金盘亏时，首先通过“其他应收款”科目核算，查明原因后，再做进一步处理。

【例12-3】 B事业单位进行现金清查，发现如下情况。

① 现金的实际数比账面数少了400元，暂时没有查明原因。原始凭证见表12-3。

借：其他应收款　　400

　　贷：现金　　400

表12-3　现金盘点报告单

日期	账面余额	实际库存额	长款	短款	原因	处理意见
2011.12.12	10 000	9 600		400	未查明	

出纳：张一　　会计：　　财务科长：高琳

② 假设经过调查，发现盘亏的400元现金是出纳人员错付现金款所致，由相应的责任人赔偿。

借：现金　　400

　　贷：其他应收款　　400

③ 假设经调查，没发现盘亏原因，经单位领导批准作为经费支出。

借：事业支出　　400

　　贷：其他应收款　　400

2. 银行存款的核算

事业单位的银行存款是指事业单位存入银行和其他金融机构的各种存款。事业单位应加强银行账户的管理，由会计部门统一在银行开户，避免多头开户。

为核算事业单位银行存款的收支和结存情况，设置“银行存款”科目。本科目借方登记收入的存款数额，贷方登记已付出的存款数额，借方余额反映单位银行存款数额。

事业单位将款项存入银行或其他金融机构时，借记本科目，贷记有关科目；提取和支出存款时，借记有关科目，贷记本科目。

事业单位按开户银行和其他金融机构的名称以及存款种类等，分别设置“银行存款日记账”，由出纳人员根据收付款凭证逐笔顺序登记，每日终了应结出余额。银行存款日记账应定期与银行对账，至少每月核对一次。

特别提示

月终时，单位账面余额与银行对账单余额之间如有差额，应逐笔查明原因并进行处理。属于未达账项，应编制“银行存款余额调节表”，调节相符。

相关链接

事业单位外币存款的核算

有外币存款的事业单位，应在本科目下分别按人民币和各种外币设置“银行存款日记账”进行明细核算。事业单位发生的外币银行存款业务，应按当日中国人民银行颁布的人民币外汇汇率，将外币金额折合为人民币记账，并登记外国货币金额和折合率。年度终了（外币存款业务量大的单位可按季或月结算），事业单位应将外币账户余额按照期末中国人民银行颁布的人民币外汇汇率折合为人民币，作为外币账户期末人民币余额。调节后的各种外币账户人民币余额与原账面余额的差额，作为汇兑损溢列入事业支出科目。

【例 12－4】 B 事业单位发生如下业务，会计主管要求小李根据收到的凭证做出会计分录。

(1) 收到财政部门拨入的经费补助 400 000 元，已通过银行存款账户划拨。原始凭证见单据 12－6、单据 12－7。

借：银行存款　　400 000

　　贷：财政补贴收入　　400 000

单据 12-6：预算拨款凭证

预算拨款凭证（收账通知）

拨款日期 2011 年 01 月 03 日　　　　第 1 号

付款人	全称	×××财政局	收款人	全称	×××事业单位
	账号或地址	201621557955		账号或地址	201621557789
	开户银行	工行广州分行		开户银行	工行广州分行
拨款金额	人民币（大写）肆拾万元整		金额（小写）￥400 000.00		
用途：基本支出			款：21　项：02		
会计分录	付款银行转账或付款日期： 记账员：李易　出纳员：张一		上述款项已进账。如有错误，请持此联来行核对。 此致		

单据 12-7：进账单

中国工商银行进账单（收账通知）

交款日期：2011 年 01 月 03 日

付款人	全称	×××财政局	收款人	全称	×××事业单位
	账号或地址	201621557955		账号或地址	201621557789
	开户银行	工行广州分行		开户银行	工行广州分行

人民币（大写）	肆拾万元整	千	百	十	万	千	百	十	元	角	分
			￥	4	0	0	0	0	0	0	0
票据种类											
票据张数		款：21　项：02									
单位主管：　会计： 复核：　记账：											

(2) 根据政策决议，对下属单位下拨 200 000 元，通过银行存款账户划拨。

借：拨出经费　　200 000

　　贷：银行存款　　200 000

(3) 购买单位日常活动必需的办公用品 8 500 元，由于数量较大，采用银行转账付款。原始凭证见单据 12－8。

单据 12-8：发票

广东省商品销售统一发票

发票联

购货单位：×××事业单位　　2011 年 1 月 6 日

品名	规格	单位	数量	单价	金额						
					万	千	百	十	元	角	分
文件盒	黑色	箱	100	85		8	5	0	0	0	0
合计					¥	8	5	0	0	0	0
合计金额（大写）零万捌仟伍佰零拾零元零角零分											

第二联发票联

开票：刘云　　收款：李玉　　开票单位：

借：事业支出　　8 500

　　贷：银行存款　　8 500

3. 零余额账户的核算

为核算事业单位财政授权支付方式下的资金收付业务，设置“零余额账户用款额度”科目。该科目借方核算财政核定给预算单位的用款额度和因特殊原因退回账户的额度资金，贷方核算预算单位支用的额度和年终未用的注销额度，账户每日资金结算后无余额。

相关链接

预算单位零余额账户的使用

预算单位零余额账户是由财政部门为本部门和预算单位在商业银行开设的账户。预算单位零余额账户用于财政授权支付。该账户每日发生的支付，于当日营业终了前由代理银行在财政部批准的用款额度内与国库单一账户清算；营业中单笔支付额 5 000 万元人民币以上的（含 5 000 万元），应及时与国库单一账户清算。

预算单位零余额账户只能用于财政部授权预算单位支付额度内的支付和国库单一账户的资金清算。不得违反规定从该账户向预算单位其他账户划拨资金。财政授权的转账业务一律通过预算单位零余额账户办理。预算单位零余额账户在行政单位会计和事业单位会计中使用。

【例 12－5】 B 事业单位发生如下业务，会计主管要求小李根据收到的凭证做出会计分录。

(1) 收到《财政授权支付用款额度到账通知书》确定授权支付额度为 500 000 元。原始凭证见表 12－4。

借：零余额账户用款额度　　500 000

　　贷：财政补助收入——财政授权支付　　500 000

表 12-4 财政授权支付额度到账通知书

×××事业单位：

你单位 1 月份财政授权支付额度已经财政部核准，特予通知。

银行(签章)单位国际码： 零余额账户账号 单位：元

预算科目			科目名称	项目	财政授权支付额度	备注
类	款	项				
302	13		维修(护)费		500 000	

(2) 填写《财政资金授权支付凭证》，购买业务所需材料，授权支付金额为 4 000 元。原始凭证见表 12-5。

借：事业支出 4 000

　　贷：零余额账户用款额度 4 000

表 12-5 入库单

库别：办公用品库 2011 年 1 月 3 日

名称	单位	数量	单价	金额	备注
A 材料	千克	100	40	4 000	

主管： 会计： 记账： 保管员：李丽 经手人：张云

12.2.2 应收票据的核算

应收票据是指单位因从事经济活动以及销售产品所持有的尚未到期的商业汇票，包括银行承兑汇票和商业承兑汇票。

事业单位应设置“应收票据备查簿”，逐笔登记每一应收票据的种类、号数和出票日期、票面金额、付款人、承兑人、背书人的姓名或单位名称、到期日、收款日和收回金额等资料。

“应收票据”科目核算事业单位因从事经营活动销售产品而收到的商业汇票。本科目的借方余额为应收票据未到期数额。

(1) 事业单位收到应收票据，借记本科目，贷记“经营收入”等有关科目。

(2) 事业单位应收票据到期收回的票面金额，借记“银行存款”科目，贷记本科目。

(3) 事业单位持未到期的应收票据向银行贴现，应按实际收到的金额(扣除贴现息后的净额)，借记“银行存款”等科目；按贴现息部分，借记“经营支出”科目，按应收票据的票面金额，贷记本科目。

【例 12-6】 A 事业单位销售甲产品给 B 公司，货物已发出，该货价税合计 23 400 元，增值税 3 400 元。双方约定，6 个月后付款。B 公司给 A 单位开具一张 6 个月的银行承兑汇票，票面金额 23 400 元。

借：应收票据 23 400

　　贷：经营收入 20 000

　　　　应交税金——应交增值税(销) 3 400

假设：6 个月后，A 事业单位收到货款 23 400 元。

借：银行存款　　23 400

　　贷：应收票据　　23 400

假设：6 个月后，A 事业单位未收到货款。

借：应收账款　　23 400

　　贷：应收票据　　23 400

12.2.3 应收账款的核算

应收账款是指因销售商品或提供劳务而向购货单位或顾客收取的款项。应收账款的正常回收期最多不超过一年。

“应收账款”科目核算事业单位因提供劳务、开展有偿服务及销售产品等业务应收取的款项。本科目借方余额反映待结算应收账款的累计数。本科目应按债务单位或个人名称设置明细账。

(1) 事业单位发生应收账款时，借记本科目，贷记“经营收入”、“其他收入”等科目。

(2) 事业单位收到款项时，借记“银行存款”科目，贷记本科目。

特别提示

事业单位的“应收账款”不计提坏账准备，而是采用对无法回收的坏账呆账直接列支核销的办法。因此事业单位的“应收账款”科目没有备抵账户。

【例 12-7】 B 事业单位发生如下业务，会计主管要求小李做出会计分录。

① 向 B 公司提供服务，服务费 50 000 元，款项尚未收到。

借：应收账款——B 公司　　50 000

　　贷：事业收入　　50 000

② 收到 B 公司的服务费，已通过银行办理转账。

借：银行存款　　50 000

　　贷：应收账款——B 公司　　50 000

12.2.4 预付账款的核算

预付账款是指事业单位根据业务需要以及合同约定付给供应单位的款项。

“预付账款”科目核算按照购货、劳务合同规定预付给供应单位的款项。本科目借方余额为尚未结算的预付款项。本科目应按供应单位名称设置明细账。

(1) 事业单位预付款项时，借记本科目，贷记“银行存款”科目。

(2) 收到所购物品或劳务结算时，根据发票账单等所列的金额，借记“材料”等科目，贷记本科目。补付的货款，借记本科目，贷记“银行存款”科目；退回多付的货款，借记“银行存款”科目，贷记本科目。

预付款项业务不多的单位也可以将预付的账款直接记入“应收账款”科目的借方，不设本科目。

【例 12－8】 某研究所向 B 公司订购科研所需材料，研究所先预付货款 50 000 元，通过银行存款支付。7 天后，收到 B 公司发来的材料以及发票，含增值税在内共 85 000 元(由于材料属研究所自用，按规定材料应按含税价入账)。研究所验收材料入库，并开出转账支票，补足货款 35 000 元。

预付材料货款：

借：预付账款 50 000

　　贷：银行存款 50 000

收到材料：

借：材料 85 000

　　贷：预付账款 85 000

补付货款：

借：预付账款 35 000

　　贷：银行存款 35 000

12.2.5 其他应收款的核算

其他应收款是指事业单位除应收款以外的零星应收款项，包括职工借支的差旅费；应收的各种赔款、罚款、出租包装物的租金；备用金；暂时支付的款项或垫支的款项等。

“其他应收款”科目核算事业单位除应收票据、应收账款、预付账款以外的其他应收、暂付款项。本科目借方余额为尚未结算的应收款项。本科目应按其他应收款的项目和债务人设置明细账。

事业单位发生其他各种应收款项时，借记本科目，贷记有关科目；收回各种款项时，借记有关科目，贷记本科目。

【例 12－9】 B 事业单位科员小李预借差旅费 3 000 元。7 天后，小李出差回来，报销差旅费 2 500 元，并交回多余现金 500 元。

预借差旅费时：

借：其他应收款——小李 3 000

　　贷：现金 3 000

报销差旅费：

借：事业支出 2 500

　　现金 500

　　贷：其他应收款——小李 3 000

12.2.6 存货的核算

1. 存货概述

存货是指事业单位在开展业务活动及其他活动过程中为耗用或销售持有的各种财产，包括材料、产成品等。事业单位在办公活动中随买随用的零星办公用品，如纸张、笔墨等，可在购进时直接列支，不属于存货。

相关链接

不同性质的事业单位存货的类别也不同

存货的类别因事业单位的性质不同有如下几点。

(1) 从事产品生产的事业单位的存货主要包括：原材料、在产品、半成品、产成品、低值易耗品、办公用品及其他存货。

(2) 从事商品购销业务的事业单位的存货主要包括：商品存货（为销售而购入的商品）以及少量的低值易耗品和包装物材料等。

(3) 一般事业单位指不从事产品生产和商品经销的事业单位的存货，主要包括：材料、低值易耗品及办公用品等。

2. 材料的核算

材料是指事业单位的各种材料物资，以及达不到固定资产标准的低值易耗品、工具、器具等。

1）材料入账价值的确认

(1) 事业单位购入的材料，应以购价、运杂费作为材料入账价格。单位购入的自用材料，按实际支付的含税价格计算。事业单位按《中华人民共和国增值税暂行条例》规定属于小规模纳税人(以下简称小规模纳税人)的，其购进材料应按实际支付的含税价格计算；属于一般纳税人(以下简称一般纳税人)的，其购进的材料非自用部分按不含税价格计算。具体如图 12.1所示。

(2) 材料出库可以根据实际情况选择先进先出法或加权平均法确定其实际成本。

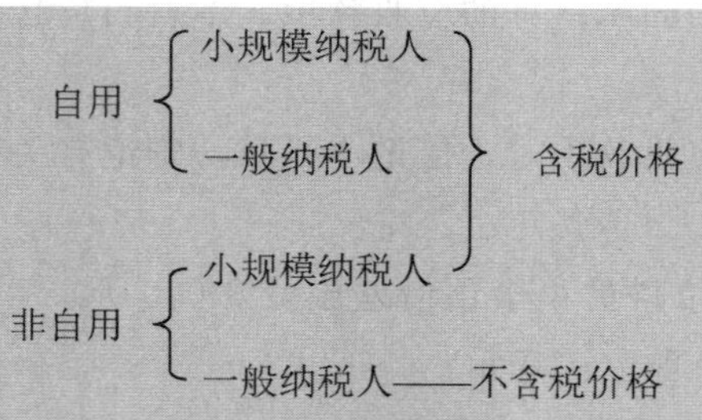

图 12.1　自用与非自用材料

2）材料的核算

“材料”科目核算事业单位库存的物资材料以及达不到固定资产标准的工具、器具、低值易耗品等。本科目的期末借方余额为事业单位材料的实际库存数。事业单位随买随用的零星办公用品，可在购进时直接列作支出，不适用本科目。

本科目应按照材料的保管地点、材料的种类和规格设置明细账，并根据材料的收、发凭证逐笔登记。

(1) 事业单位购入自用材料并已验收入库的，按材料含税价格借记本科目，贷记“银行存款”等科目。领用出库时，借记“事业支出”等科目，贷记本科目。

属于小规模纳税人的事业单位购进材料并已验收入库的，借记本科目，贷记“银行存款”等科目。领用出库时，借记“事业支出”、“经营支出”等科目，贷记本科目。

属于一般纳税人的事业单位购入非自用材料并已验收入库的，按照采购材料专用发票上注明的增值税额，借记“应交税金——应交增值税(进项税额)”科目，按专用发票上记载的应记入采购成本的金额，借记本科目，按实际支付的金额，贷记“银行存款”、“应付账款”等科目。领用出库时，按采购成本(不含税)借记“事业支出”、“经营支出”等科目，贷记本科目。

(2) 事业单位的材料，每年至少盘点一次，发生盘盈、盘亏等情况，属于正常的溢出或损耗，按照实际成本，作增加或减少材料处理。其中属于经营用材料应冲减或增加“经营支出”，属于事业用材料应冲减或增加“事业支出”。

【例 12－10】 B事业单位是一般纳税人，具有产品生产任务，发生如下业务，会计主管要求小李根据收到的凭证做出会计分录。

① 购入自用甲材料一批，价款为 11 700 元(含税)，材料已验收入库，货款通过银行转账付讫。购入自用乙材料一批，价款 5 000 元(不含税)，货款未付。原始凭证见单据 12－9、表 12－6。

借：材料——甲材料	11 700	
——乙材料	5 850	
贷：银行存款		11 700
应付账款		5 850

单据 12-9：发票

<table>
<tr><td colspan="8">广东增值税专用发票
开票日期：2011 年 1 月 6 日</td></tr>
<tr><td rowspan="4">购货单位</td><td>名　　称：</td><td colspan="3">×××事业单位</td><td rowspan="4">密码区</td><td colspan="2" rowspan="4"></td></tr>
<tr><td>纳税人识别号：</td><td colspan="3">6201047221055784</td></tr>
<tr><td>地址、电话：</td><td colspan="3">广州市天河区　020-46258245</td></tr>
<tr><td>开户行及账号：</td><td colspan="3">工行城北区支行 250056200236789</td></tr>
</table>

货物或应税劳务名称	规格型号	单位	数量	单价	金额	税率	税额
甲材料		千克	100	100.00	10 000.00	17%	1 700.00
乙材料		千克	100	50.00	5 000.00	17%	850
合计					15 000.00		2 550.00
价税合计（大写）	壹万柒仟伍佰伍拾零元零角零分				（小写）¥	17 550.00	

<table>
<tr><td rowspan="4">销货单位</td><td>名　　称：</td><td>广东宏大材料有限公司</td><td rowspan="4">备注</td><td rowspan="4"></td></tr>
<tr><td>纳税人识别号：</td><td>450121168168168</td></tr>
<tr><td>地址、电话：</td><td>天星市越秀区 0771-3838888</td></tr>
<tr><td>开户行及账号：</td><td>中国工商银行天星分行越秀分理处
00381208010019</td></tr>
</table>

收款人：　　复核：　　开票人：李文　　销货单位：（章）

全国统一发票监制章 广东 国家税务局监制

表 12－6　入库单

库别：材料库　　2011 年 1 月 6 日

名称	单位	数量	单价	税金	运费	金额	备注
甲材料	千克	100	100	1 700		11 700	自用
乙材料	千克	100	50	850		5 850	

主管：　　会计：　　记账：　　保管员：李丽　　经手人：张云

② 购入一批非自用丙材料，价款 20 000 元，增值税 3 400 元，供货单位代垫运费 300 元，材料验收入库，价款已通过银行转账支付。原始凭证见单据 12－10、表 12－7。

借：材料	20 300
应交税金—应交增值税(进)	3 400
贷：银行存款	23 700

单据 12-10：发票

<u>广东增值税专用发票</u>

全国统一发票监制章 广东 国家税务局监制

开票日期：2011 年 1 月 6 日

<table>
<tr><td rowspan="4">购货单位</td><td>名　　称：</td><td colspan="4">×××事业单位</td><td rowspan="4">密码区</td><td colspan="3" rowspan="4"></td></tr>
<tr><td>纳税人识别号：</td><td colspan="4">6201047221055784</td></tr>
<tr><td>地址、电话：</td><td colspan="4">广州市天河区　020-46258245</td></tr>
<tr><td>开户行及账号：</td><td colspan="4">工行城北区支行 250056200236789</td></tr>
<tr><td colspan="2">货物或应税劳务名称</td><td>规格型号</td><td>单位</td><td>数量</td><td>单价</td><td colspan="2">金额</td><td>税率</td><td>税额</td></tr>
<tr><td colspan="2">丙材料</td><td></td><td>千克</td><td>100</td><td>200.00</td><td colspan="2">20 000.00</td><td>17%</td><td>3 400.00</td></tr>
<tr><td colspan="2"></td><td></td><td></td><td></td><td></td><td colspan="2"></td><td></td><td></td></tr>
<tr><td colspan="2">合计</td><td></td><td></td><td></td><td></td><td colspan="2">20 000.00</td><td></td><td>3 400.00</td></tr>
<tr><td colspan="2">价税合计（大写）</td><td colspan="4">壹万参仟肆佰零拾零元零角零分</td><td colspan="2">（小写）￥</td><td colspan="2">23 400.00</td></tr>
<tr><td rowspan="4">销货单位</td><td>名　　称：</td><td colspan="4">广东宏大材料有限公司</td><td rowspan="4">备注</td><td colspan="3" rowspan="4"></td></tr>
<tr><td>纳税人识别号：</td><td colspan="4">450121168168168</td></tr>
<tr><td>地址、电话：</td><td colspan="4">天星市越秀区 0771-3838888</td></tr>
<tr><td>开户行及账号：</td><td colspan="4">中国工商银行天星分行越秀分理处 00381208010019</td></tr>
</table>

收款人：　　　　复核：　　　　开票人：李文　　　　销货单位：（章）

表 12－7　入库单

库别：材料库　　　　2011 年 1 月 6 日

名称	单位	数量	单价	税金	运费	金额	备注
丙材料	千克	100	200	3 400	300	23 700	非自用

主管：　　　　会计：　　　　记账：　　　　保管员：李丽　　　　经手人：张云

③ 本月发出丁材料，5 000 元用于日常维修，4 000 元用于专项工程。要求进行相应账务处理。原始凭证见表 12－8。

借：事业支出——基本支出——维修费	5 000
事业支出——项目支出——专用材料费	4 000
贷：材料——甲材料	9 000

表 12-8 出库单

库别：材料库　　　　2011 年 1 月 6 日

名称	单位	数量	单价	金额	备注
丁材料	千克	900	10	9 000	5 000 用于日常维修，4 000 用于专项工程

主管：　　会计：　　记账：　　保管员：李丽　　经手人：张云

④ 年末进行财产清查，盘盈用于日常维修的甲材料 30 千克，每千克 10 元。盘亏用于经营项目的乙材料 20 千克，每千克 20 元。要求进行相应账务处理。原始凭证见表 12-9。

借：材料——甲材料　　300

　　贷：事业支出——基本支出—维修费　　300

借：事业支出——项目支出——专用材料费　　400

　　贷：材料——乙材料　　400

表 12-9 财产清查报告单

库别：材料库　　　　2011 年 12 月 20 日

品名	单位	单价	账存数	实存数	盘盈		盘亏		盘亏原因
					数量	金额	数量	金额	
甲材料	千克	10	100	130	30	300			正常溢出
乙材料	千克	20	100	80			20	400	正常损失

3. 产成品的核算

产成品是指事业单位生产并已验收入库产品的实际成本或购入待销售的产品等。

“产成品”科目核算事业单位生产并已验收入库产品的实际成本。从事劳务活动的单位，其劳务成果可视同产成品核算。本科目借方余额，反映库存产成品的实际成本。本科目应按产成品的种类、品种和规模设置明细账。

(1) 事业单位生产完成验收入库的产成品，借记本科目，贷记“成本费用”科目。产品出库销售时，按先进先出法或加权平均法计算实际成本，借记“事业支出”或“经营支出”科目，贷记本科目。

(2) 事业单位清查盘点出现产成品盘盈或盘亏，作增加或减少产成品处理。盘盈时，借记本科目，贷记“事业支出”或“经营支出”科目；盘亏时，借记“事业支出”或“经营支出”科目，贷记本科目。

【例 12-11】 B 事业单位 2011 年 1 月 1 日有产成品存货 2 000 件，单位成本 15 元，1 月10 日完工验收入库 2 000 件，单位成本 10 元，1 月 20 日销售 1 000 件，1 月 25 日完工入库 800 件，单位成本 11 元，1 月 30 日销售 2 000 件。按先进先出法计价。

1 月 10 日验收入库。

借：产成品　　20 000

　　贷：成本费用　　20 000

1 月 20 日销售 1 000 件产品。

借：经营支出　　15 000

　　贷：产成品　　15 000

1 月 25 日完工入库。

借：产成品　　8 800

　　贷：成本费用　　8 800

1 月 30 日销售 2 000 件，成本＝1 000×15＋1 000×10＝25 000(元)。

借：经营支出　　25 000

　　贷：产成品　　25 000

12.3 对外投资的核算

对外投资是指事业单位以货币资金、实物、无形资产等对其他单位的投资，包括债券投资和其他投资。

(1) 债券投资是指事业单位以购买各种债券的形式而进行的对外投资，包括国库券和其他各种债券。

(2) 其他投资是指事业单位与其他单位共同出资组成合资或者联营实体的对外投资等。

“对外投资”科目核算事业单位通过各种方式向其他单位的投资。本科目应按债券种类和投资对象进行明细核算。

特别提示

由于事业单位主要从事非营利性的活动，资金来源主要依靠政府财政拨款，对外投资不是其主要的经济活动，实际发生的对外投资并不多，因此一般事业单位的对外投资不划分长期投资和短期投资，只对其投资的内容进行划分就可以了。

1. 对外债券投资

事业单位购入各种债券形成的对外投资，应按实际支付的款项，借记本科目，贷记“银行存款”等科目；同时借记“事业基金——一般基金”科目，贷记“事业基金——投资基金”科目。

事业单位转让债券以及到期兑付的债券本息，按实际收到的金额，借记“银行存款”科目，按实际成本贷记本科目。实收金额与账面金额的差额，借记或贷记“其他收入”科目。同时，调整事业基金的明细科目。

【例 12-12】 B 事业单位发生如下业务，会计主管要求小李根据收到的凭证做出会计分录。

(1) 用闲置资金购入 50 000 元国库券，以转账方式支付。原始凭证见单据 12-11。

借：对外投资　　50 000

　　贷：银行存款　　50 000

同时

借：事业基金——一般基金　　50 000

　　贷：事业基金—投资基金　　50 000

单据 12-11：收款凭证

中华人民共和国凭证式国债收款凭证

中国工商银行

购买日期	印密	年度	期次	期限	年利率	到期日期	柜员号
2011/01/10				3 年	3%	2014/01/10	1189

账号 1005565-01　　户名　×××事业单位

金额（大、小写）伍万元整

RMB50 000.00

中国工商银行广州分行 高新分理处 11.01.10 转讫 (3)

兑取日期	计息天数	年利率	利息	柜员号

（2）到期兑付原购入的 50 000 元国库券，利息 4 500 元。原始凭证见单据 12－12。

借：银行存款　54 500

　贷：对外投资　50 000

　　其他收入　4 500

借：事业基金——投资基金　50 000

　贷：事业基金——一般基金　50 000

单据 12－12：结算单

中国工商银行证券兑付结算单

2011 年 1 月 10 日

卡号/存折号　20160002100－4

储种	存期	利率%
其他储种	3 年	3%
本金	利息	税率
人民币　50 000	4 500	0.00%
利息	自动转存已扣税	本次代扣税
4 500.00	0.00	0.00
税后利息	本息实付金额	
4 500.00	54 500.00	

2. 以固定资产对外投资

事业单位以固定资产对外投资，应按评估价或合同、协议确认的价值借记本科目，贷记“事业基金——投资基金”科目；按账面原价，借记“固定基金”科目，贷记“固定资产”科目。

【例 12－13】　B 事业单位一台机器设备，原始价值为 100 000 元，现将该设备用于对外投资，双方协商作价为 80 000 元。

借：对外投资　　80 000

　　贷：事业基金——投资基金　　80 000

同时

借：固定基金　　100 000

　　贷：固定资产　　100 000

3. 以材料对外投资

属于一般纳税人的事业单位向其他单位投出材料，按合同协议确定的价值，借记本科目，按材料账面价值(不含增值税)，贷记“材料”、贷记“应交税金——应交增值税(销项税额)”科目。按合同协议确定的价值扣除材料账面价值与应交增值税的销项税额的差额，借记或贷记“事业基金——投资基金”科目；同时按材料的账面价值借记“事业基金——一般基金”科目，贷记“事业基金——投资基金”科目。

属于小规模纳税人的事业单位对外投出材料，按合同协议确定的价值，借记本科目，按材料账面价值(含税)贷记“材料”科目。按合同协议确定的价值与材料账面价值的差额，借记或贷记“事业基金——投资基金”科目；同时，按材料账面价值，借记“事业基金——一般基金”科目，贷记“事业基金——投资基金”科目。

【例 12-14】 B 事业单位属于一般纳税人，对外投出一笔原价为 8 000 元的材料，双方协商作价为 10 000 元，增值税为 1 700 元(销项税)。

借：对外投资　　10 000(双方协商价)

　　贷：事业基金——投资基金　　300 (差额)

　　　　应交税金——应交增值税(销)　　1 700

　　　　材料　　8 000 (材料的账面价值)

同时

借：事业基金——一般基金　　8 000

　　贷：事业基金——投资基金　　8 000 (材料账面价值)

【例 12-15】 某事业单位属于小规模纳税人，对外投出一笔原价为 8 000 元的材料，增值税为 1 360 元(进项税)。双方协商作价为 20 000 元。

借：对外投资　　20 000(双方协商价)

　　贷：事业基金——投资基金　　10 640 (差额)

　　　　材料　　9 360 (材料的账面价值，含进项税)

同时

借：事业基金——一般基金　　9 360

　　贷：事业基金——投资基金　　9 360(材料账面价)

4. 以无形资产对外投资

事业单位向其他单位投入的无形资产，按双方确定的价值，借记本科目，按账面原价，贷记“无形资产”科目，按其差额，借记或贷记“事业基金——投资基金”科目；同时按无形资产账面价值，借记“事业基金——一般基金”科目，贷记“事业基金——投资基金”

科目。

【例 12－16】　B事业单位拥有一专利权，摊余价值为 90 000 元，现以该项资产对外投资，双方协商价为 100 000 元

借：对外投资　　100 000（双方协商价）

　　贷：事业基金——投资基金　　10 000（差额）

　　　　无形资产　　90 000（无形资产的账面价值）

同时

借：事业基金——一般基金　　90 000

　　贷：事业基金——投资基金　　90 000（无形资产的账面价值）

5. 对外投资收益的核算

事业单位债券利息、股票股利、其他投资分得的利润，通过“其他收入——投资收益”核算。

【例 12－17】　B事业单位从被投资单位分得利润 30 000 元，存银行。

借：银行存款　　30 000

　　贷：其他收入—投资收益　　30 000

12.4　固定资产和无形资产的核算

12.4.1　固定资产的核算

1. 固定资产的概述

固定资产是指单位价值在规定标准以上，使用年限在 1 年以上，并在使用过程中基本保持原有形态的资产。

特别提示

按《事业单位财务规则》规定，一般设备单位价值在500元以上、专用设备单位价值在800元以上，以及单位价值虽然不足规定标准，但耐用时间在 1 年以上的大批同类资产，应当作为固定资产核算。事业单位固定资产分类与行政单位类似，具体见项目 8。

2. 固定资产初始计量

事业单位的固定资产按下列规定的价值记账。

（1）购入、调入的固定资产，按照实际支付的买价或调拨款、运杂费、安装费等记账。购置车辆按规定支付的车辆购置附加费记入购价之内。

（2）自制的固定资产，按开支的工、料、费记账。

（3）在原有固定资产基础上进行改建、扩建的固定资产，应按改建、扩建发生的支出减去改建、扩建过程中的变价收入后的净增加值，增记固定资产。

（4）融资租入的固定资产，按租赁协议确定的设备价款、运杂费、安装费等记账。

（5）接受捐赠的固定资产，按照同类固定资产的市场价格或根据所提供的有关凭据记账。

接受固定资产时发生的相关费用，应当记入固定资产价值。

（6）盘盈的固定资产，按重置完全价值入账。

（7）已投入使用但尚未办理移交手续的固定资产，可先按估计价值入账，待确定实际价值后，再进行调整。

（8）购置固定资产过程中发生的差旅费不记入固定资产的价值。

（9）事业单位开展业务活动的固定资产不计提折旧，但可以计提修购基金，事业单位经营用固定资产为进行成本核算需要，应计提折旧。

相关链接

事业单位固定资产折旧的计提范围

事业单位下列固定资产应当计提折旧：房屋和建筑物；在用的机器设备、仪器仪表、运输工具、工具器具；季节性停用、大修停用的固定资产；融资租入和以经营租赁方式租出的固定资产。

事业单位下列固定资产不计提折旧：房屋、建筑物以外的未使用、不需用固定资产；以经营租赁方式租入的固定资产；已提足折旧继续使用的固定资产；按规定单独估价作为固定资产入账的土地。

3. 固定资产的核算

“固定资产”科目核算事业单位固定资产的原价。事业单位应按固定资产分类设置明细账和固定资产卡片进行明细核算。

1）固定资产增加的核算

（1）事业单位购置固定资产时，应按资金来源分别借记“专用基金——修购基金”、“事业支出”、“专款支出”等科目，贷记“银行存款”科目，同时借记“固定资产”科目，贷记“固定基金”科目。

（2）事业单位接受捐赠的固定资产，借记“固定资产”科目，贷记“固定基金”科目。

（3）事业单位融资租入的固定资产，借记本科目，贷记“其他应付款”科目，支付租金时，借记有关支出科目，贷记“固定基金”科目；同时借记“其他应付款”科目，贷记“银行存款”科目。

（4）事业单位盘盈的固定资产，按重置价借记“固定资产”科目，贷记“固定基金”科目。

【例 12－18】 B事业单位发生如下业务，会计主管要求小李根据收到的凭证做出会计分录。

① 用事业经费购入新设备一台，设备买价为10 000元，销售方代垫400元运费和600元安装费，款已全支付，设备交付使用。原始凭证见单据12－13、单据12－14、表12－10。

借：事业支出	11 000	
贷：银行存款		11 000
借：固定资产	11 000	
贷：固定基金		11 000

单据 12-13：发票

广东省服务业专用发票

付款单位：×××事业单位　　　　发票联　　　　2011 年 1 月 10 日

服务项目	单位	数量	单价	金额						
				万	千	百	十	元	角	分
运费						4	0	0	0	0
安装费						6	0	0	0	0
合计				¥	1	0	0	0	0	0
人民币金额合计（小写）¥1 000.00										
人民币金额合计（大写）零万壹仟零佰零拾零元零角零分										

收款单位：广州大力装运公司　　　收款人：王娜　　　开票人：李梅

第二联　发票联

单据 12-14：发票

广东省商品销售统一发票

购货单位：×××事业单位　　　　发票联　　　　2011 年 1 月 10 日

品名	规格	单位	数量	单价	金额						
					万	千	百	十	元	角	分
复印机	黑色	台	1	10 000	1	0	0	0	0	0	0
合计					1	0	0	0	0	0	0
合计金额（大写）壹万零仟零佰零拾零元零角零分											

开票：刘云　　　收款：李玉　　　开票单位：

第二联　发票联

表 12-10　固定资产验收单

计划项目：　　　　2011 年 1 月 10 日

名称规格	单位	数量	总值金额	总值中的安装费	存放地点
复印机	台	1	11 000.00	600.00	办公室
附注：					

② 用专项资金拨款购入无须安装的设备一台，设备价款为 20 000 元，销售方代垫运费为 1 000 元，设备已验收。原始凭证见表 12-11、单据 12-15、单据 12-16。

借：专款支出　　　　21 000

　　贷：银行存款　　　　21 000

借：固定资产　　　　21 000

　　贷：固定基金　　　　21 000

表 12-11　固定资产验收单

计划项目：　　　　2011 年 2 月 10 日

名称规格	单位	数量	总值金额	总值中的安装费	存放地点
专用设备	台	1	21 000.00	0	业务室
附注：					

单据 12-15：发票

广东省商品销售统一发票

购货单位：×××事业单　　　　发票联　　　　2011 年 1 月 10 日

品名	规格	单位	数量	单价	金额						
					万	千	百	十	元	角	分
专用设备	黑色	台	1	20 000	2	0	0	0	0	0	0
合计					2	0	0	0	0	0	0
合计金额（大写）贰万零仟零佰零拾零元零角零分											

第二联　发票联

单据 12-16：发票

广东省服务业专用发票

付款单位：×××事业单位　　　　发票联　　　　2011 年 1 月 10 日

服务项目	单位	数量	单价	金额						
				万	千	百	十	元	角	分
运费					1	0	0	0	0	0
合计				¥	1	0	0	0	0	0
人民币金额合计（小写）¥1 000.00										
人民币金额合计（大写）零万壹仟零佰零拾零元零角零分										

第二联　发票联

③ 接受 A 企业捐赠的办公设备，价值 2 000 元，以现金支付运费 200 元。原始凭证见表 12-12。

借：固定资产　　2 200

　　贷：固定基金　　2 200

借：事业支出　　200

　　贷：现金　　200

表 12-12　固定资产验收单

计划项目：　　　　2011 年 2 月 12 日

名称规格	单位	数量	总值金额	总值中的安装费	存放地点
办公设备	台	1	2 200.00	0	业务室
附注：					

验收部门：总务科　　验收人：李丽　　部门负责人：章鱼　　制单：张兴

④ 在资产清查中盘盈一台设备，其重置价值为 50 000 元。原始凭证见表 12-13、表 12-14。

借：固定资产　　50 000

　　贷：固定基金　　50 000

单据 12-17：现金支出凭单

现 金 支 出 凭 单

2011 年 01 月 10 日　　　　第　　号

付 给 广州大力装运公司　购买办公用品运费 款　　现金付讫　　科目　　方
账户

计人民币 (大写) 零拾　零万　零仟　贰佰　零拾　零元　零角　零分

收款人(盖章) 李玉　　¥ 200.00

审批人：　　主管会计：　　记账员：　　出纳员：张一

表 12-13　财产清查报告单

仓库类别：固定资产　　　　2011 年 12 月 20 日

品名	单位	单价	账存数	实存数	盘盈		盘亏		盈亏原因
					数量	金额	数量	金额	
投影一体化设备	台	50 000	1	2	1	50 000			正常溢出

表 12-14　固定资产验收单

计划项目：　　　　2011 年 12 月 20 日

名称规格	单位	数量	总值金额	总值中的安装费	存放地点
投影一体化设备	台	1	50 000.00	0	会议室
附注：					

验收部门：总务科　　验收人：李丽　　部门负责人：章鱼　　制单：张兴

2）固定资产减少的核算

（1）事业单位因报废、毁损及盘亏等原因减少的固定资产，按减少固定资产的原值，借记“固定基金”科目，贷记“固定资产”科目。清理报废、毁损固定资产的残值变价收入和清理费用列入“专用基金——修购基金”。

（2）事业单位出售固定资产时，按实际收到的价款借记“银行存款”科目，贷记“专用基金——修购基金”科目，同时，按原价借记“固定基金”科目，贷记“固定资产”科目。

（3）事业单位投资转出固定资产，按“对外投资”科目的有关规定处理。

【例 12－19】 B 事业单位将报废设备一台。在报废过程中，通过银行支付清理费用 600 元，残料变价收入 1 000 元，存银行。该设备原值 20 000 元。

借：固定基金　　20 000

　　贷：固定资产　　20 000

借：银行存款　　1 000

　　贷：专用基金——修购基金　　1 000

借：专用基金——修购基金　　600

　　贷：银行存款　　600

12.4.2 无形资产的核算

无形资产是指不具实物形态而能为事业单位提供某种权利的资产，包括专利权、专有技术、土地使用权、商标权、著作权、商誉等。

“无形资产”科目核算事业单位的专利权、非专利技术、著作权、商标权、土地使用权、商誉等各种无形资产的价值。本科目的期末余额为尚未摊销的无形资产的价值。本科目应按无形资产类别设明细账。

1. 无形资产的取得

事业单位购入或自行开发并按法律程序申请取得的无形资产应按实际支出数，借记“无形资产”科目，贷记“银行存款”等有关科目。

事业单位购入无形资产，一般应按实际支付的卖价与其直接支付的相关费用，如咨询费、公证费、鉴定费、注册登记费等计价。

【例 12－20】 B 事业单位购入一项专利权，价款为 50 000 元，以银行存款支付。

借：无形资产——专利权　　50 000

　　贷：银行存款　　50 000

2. 无形资产的摊销

事业单位的各种无形资产应进行合理摊销。

不实行内部成本核算的事业单位，其购入和自行开发的无形资产摊销时，应借记“事业支出”科目，贷记本科目。

对于实行内部成本核算的事业单位，其无形资产应在受益期内分期摊销，摊销时，借记“经营支出”科目，贷记本科目。

【例 12－21】 某科研单位购入一无形资产，用于甲产品的生产，该项无形资产账面价值 240 000 元，有效使用年限为 10 年，该单位对 A 产品生产实行内部成本核算，每月摊销该项无形资产。

借：经营支出——项目支出　　2 000

　　贷：无形资产　　2 000

3. 无形资产的转让

事业单位向外转让已入账的无形资产的所有权，其转让收入，借记“银行存款”科目，贷记“事业收入”、“经营收入”科目，结转转让无形资产的成本，借记“事业支出——其他费用”、“经营支出——其他费用”科目，贷记本科目。

不实行内部成本核算的事业单位，其转让和结转无形资产时，记入“事业收入”和“事业支出”科目。

对于实行内部成本核算的事业单位，其转让和结转无形资产时，借记“经营收入”和“经营支出”科目。

【例 12－22】 某不实行内部成本核算的事业单位，对外转让专利权，协商作价 100 000 元，该专利权成本为 90 000 元。款项已存银行。

借：银行存款　　100 000

　　贷：事业收入　　100 000

借：事业支出——其他费用　　90 000

　　贷：无形资产　　90 000

【例 12-23】　某实行内部成本核算的事业单位，对外转让专利权，协商作价 100 000 元，该专利权账面摊余价值为 50 000 元。款项已存银行。

借：银行存款　　100 000
　　贷：经营收入　　100 000
借：经营支出——其他费用　　50 000
　　贷：无形资产　　50 000

对外投资转出无形资产按“对外投资”科目的有关规定处理。

项目小结

本项目着重阐述了事业单位资产的概念、各项资产的核算方法。行政单位资产核算包括各项货币资金增加、减少及对账的核算；材料、产成品增加、减少及盘点的核算；固定资产各种形式的增加、减少和盘点的核算；无形资产增加、减少和摊销的核算；不同事业单位以不同物资对外投资的核算。

职业能力训练

一、单项选择题

1. 事业单位盘盈经营用 A 产品，属于正常损溢的，应记入(　　)。
   A. 成本费用科目　　B. 事业支出科目
   C. 其他收入科目　　D. 经营支出科目
2. 事业单位盘盈的存货，应(　　)。
   A. 增加当期收入　　B. 冲减当期支出
   C. 增加营业外收入　　D. 冲减营业外支出
3. 事业单位处理固定资产盘盈的会计分录为(　　)。
   A. 借：固定资产
   　　贷：固定基金
   B. 借：固定基金
   　　贷：固定资产
   C. 借：固定资产
   　　贷：待处理财产损溢
   D. 借：固定资产
   　　贷：事业基金
4. 事业单位债券投资取得的利息收入，应记入(　　)。
   A. “其他收入”科目的贷方　　B. “事业基金”科目的贷方
   C. “对外投资”科目的借方　　D. “事业收入”科目的贷方
5. 事业单位盘亏事业用材料，属于正常损溢的，应记入(　　)。
   A. 经营支出科目　　B. 事业支出科目
   C. 其他收入科目　　D. 成本费用科目

二、多项选择题

1. 下列各项中，属于事业单位固定资产的有(　　)。
   A. 房屋和建筑物　　B. 专用设备
   C. 文物和陈列物　　D. 图书

2. 事业单位的无形资产进行摊销时，借记的账户是(　　)。

A. 专用基金——修购基金　　B. 事业支出

C. 经营支出　　D. 专款支出

3. 事业单位的资产核算与企业资产核算的不同之处在于(　　)。

A. 事业单位中没有无形资产的核算

B. 事业单位中没有递延资产的核算

C. 无经营业务的事业单位的固定资产不计提折旧

D. 事业单位的对外投资不区分短期投资和长期投资

4. 下列各项中，属于事业单位存货的有(　　)。

A. 低值易耗品　　B. 包装物

C. 燃料　　D. 材料

5. 根据现行会计制度，事业单位发出存货通常采用的计价方法有(　　)。

A. 后进先出法　　B. 先进先出法

C. 加权平均法　　D. 移动平均法

三、分析判断题

1. 事业单位发生的现金短款在未查明原因前，应记入“其他应收款”账户的借方。(　　)

2. 事业单位盘亏的经营用材料，应记入经营支出。(　　)

3. 事业单位固定资产一定等于固定基金。(　　)

4. 事业单位为专业业务活动购入的材料和为生产经营活动购入的材料，其计价组成不同。(　　)

5. 实行内部成本核算的事业单位，其无形资产的摊销额应记入经营支出。(　　)

四、项目实训

1. 资料：某行政单位发生下列业务。

(1) 签发现金支票从银行提取现金 1 000 元。

(2) 以现金支付办公费 200 元。

(3) 职工小李因公出差，借支差旅费 2 000 元，现金付讫。

(4) 现金盘亏 200 元，原因待查。

(5) 收到省财政厅拨入经费 500 000 元。

(6) 职工小李出差归来，报销差旅费 1 800 元，交回现金 200 元。

(7) 经领导批准，盘亏现金 200 元属于工作疏忽，予以核销。

(8) 签发转账支票，支付前欠某公司材料款 15 000 元。

(9) 拨付行政科周转用备用金，签发现金支票 3 000 元。

要求：根据上述经济业务编制会计分录，填制记账凭证，登记相关账簿。

2. 资料：某事业单位为一般纳税人，发生下列经济业务。

(1) 销售给甲企业 B 产品一批，售价 10 000 元，增值税额 1 700 元，产品发出时以支票支付代垫运费 300 元。同时收到甲企业签发并承兑的商业汇票一张，票面金额为 11 700 元。汇票到期，收到货款，并收回代垫运费。

(2) 销售给乙企业 A 产品 15 000 件，单价 3.60 元，以现金代垫运费 200 元，采用托收方式结算。到期收回货款和运费。

（3）向丙公司购进A材料100千克，单价450元。做出预付货款40 000元，A材料验收入库，以商业汇票补付货款的处理。

要求：根据上述经济业务编制会计分录，填制记账凭证，登记相关账簿。

3. 资料：某事业单位为一般纳税人，发生下列经济业务。

（1）购进事业用材料一批，货款90 000元，支付的增值税款为15 300元，材料尚未到达，货款以银行汇票支付。上述材料到达，定额内损耗100元，原因不明的损失900元。经查明，原因不明的材料损失系运输部门责任事项，赔偿款尚未收到。

（2）购进经营用材料一批，货款60 000元，支付的增值税款为10 200元，材料尚未到达，货款以商业汇票结算。上述材料运到，发生溢余20元，做收益处理。（假定该事业单位为小规模纳税人）。

（3）月末结转完工入库的产成品28 000元，其中A产品15 000元，B产品13 000元。月末结转已销售A产品的成本8 000元，B产品的成本7 000元。

（4）月末存货清查，盘盈事业用材料800元，经营用材料150元；盘亏B产品300元，均属于正常损溢，予以核销。

要求：根据上述经济业务编制会计分录，填制记账凭证，登记相关账簿。

4. 资料：某事业单位为一般纳税人，发生下列经济业务。

（1）以210 000元的价格购买债券，债券利率8%，面值200 000元，另付税费2 000元，债券到期一次还本付息。3个月后，将该债券全部出售，取得转让净收入为232 000元，款项存入银行。

（2）与某公司共同出资，组成某联营实体。投出货币资金400 000元；材料一批，含税价值23 400元，双方协议作价25 000元；专利权一项，价值65 000元，双方协议作价50 000元。

（3）与某公司共同出资，组成合资企业。投出材料一批，含税价值46 800元，双方协议作价40 000元；一般设备一项，账面原值800 000元，双方协议作价850 000元。

（4）年度结束，收到A公司分来红利40 000元，B企业分来红利50 000元，存入银行。

要求：根据上述经济业务编制会计分录，填制记账凭证，登记相关账簿。

5. 资料：某事业单位发生下列经济业务。

（1）以修购基金购买汽车一辆，价款200 000元，车辆购置附加费20 000元，其他各项支出10 000元，款项以银行存款支付，汽车投入使用。

（2）以事业经费购买专用设备一台，买价68 000元，一般设备一项，买价21 000元，增值税率为17%，两项设备共同发生运杂费640元，各负担50%。款项均以银行存款支付，设备投入使用。

（3）以存款购买经营用专用设备一台，含税价值为8 000元，设备投入使用。

（4）接受某外商捐赠的电脑2台，估价为16 000元，发生运杂费等相关支出100元，以现金支付。设备投入使用。

（5）年终清查固定资产时，发生下列有关经济业务。

① 经批准报废专用设备一台，账面价值40 000元，发生清理费用200元，残值变价收入800元，款项均以银行存款支付。

② 盘盈固定资产一项，估价2 000元。盘亏专用设备一台，账面价值3 000元。报经批准后，分别作补列和注销处理。

③ 出售不用的一般设备一台，账面价值 80 000 元，作价 50 000 元，款项存入银行。

要求：根据上述经济业务编制会计分录，填制记账凭证，登记相关账簿。

6. 资料：某事业单位发生下列经济业务。

(1) 自研发专利权一项，试验费用 60 000 元，申请专利费用 1 000 元，均以存款支付。专利权入账。

(2) 以存款购买专利权一项，价款 150 000 元；有效期限为 10 年，每年摊销一次，第六年对外转让，评估价 70 000 元，款项存入银行。(该单位不实行内部成本核算)。

(3) 接受某单位捐赠的非专利技术一项，评估价 30 000 元。

要求：根据上述经济业务编制会计分录，填制记账凭证，登记相关账簿。

项目 13 事业单位负债和净资产的核算

学习目标

(1) 了解事业单位负债和净资产的含义和具体内容；
(2) 理解事业单位负债和净资产的会计核算方法；
(3) 掌握事业单位负债和净资产核算中原始凭证的编制和审核实操；
(4) 掌握事业单位负债和净资产核算中记账凭证的编制和相关账簿的登记实操。

案例导读

小李是B事业单位的会计人员，该事业单位2010年事业收入为20万元，经营收入为10万元，按该单位主管部门规定，同以5%的提取比例提取修购基金，用于该单位固定资产维修。

【讨论】 会计主管要小李据此计算修购基金金额，并做分录。

【解析】

修购基金是事业单位按照事业收入和经营收入的一定比例提取，以及按规定从其他渠道转入，用于事业单位固定资产维修和购置的资金。提取额计算公式为：

修购基金提取额 =(事业收入×提取率)+(经营收入×提取率)

则该事业单位修购基金提取额=200 000×5%+100 000×5%=15 000(元)

提取修购基金时，借记“事业支出——修缮费、设备购置费”或“经营支出——修缮费、设备购置费”账户，贷记“专用基金——修购基金”账户。

借：事业支出——修缮费	10 000	
经营支出——修缮费	5 000	
贷：专用基金——修购基金		15 000

13.1 负债的核算

事业单位负债是由过去或现在已发生的经济业务引起的，需要事业单位在将来以支付现金、银行存款、其他资产或提供劳务等形式来抵偿的一切经济负担。

事业单位的负债包括借入款项、各种应付预收账款和各种应缴款项。

13.1.1 借入款项的核算

借入款项是指事业单位从财政部门、上级单位、金融机构和其他单位借入有偿使用的各种借款，包括长期借入款和短期借入款。

“借入款项”科目核算事业单位从财政部门、上级主管部门、金融机构借入的有偿使用的款项。本科目贷方余额反映尚未归还的借入款余额。本科目应按债权单位设置明细账。

借入款项时，借记“银行存款”等科目，贷记“借入款项”科目；归还本金时，借记“借入款项”科目，贷记“银行存款”科目；支付借款利息，借记“事业支出”、“经营支出”科目，贷记“银行存款”科目。

【例 13－1】 B事业单位从银行借入3个月的借款10 000元，假定年利率为12%，到期一次还本付息，借款用于单位的事业支出。原始凭证见单据13－1、单据13－2、单据13－3。

借入款项时：

借：银行存款　　10 000

　　贷：借入款项　　10 000

归还本金，并支付3个月的利息300元。

借：借入款项　　10 000

　　事业支出　　300

　　贷：银行存款　　10 300

单据 13-1：贷款凭证

中国工商银行贷款凭证

2011年1月3日

借款单位名称	×××事业单位	客户号	ABC-213456
贷款种类	短期贷款	借款合同	NO.123
贷款单位开户账号	201621557789	往来账号	201621557456
到期日 2011/04/03	还款方式	利率	

金额（大写）壹万元整	亿	千	百	十	万	千	百	十	元	角	分
				￥	1	0	0	0	0	0	0

贷款用途	备注：高新分理处 以上贷款已划转你账户 （银行盖章）
事业支出	

中国工商银行广州分行

单据 13-2：进账单

中国工商银行进账单（收账通知）

交款日期：　　　　2011 年 01 月 03 日

付款人	全称	中国工商银行	收款人	全称	×××事业单位										
	账号或地址	0200000		账号或地址	201621557789										
	开户银行	工行广州分行		开户银行	工行广州分行										
人民币（大写）	壹万元整			千	百	十	万	千	百	十	元	角	分		
						¥	1	0	0	0	0	0	0		
票据种类															
票据张数															
单位主管： 会计： 复核： 记账：															

单据 13-3：划拨单

中国工商银行还款资金划拨单

账别：　　　　2010 年 04 月 3 日　　　　贷款种类短期贷款

还款人	×××事业单位	借款人	×××事业单位											
存款户账号	201621557789	贷款户账号	201621557456											
开户银行	中国工商银行广州分行	开户银行	中国工商银行广西区分行											
本息合计（大写）	壹万零叁佰元整		亿	千	百	十	万	千	百	十	元	角	分	
						¥	1	0	3	0	0	0	0	
收回 2011 年 01 月 03 日发放，2011 年 04 月 03 日到期的贷款														
上述还贷款项我行已收妥。		合同号：												

会计主管：　　　　复核：　　　　记账：

第一联 借款人回单

【例 13－2】 B 事业单位向银行借入期限为 6 个月的借款 10 000 元，利率为 6%，每季末支付利息，借款用于该事业单位从事产品生产。

取得借款时：

借：银行存款　　10 000

　　贷：借入款项　　10 000

每季季末支付利息时：

借：经营支出　　150

　　贷：银行存款　　150

到期归还本金和最后一个季度的利息时：

借：借入款项　　10 000

　　经营支出　　150

　　贷：银行存款　　10 150

13.1.2 应付预收款的核算

1. 应付票据的核算

应付票据是指事业单位对外发生债务时所开出、承兑的商业汇票，包括银行承兑汇票和商业承兑汇票。

“应付票据”科目是核算事业单位对外发生债务时所开出、承兑的商业汇票。

(1) 事业单位开出、承兑汇票或以汇票抵付贷款时，借记“材料”、“应付账款”等科目，贷记本科目。

(2) 事业单位支付银行承兑汇票手续费，借记有关支出或费用科目，贷记“银行存款”科目。

(3) 事业单位收到银行支付本息通知时，借记本科目和有关支出科目，贷记“银行存款”科目。

特别提示

各单位应设置“应付票据备查簿”，详细登记每一应付票据的种类、号数、签发日期、到期日、票面金额、收款人姓名或单位名称以及付款日期和金额等详细资料。应付票据到期付清时，应在备查簿内逐笔注销。

【例 13-3】 B事业单位为增值税一般纳税人，购入非自用材料一批，货款40 000元，增值税6 800元，对方代垫运费1 200元，开出一张期限为3个月的不带息商业汇票，金额48 000元。

购入材料时：

借：材料　　41 200

　　应交税金——应交增值税(进)　　6 800

　　贷：应付票据　　48 000

偿还应付票据款项时：

借：应付票据　　48 000

　　贷：银行存款　　48 000

如果票据到期无法偿付时：

借：应付票据　　48 000

　　贷：应付账款　　48 000

2. 应付账款的核算

应付账款是指事业单位因购买材料、物资或接受劳务供应而应付给供应单位的款项。

“应付账款”科目核算事业单位因购买材料、物资或接受劳务供应而应付给供应单位的款项。本科目应按供应单位设明细账。

本科目适用于实行内部成本核算的事业单位。

(1) 事业单位购入材料、物资等已验收入库，但货款尚未支付时，应根据有关凭证，借记“材料”等有关科目，贷记本科目。

(2) 事业单位接受其他单位提供的劳务而发生的应付未付款项，应根据供应单位提供的发票账单，借记有关支出(费用)科目，贷记本科目。

(3) 事业单位偿付应付账款时，借记本科目，贷记“银行存款”等科目。单位开出、承兑商业汇票抵冲应付账款时，借记本科目，贷记“应付票据”科目。

【例 13-4】 B事业单位发生如下业务。

① 向甲公司购进材料一批，价值40 000元(不考虑税金)，货物验收入库，材料自用，款项尚未支付。

借：材料　40 000

　　贷：应付账款　40 000

② 用银行存款支付甲公司材料款40 000元。

借：应付账款　40 000

　　贷：银行存款　40 000

③ 开出商业承兑汇票一张，抵付以前欠东方公司的货款20 000元。

借：应付账款　20 000

　　贷：应付票据　20 000

3. 其他应付款的核算

其他应付款是指事业单位核算应付、暂收其他单位或个人的各种款项，包括租入固定资产的租金、存入的保证金、应付统筹退休金、个人缴存住房公积金、应付给投资者的收益等。事业单位的其他应付款要定期清理和结算，防止长期挂账。

“其他应付款”科目核算事业单位应付、暂收其他单位或个人的款项，如租入固定资产的租金、存入保证金、应付统筹退休金、个人交存的住房公积金等。本科目应按应付、暂收款项的类别或单位、个人设置明细账。

事业单位发生的各种应付、暂收款项，借记“银行存款”、“事业支出”、“经营支出”等科目，贷记本科目；支付时，借记本科目，贷记“银行存款”等科目。

【例 13-5】 B事业单位发生如下业务，会计主管要求小李做出会计分录。

(1) 经营租入一台机器，应支付租赁费4 000元。

借：经营支出　4 000

　　贷：其他应付款　4 000

(2) 根据退休统筹办法按期提取统筹退休金5 000元。

借：经营支出　5 000

　　贷：其他应付款　5 000

(3) 单位按规定标准提取当月社会保险费9 000元。

借：事业支出——社会保障　9 000

　　贷：其他应付款　9 000

(4) 将提取的社会保险金9 000元，交到劳务保险部门。

借：其他应付款　9 000

　　贷：银行存款　9 000

(5) 代扣房租400元，个人缴存的住房公积金600元。

借：事业支出　　1 000
　　贷：其他应付款——代扣职工应缴房租款　　400
　　　　　　　　　——个人缴存住房公积金　　600

(6) 支付上述应付款 1 000 元。

借：其他应付款——代扣职工应缴房租款　　400
　　　　　　　——个人缴存住房公积金　　600
　　贷：银行存款　　1 000

4. 预收账款的核算

预收账款是指事业单位按照合同规定向购货单位或接受劳务的单位预收的款项。

“预收账款”科目是核算事业单位按照合同规定向购货单位或接受劳务单位预收的款项。本科目应按购买单位设置明细账。预收账款业务不多的单位，也可将预收的账款直接记入“应付账款”科目的贷方，不设本科目。

事业单位预收账款时，借记“银行存款”或“现金”科目，贷记本科目；货物销售实现(劳务兑现)时，借记本科目，贷记有关收入科目。退回多付的款项，作相反会计分录。

【例 13-6】 B 事业单位发生如下业务。

(1) 向 B 公司预收货款 80 000 元，存入银行。

借：银行存款　　80 000
　　贷：预收货款　　80 000

(2) 按合同向 B 公司提供劳务，计价 75 000 元，余款退回。

借：预收货款　　80 000
　　贷：银行存款　　5 000
　　　　经营收入　　75 000

13.1.3 应缴款项的核算

1. 应缴预算款的核算

应缴预算款是指事业单位按规定应缴给政府的预算收入，包括纳入预算管理的基金收入、行政性收费收入、罚没收入、无主财物变价收入和其他按预算管理规定应上缴预算的款项等。应缴预算款属于国家财政性资金，事业单位不能视为己有，应及时足额上缴财政，不得截留、坐支、挪用等。

“应缴预算款”科目核算事业单位按规定应缴入国家预算的收入。本科目贷方余额，反映应缴未缴数。年终本科目应无余额。本科目应按应缴预算款项类别设置明细账。

事业单位取得应缴预算的各项收入时，借记“银行存款”等科目，贷记本科目；上缴时，借记本科目，贷记“银行存款”等科目。

【例 13-7】 B 事业单位发生如下应缴预算款业务。

(1) 代收行政性收入 5 000 元，款项存银行。原始凭证见单据 13-4、单据 13-5。

借：银行存款　　5 000
　　贷：应缴预算款　　5 000

单据 13－4：收费票据

行政事业性统一收费票据　　No. 65489

财 B－03－02　　支票号：

缴款单位或个人	建峰房产开发公司	购领证号：									
收费项目名称	收费标准	金额									
		千	百	十	万	千	百	十	元	角	分
鉴定服务费						5	0	0	0	0	0
合计					¥	5	0	0	0	0	0
金额（大写）伍仟元整											

收费单位（印章）××事业单位　　收款人（章）：　　2011 年 1 月 3 日

单据 13-5：进账单

中国工商银行进账单（收账通知）

交款日期：2011 年 01 月 03 日

付款人	全称	建峰房产开发公司	收款人	全称	×××事业单位									
	账号或地址	201621557547		账号或地址	201621557789									
	开户银行	工行广州分行		开户银行	工行广州分行									
人民币（大写）：	伍仟元整			千	百	十	万	千	百	十	元	角	分	
							¥	5	0	0	C	0	0	
票据种类				中国工商银行广州分行 高新分理处 11.01.03 (3)										
票据张数														
单位主管：	会计：													
复核：	记账：													

（2）收到罚没收入 30 000 元，存入银行。

借：银行存款　　30 000

　　贷：应缴预算款　　30 000

（3）将本期应缴预算收入 35 000 元上缴财政。

借：应缴预算款　　35 000

　　贷：银行存款　　35 000

2. 应缴财政专户款的核算

应缴财政专户款是指事业单位按规定代收的应上缴财政专户的预算外资金。

特别提示

事业单位预算外资金上缴同级财政专户的办法有 3 种：全额上缴财政专户、按比例上缴财政专户、收支相抵后的结余上缴财政专户。

“应缴财政专户款”科目是核算事业单位按规定代收的应上缴财政专户的预算外资金。本科目贷方余额，反映应缴未缴数。年终本科目无余额。本科目应按预算外资金的类别设置明细账。应上缴财政专户的预算外资金范围按财政部规定办理。

事业单位收到应缴财政专户的各项收入时，借记“银行存款”等科目，贷记本科目；上缴财政专户时，作相反会计分录。实行预算外资金结余上缴办法的单位定期结算预算外资金结余时，借记“事业收入”科目，贷记本科目。

1）预算外资金全部上缴财政专户

实行预算外资金全部上缴财政专户的事业单位，收到应上缴财政专户的各项收入时，借记“银行存款”等科目，贷记“应缴财政专户款”科目；上缴财政专户时，借记“应缴财政专户款”科目，贷记“银行存款”科目。

【例 13-8】 B 事业单位收到应缴财政专户的预算外收入 500 000 元。原始凭证见单据 13-6、单据 13-7、单据 13-8。

收取预算外资金收入时：

借：银行存款　　500 000

　　贷：应缴财政专户款　　500 000

上缴财政专户时：

借：应缴财政专户款　　500 000

　　贷：银行存款　　500 000

单据 13-6：收费票据

行政事业性统一收费票据　　No. 65489

财 B-03-02　　支票号：

缴款单位或个人	建峰房产开发公司	购领证号：									
收费项目名称	收费标准	金额									
		千	百	十	万	千	百	十	元	角	分
培训费				5	0	0	0	0	0	0	0
合计			¥	5	0	0	0	0	0	0	0
金额(大写)伍拾万元整											

收费单位(印章)×××事业单位　　收款人(章)：　　2011 年 1 月 3 日

单据 13-7：进账单

中国工商银行进账单（收账通知）

交款日期：2011 年 01 月 03 日

付款人	全称	建峰房产开发公司	收款人	全称			×××事业单位				
	账号或地址	201621557547		账号或地址			201621557789				
	开户银行	工行广州分行		开户银行			工行广州分行				
人民币（大写）：		伍拾万元整	千	百	十	万	千	百	十	元	角	分
				¥	5	0	0	0	0	0	0	0
票据种类												
票据张数												
单位主管：　会计： 复核：　记账：												

单据 13-8：缴款书

非税收收入一般缴款书　　No.A11.4

执收单位编号：222

填制日期 2011 年 1 月 3　　执收单位：工商银行　　机构代码：555

付款人	全称	建峰房产开发公司	收款人	全称	***事业单位预算外资金专户
	账号	201621557547		账号	1022122-01
	开户银行	工行广州分行		开户银行	工行广州分行
货币种：人民币		金额（大写）：伍拾万元整			小写：500 000.00 元
收入项目编号	收费项目名称	单位	数量	收费标准	金额
101	培训费				500 000
单位主管：　会计： 复核：　记账：		上述款项已收妥并划转收款单位账户。 （银行签章） 复核员：　记账员：　出纳员：			

2）预算外资金按比例上缴财政专户

实行按比例上缴财政专户的事业单位，收到预算外资金收入时，应分别记入“应缴财政专户款”和“事业收入”、“银行存款”科目，贷记“事业收入”、“应缴财政专户款”科目。上缴财政专户时，借记“应缴财政专户款”科目，贷记“银行存款”科目。

【例 13－9】 某事业单位实行预算外资金按比例上缴财政专户，本期收到预算外资金收入 60 000 元，按核批上缴比例 65%，留用比例 35%，有关会计处理如下。

收到预算外资金收入时：

借：银行存款　　60 000

　　贷：应缴财政专户款　　39 000(60 000×65%)

　　　　事业收入　　21 000(60 000×35%)

上缴财政专户时：

借：应缴财政专户款　　39 000

　　贷：银行存款　　39 000

3）预算外资金收支相抵后上缴财政专户

实行预算外资金结余上缴财政专户办法的单位，定期结算预算外资金结余时，应按结余数借记“事业收入”科目，贷记“应缴财政专户款”科目；上缴财政专户时，借记“应缴财政专户款”科目，贷记“银行存款”科目。

【例 13－10】 某事业单位实行预算外资金收支结余上缴财政专户，本期收取预算外资金收入 60 000 元。期末，收支相抵后结余 7 000 元。

收取预算外资金收入时：

借：银行存款　　60 000

　　贷：事业收入　　60 000

期末，计算预算外资金收支结余时：

借：事业收入　　60 000

　　贷：应缴财政专户款　　60 000

上缴财政专户时：

借：应缴财政专户款　　7 000
　　贷：银行存款　　7 000

3. 应交税金的核算

应交税金是指事业单位按税法规定应交纳的各种税金，包括增值税、营业税、消费税、城建税、资源税、教育费附加、所得税等。

相关链接

关于事业单位的营业税

根据《中华人民共和国营业税暂行条例》规定，事业单位、社会团体属于营业税的纳税人，应依法纳营业税。但事业单位的收入不都是营业税的应纳税收入，只有涉及营业税条例上规定的提供方应税劳务、转让无形资产或销售不动产的收入才是营业税的应纳税收入。财政补助收入、上级补助收入、拨入专款、附属单位缴款等一般无须缴纳营业税。符合暂行条例中免征营业税范围的收入也无须缴纳营业税。

"应交税金"科目核算事业单位应交纳的各种税金。各单位应按所交纳的税金种类进行明细核算。科目期末借方余额为多交的税金，贷方余额为应交未交的税金。其中属于一般纳税人的事业单位，其应交增值税明细账中应设置"进项税额"、"已交税金"、"销项税额"等专栏。

事业单位一般在月份结束，计算出应交纳的税金(除一般纳税人缴纳的增值税)时，借记"销售税金"、"结余分配"等科目，贷记本科目；交纳税金时，借记本科目，贷记"银行存款"等科目。有关应交增值税进项税额的核算，详见"材料"科目说明。有关增值税销项税额的核算，详见"经营收入"科目说明。

【例 13－11】 某一般纳税人的事业单位，发生以下业务。

(1) 购入非自用材料 1 000 元，增值税进项税额为 170 元，以银行存款支付。

借：材料　　1 000
　　应交税金——应交增值税(进)　　170
　　贷：银行存款　　1 170

(2) 取得经营收入 1 000 元，增值税销项税额 170 元。

借：银行存款　　1 170
　　贷：经营收入(不含税)　　1 000
　　　　应交税金——应交增值税(销)　　170

(3) 交纳本月增值税 2 000 元。

借：应交税金——应交增值税(已交税金)　　2 000
　　贷：银行存款　　2 000

(4) 计提营业税 1 000 元，城建税 300 元，教育费附加 200 元。

借：销售税金　　1 500
　　贷：应交税金——应交营业税　　1 000
　　　　　　　　——应交城建税　　300
　　　　其他应付款——教育费附加　　200

(5) 交纳营业税 1 000 元，城建税 300 元，教育费附加 200 元。

借：应交税金——应交营业税	1 000	
——应交城建税	300	
其他应付款——教育费附加	200	
贷：银行存款		1 500

(6) 年末计提所得税 10 000 元。

借：结余分配	10 000	
贷：应交税金——应交所得税		10 000

(7) 交纳所得税 10 000 元。

借：应交税金——应交所得税	10 000	
贷：银行存款		10 000

13.2　净资产的核算

13.2.1　净资产概述

净资产是事业单位持有的资产净值及出资者所拥有的产权，是事业单位资产减去负债的差额。事业单位的净资产分为基金类和结余类。基金类包括事业基金、固定基金和专用基金；结余类包括事业结余、经营结余和结余分配。

13.2.2　基金的核算

1. 事业基金的核算

1) 事业基金的内容

事业基金是指事业单位拥有的非限定用途的净资产，分为滚存的结余资金和投资产权等内容。

滚存的结余资金是指事业单位历年的未分配的结余和损失，以及历年的专项资金结余。

投资产权是指事业单位以固定资产投资而形成的产权，以及以无形资产、材料等投资，其评估确认高于或低于原始账面价值而增加或减少的净资产。

2) 事业基金的核算

事业基金按当期实际发生数额记账。为了核算事业单位基金的增减变化情况，应当设置“事业基金”账户。“事业基金”属于净资产类账户，增加事业基金时记贷方，减少事业基金时记借方，贷方余额反映事业单位所拥有的事业基金总值。本科目应按核算的业务内容，下设“一般基金”和“投资基金”两个明细科目。“一般基金”主要用于核算滚动结余资金；“投资基金”用于核算对外投资部分的基金。

(1) 事业单位用固定资产对外投资时，应按评估价或合同、协议确定的价值，借记“对外投资”科目，贷记本科目(投资基金)；同时按固定资产账面原价，借记“固定基金”科目，贷记“固定资产”科目。

(2) 事业单位用材料、无形资产对外投资，按“对外投资”科目的有关规定处理。

(3) 年终，事业单位应将当期未分配结余转入本科目，借记“结余分配”科目，贷记本科目(一般基金)。对于项目已经完成的拨入专款结余，按规定留归本单位使用的，转入本科目核算，借记“拨入专款”科目，贷记本科目(一般基金)。

【例 13－12】 B事业单位发生如下业务，会计主管要求小李做出会计分录。

① 某专项任务完成，按照规定，专项结余 40 000 元留归单位使用。

借：拨入专款　　40 000

　　贷：事业基金——一般基金　　40 000

② 以固定资产对外投资，固定资产的账面原价为 300 000 元，评估价为 200 000 元。

借：对外投资　　200 000

　　贷：事业基金——投资基金　　200 000

同时

借：固定基金　　300 000

　　贷：固定资产　　300 000

③ B事业单位属于一般纳税人，对外投资材料一批，材料原价为 50 000 元，双方协议作价 40 000 元，增值税为 8 500 元。

借：对外投资　　40 000

　　事业基金——投资基金　　18 500

　　贷：材料　　50 000

　　　　应交税金——应交增值税(销项税额)　　8 500

同时

借：事业基金——一般基金　　50 000

　　贷：事业基金——投资基金　　50 000

④ 购买国库券 40 000 元，并支付手续费 200 元。

借：对外投资——债券投资　　40 200

　　贷：银行存款　　40 200

同时

借：事业基金—— 一般基金　　40 200

　　贷：事业基金——投资基金　　40 200

⑤ 年终，某事业单位将未分配结余 800 000 元转入事业基金。

借：结余分配　　800 000

　　贷：事业基金——一般基金　　800 000

2. 固定基金的核算

固定基金是事业单位持有固定资产所占用的基金。

“固定基金”科目核算事业单位因购入、自制、调入、融资租入(有所有权的)、接受捐赠以及盘盈固定资产所形成的基金。该账户属于净资产类账户，贷方登记固定基金增加数，借方登记固定基金减少数，贷方余额表示事业单位所拥有的固定基金总值。

(1) 事业单位新建、购入固定资产时，借记有关支出科目，贷记“银行存款”等科目，同时借记“固定资产”科目，贷记本科目。

(2) 事业单位融资租入固定资产，按实际支付的租金，借记有关支出科目，贷记本科目。接受捐赠的固定资产，借记“固定资产”科目，贷记本科目。

(3) 事业单位盘盈的固定资产，按重置完全价值借记“固定资产”科目，贷记本科目；盘亏的固定资产，按账面原价借记本科目，贷记“固定资产”科目。

(4) 事业单位出售，对外投资转出固定资产，借记本科目，贷记有关科目。

【例 13－13】 B事业单位发生如下有关固定基金的经济业务。

① 使用事业经费购入一项设备，价值600 000元，款项已通过银行支付。

借：事业支出 600 000
　　贷：银行存款 600 000

同时

借：固定资产 600 000
　　贷：固定基金 600 000

② 接受捐赠办公用设备6台，价值20 000元。

借：固定资产 20 000
　　贷：固定基金 20 000

③ 无偿调入计算机10台，价值40 000元。

借：固定资产 40 000
　　贷：固定基金 40 000

④ 以修购基金70 000元购入一批办公设备。

借：专用基金——修购基金 70 000
　　贷：银行存款 70 000

同时

借：固定资产 70 000
　　贷：固定基金 70 000

⑤ 从租赁公司融资租入一项固定资产，应付融资租赁费为5 000元。租赁期限5年，每年付款一次。

融资租入固定资产时：

借：固定资产 5 000
　　贷：其他应付款 5 000

支付租金时：

借：其他应付款 1 000
　　贷：银行存款 1 000

借：事业支出 1 000
　　贷：固定基金 1 000

⑥ 有偿调出不用的专用设备一台，账面价值为50 000元，售价为45 000元。收到的价款用于更新固定资产。

借：固定基金 50 000
　　贷：固定资产 50 000

借：银行存款 45 000
　　贷：专用基金——修购基金 45 000

⑦ 报废办公用电脑一批，账面价值为100 000元。清理时以现金支付清理费用1 000元，变卖残料取得收入3 000元，存入银行。

注销时：

借：固定基金 100 000
　　贷：固定资产 100 000

支付清理费用时：

借：专用基金——修购基金　　1 000

　　贷：银行存款　　1 000

取得残料收入时：

借：银行存款　　3 000

　　贷：专用基金——修购基金　　3 000

⑧ 盘亏固定资产一项，账面价值 3 800 元，经批准核销。

借：固定基金　　3 800

　　贷：固定资产　　3 800

⑨ 盘盈办公用设备一台，其重置价值为 5 000 元。经批准后，转增固定基金。

借：固定资产　　5 000

　　贷：固定基金　　5 000

3. 专用基金的核算

专用基金是指事业单位按规定提取、设置的有专门用途的资金，主要包括修购基金、职工福利基金、医疗基金、住房基金及其他基金。专用基金必须按规定提取、统筹安排，合理使用，专款专用。

1）修购基金的核算

修购基金即事业单位按照事业收入和经营收入的一定比例提取，以及按规定从其他渠道转入，用于事业单位固定资产维修和购置的资金。修购基金提取额计算公式为：

修购基金提取额 =(事业收入×提取率)+(经营收入×提取率)

按照事业收入和经营收入的一定比例提取修购基金。提取修购基金时，借记“事业支出——修缮费、设备购置费”或“经营支出——修缮费、设备购置费”账户，贷记“专用基金——修购基金”账户。

固定资产变价收入转为修购基金。清理报废固定资产残值变价收入时，借记“银行存款”账户，贷记“专用基金——修购基金”账户；支付清理报废固定资产所发生的清理费用时，借记“专用基金——修购基金”账户，贷记“银行存款”账户。

【例 13－14】　B 事业单位发生如下业务。

(1) 用修购基金 60 000 元购置一台机器设备，款已通过银行付讫，设备已投入使用。

借：专用基金——修购基金　　60 000

　　贷：银行存款　　60 000

同时

借：固定资产——专用设备　　60 000

　　贷：固定基金　　60 000

(2) 提取修购基金，用于事业单位固定资产维修，比例分别为 8%和 10%，年度事业收入为 150 万元，经营收入为 50 万元。则修购基金提取额为 17 万元(150×8%+50×10%)。原始凭证见表 13－1。

借：事业支出——修缮费　　120 000

　　经营支出——修缮费　　50 000

　　贷：专用基金——修购基金　　170 000

表 13-1　计提修购基金计算表

计提				列支	
本月收入		计提比例	计提金额	列支目级科目	金额
事业	1 500 000	8%	120 000	维修费	
				办公设备购置费	
				专用设备购置费	
				小计	
经营	500 000	10%	50 000		
合计	200 000				

日期：2011 年 12 月 30 日　　　　制表：张佳　　　　审核：章鱼

(3) 报废机器设备一台，取得清理收入 6 000 元，用现金支付清理费用 400 元。该设备账面价值为85 000 元。

注销该项固定资产原值时：

借：固定基金　　85 000

　　贷：固定资产　　85 000

取得清理收入时：

借：银行存款　　6 000

　　贷：专用基金——修购基金　　6 000

支付清理费用时：

借：专用基金——修购基金　　400

　　贷：现金　　400

2）职工福利基金的核算

职工福利基金是指事业单位按照非限定用途结余的一定比例提取，以及按规定从其他规定提取转入，用于单位职工集体福利设施、集体福利待遇等的资金。年度终了，事业单位按照规定提取职工福利基金时，从结余分配中转入专用基金中的职工福利基金。

年终，事业单位按照规定比例从当年结余计提职工福利基金时，借记“结余分配——职工福利基金”等账户，贷记“专用基金”账户相关明细账户；使用福利基金时，借记“专用基金——职工福利基金”账户，贷记“银行存款”账户。

【例 13-15】　假定某事业单位年终事业结余为 18 000 元，经营结余为 24 000 元，按 25%税率交纳所得税，按税后 20%的比例提取职工福利基金。

应交所得税额＝24 000×25%＝6 000(元)

应提职工福利基金 ＝[18 000＋(24 000－6 000)]×20% ＝7 200(元)

借：结余分配——提取职工福利基金　　7 200

　　贷：专用基金——职工福利基金　　7 200

3）医疗基金的核算

医疗基金是指未纳入公费医疗经费开支范围的事业单位，按照当期财政部门规定的公费医疗经费开支标准从收入中提取的，并参照公费医疗制度有关规定用于职工公费医疗开支的资金。账务处理如下。

事业单位提取医疗基金时：

借：事业支出——社会保障费

　　经营支出——社会保障费等

　　贷：专用基金——医疗基金

使用时：

借：专用基金——医疗基金

　　贷：银行存款

【例 13-16】 某事业单位拥有从事专业业务活动及其辅助活动的人员 50 人，从事生产经营活动的人员 30 人。按财政部门确定的公费医疗经费人均年度预算定额标准 300 元提取医疗基金，则该事业支出中应提医疗基金：300×50＝15 000(元)，经营支出中应提医疗基金＝300×30＝9 000(元)

借：事业支出——社会保障费	15 000	
经营支出——社会保障费	9 000	
贷：专用基金——医疗基金		24 000

4）住房基金的核算

事业单位住房基金是指除财政预算拨付和财政专户拨付的住房补贴(包括住房公积金、提租补贴、购房补贴等)外，事业单位收到其他住房方面的资金，但不包括职工个人缴纳的住房公积金。如自管住房出租收入、留归单位使用的售房收入、提取的住房公积金、住房资金利息收入、发放的购房补贴支出、自管住房的维修管理和改造支出等。

在住房基金中核算，事业单位对于个人住房公积金的缴存情况，应设置辅助账，以核算其交纳、使用及结存情况。账务处理如下。

(1) 事业单位提取职工住房基金时：

借：事业支出

　　贷：专用基金——住房基金

(2) 从工资中扣除个人住房公积金：

借：事业支出

　　贷：其他应付款

(3) 收到各项住房基金收入(不包括个人缴纳的住房公积金)时：

借：银行存款

　　贷：专用基金——住房基金

(4) 使用专用基金时：

借：专用基金——住房基金

　　贷：银行存款 、现金

【例 13-17】 某事业单位发生以下业务。

① 按照职工工资总额计提 5 000 元住房基金。

借：事业支出——社会保障费	5 000	
贷：专用基金——住房基金		5 000

② 发放工资时，发放住房补贴 9 000 元，从工资中扣除自有住房房租 8 000 元，住房个人公积金 6 000 元，同时实际交存住房公积金 12 000 元。

发放住房补贴时：

借：专用基金——住房基金　　9 000

　　贷：现金　　9 000

从工资中扣除自有住房房租、住房公积金时：

借：事业支出　　14 000

　　贷：专用基金——住房基金　　8 000

　　　　其他应付款　　6 000

实际交存住房公积金：

借：事业支出　　6 000

　　其他应付款　　6 000

　　贷：银行存款　　12 000

13.2.3　结余及其分配的核算

1. 事业结余的核算

1）事业结余的计算

事业结余额是指事业单位在一定期间内除经营收支外各项收支相抵后的余额。

特别提示

一定期间通常指一年，起讫日期采用公历日期，即公历的1月1日至12月31日。各项收入包括财政补助收入、上级补助收入、事业收入、财政专户返还收入、附属单位缴款及其他收入。各项支出包括事业支出、上缴上级支出、对附属单位补助、销售税金、拨出经费、结转自筹基建等。

事业结余用公式表示为：

事业结余＝(财政补助收入＋上级补助收入＋附属单位缴款＋事业收入＋其他收入)－(拨出经费＋事业支出＋上缴上级支出＋非经营业务负担的销售税金＋对附属单位补助)

2）事业结余的核算

事业单位应设置“事业结余”科目，核算事业结余及其结转情况。该科目贷方反映从有关收入账户转入数，借方反映从有关支出账户转入数，余额一般在贷方，反映事业单位当年收入大于支出的结余数；如果余额在借方，则反映事业单位当年支出大于收入的亏损数。年终转账，该账户无余额。

事业单位可以在“事业结余”科目下，按照“财政性资金结余”和“其他事业结余”分设账户，进行明细核算。“财政性资金结余”科目核算事业单位在一定期间财政补助收入、财政专户返还收入与财政性资金支出、拨出经费相抵后的余额；“其他事业结余”科目核算事业单位在一定期间除财政性资金收支和经营收支外各项收支相抵后的余额。

事业结余具体账务处理如下。

(1) 期末，将非经营收入类账户的余额转入“事业结余”账户：

借：财政补助收入

　　上级补助收入

　　附属单位缴款

　　事业收入

其他收入

贷：事业结余

(2) 期末，将非经营支出类账户的余额转入“事业结余”账户：

借：事业结余

贷：拨出经费

事业支出

上缴上级支出

销售税金(非经营业务负担部分)

对附属单位补助

(3) 年终，将“事业结余”账户的余额全数转入“结余分配”账户。

如为事业盈余：

借：事业结余

贷：结余分配

如为事业超支，则做相反的会计分录：

借：结余分配

贷：事业结余

【例 13-18】 某事业单位年末有关账户余额为：财政补助收入 4 000 000 元，上级补助收入 3 000 000 元，事业收入 5 000 000 元，附属单位缴款 1 000 000 元，其他收入 500 000 元；拨出经费 3 000 000 元，事业支出 4 000 000 元，上缴上级支出 2 000 000 元，销售税金 500 000 元，对附属单位补助 1 000 000 元。其年终结转会计分录为：

借：财政补助收入	4 000 000	
上级补助收入	3 000 000	
事业收入	5 000 000	
附属单位缴款	1 000 000	
其他收入	500 000	
贷：事业结余		13 500 000
借：事业结余	10 500 000	
贷：拨出经费		3 000 000
事业支出		4 000 000
上缴上级支出		2 000 000
销售税金		500 000
附属单位补助		1 000 000

“事业结余”余额为 13 500 000－10 500 000 ＝3 000 000 元，结转损益：

借：事业结余	3 000 000	
贷：结余分配		3 000 000

2. 经营结余的核算

1) 经营结余的计算

经营结余是指事业单位在一定期间内各项经营收入与支出相抵后的余额。用公式表示为：

经营结余＝经营收入－(经营支出＋经营业务负担的销售税金)

2）经营结余核算

事业单位应设置“经营结余”科目，核算经营结余的实现及其结转情况。该科目贷方反映经营收入账户转入数，借方反映经营支出和属于经营收入应负担的销售税金，余额一般在贷方，反映事业单位当年经营收入大于支出的结余数；如果余额在借方，则反映事业单位当年经营支出大于收入的亏损数。年度终了转账后，该账户应无余额。但如为亏损，则不结转。

(1) 期末计算经营结余时，将“经营收入”账户余额转入“经营结余”账户的贷方。转账时：

借：经营收入

　　贷：经营结余

(2) 将“经营支出”、“销售税金”(指经营业务的销售税金)账户的余额转入“经营结余”账户时：

借：经营结余

　　贷：经营支出

　　　　销售税金

(3) 年终，“经营结余”账户如为贷方余额，表示当期盈余，贷方余额全数转入“结余分配”账户，结转后本账户无余额；如为借方余额，则表示当年经营亏损，年终不予结转，等待以后年度用盈余弥补亏损。

如为盈余时：

借：经营结余

　　贷：结余分配

【例 13-19】 某事业单位年末有关账户余额为：经营收入为 3 000 000 元，经营支出为 2 000 000 元，销售税金 500 000 元，其年终结转会计分录如下。

年终结转收益：

借：经营收入	3 000 000	
贷：经营结余		3 000 000

同时

借：经营结余	2 500 000	
贷：经营支出		2 000 000
销售税金		500 000

“经营结余”余额为 3 000 000－2 500 000 ＝500 000 元，结转损益：

借：经营结余	500 000	
贷：结余分配		500 000

3. 结余分配的核算

1）结余分配的内容

结余分配的内容主要有两项。

(1) 需要交纳所得税的事业单位计算应交所得税。

(2) 按规定提取职工福利基金等。

2）结余分配的核算

事业单位应设置“结余分配”科目，核算事业单位当年结余分配的情况和结果。该科目一般根据“应交所得税”、“提取专用基金”等设置明细账。

(1) 年度结束，将事业结余和经营结余转入“结余分配”账户，借记“事业结余”、“经营结余”账户，贷记“结余分配”账户。

(2) 有所得税交纳业务的事业单位计算应交纳的所得税，借记“结余分配——应交所得税”账户，贷记“应交税金”账户。

(3) 计算应提取的专用基金，借记“结余分配——提取专用基金”账户，贷记“专用基金”账户。

(4) 分配后，将未分配结余转入“事业基金——一般基金”账户，借记“结余分配”账户，贷记“事业基金——一般基金”账户。

【例 13-20】 某事业单位年实现事业结余 2 000 元，经营结余 3 000 元。假设该单位经营结余按 25%的税率交纳所得税，按税后结余的 10%提取职工福利基金。单位的会计处理如下。

① 结转事业结余和经营结余时：

借：事业结余	2 000	
经营结余	3 000	
贷：结余分配		5 000

② 计算应交所得税 3 000×25%=750(元)：

借：结余分配——应交所得税	750	
贷：应交税金——应交所得税		750

③ 计算提取职工福利基金 (2 000+3 000−750)×10%=425(元)：

借：结余分配——提取专用基金	425	
贷：专用基金——职工福利基金		425

④ 结转未分配结余 5 000−750−425=3 825(元)：

借：结余分配	3 825	
贷：事业基金——一般基金		3 825

项目小结

本项目着重阐述了在实行财政资金集中汇缴方式下，事业单位代收和缴库预算内、预算外财政资金的核算；各项负债增加、减少的核算；事业基金和固定基金增减的核算；专用基金的计提和核算；期末收支转账的计算及账务处理；结余分配的计算及账务处理。

职业能力训练

一、单项选择题

1. 某事业单位 2010 年事业收入为 8 000 万元，事业支出为 7 000 万元；经营收入为 1 000万元，经营支出为 1 200 万元；以货币资金对外投资 500 万元。假定该事业单位年初事业基金中一般基金结余为500万元，不考虑其他因素。该事业单位2010年12月31日事业基金中一般基金结余为(　　)万元。

A. 800　　B. 1 000　　C. 1 300　　D. 1 500

2. 下列各科目中，年终不转入“事业结余”科目的有(　　)。

A. 拨出经费　　B. 拨入专款　　C. 事业支出　　D. 财政补助收入

3. 事业单位当年未分配的结余，应全额转入(　　)。

A. 事业基金——投资基金　　B. 专用基金——职工福利基金

B. 专用基金——医疗基金　　D. 事业基金——一般基金

4. 事业单位计算应交的营业税在什么账户列支？(　　)

A. 事业支出　　B. 管理费用　　C. 经营支出　　D. 销售税金

5. 借入款项核算的账户是(　　)。

A. 借入款项　　B. 应付账款

C. 银行借款　　D. 短期借款

二、多项选择题

1. 以下各项属于应缴预算款的项目有(　　)。

A. 代收入的行政性收费　　B. 无主财产变价收入

C. 代收纳入预算管理的基金　　D. 罚没收入

2. 事业单位的其他应付款包括(　　)。

A. 应付城建税　　B. 应付统筹退休金

C. 存入保证金　　D. 应付租入设备的租金

3. 事业单位的事业基金中的一般基金，其来源主要包括(　　)。

A. 从拨入专款中形成的结余中转入　　B. 从当年未分配结余中转入

C. 从当年事业结余中提取　　D. 从当年事业收入中提取

4. 下列各项中，属于事业单位净资产的有(　　)。

A. 事业基金　　B. 专用基金　　C. 事业结余　　D. 预算结余

5. 下列业务中，能引起固定基金增加的有(　　)。

A. 借入固定资产　　B. 调入固定资产

C. 盘盈固定资产　　D. 购建固定资产

三、分析判断题

1. 事业单位的代收行政性收费和罚没收入是其事业收入的组成部分。　　(　　)

2. 应缴预算款和应缴财政专户款均应纳入国家预算资金管理。　　(　　)

3. 事业单位的净资产，在数量上等于事业单位的资产总额减去负债总额后的差额。　　(　　)

4. 事业单位固定资产修购基金按核定的比例提取，在经营支出中列支。　　(　　)

5. 固定资产对外投出时，固定基金同时减少。　　(　　)

四、项目实训

1. 资料：某事业单位发生下列经济业务。

(1) 向银行借入3个月的借款40 000元，用于对外有偿服务活动。

(2) 上述借款到期，归还其本金和借款利息 800 元。

(3) 向某公司购入 B 材料 60 000 元，材料验收入库，货款尚未支付。

(4) 用一张面值 30 000 元，应付票据抵付前欠应付账款。

(5) 支付银行承兑手续费 60 元。

(6) 某事业单位向 B 公司预收货款 60 000 元，存入银行。

(7) 按合同规定向某单位提供劳务，应收费 5 800 元，以银行存款退还多收款项 100 元。

(8) 按规定计算应交的统筹退休金 2 000 元。

(9) 按合同收到某单位交来的包装物押金 1 000 元，存入银行。

(10) 以银行存款上交统筹退休金 2 000 元。

(11) 按规定收取行政性收费收入 800 元，存入银行。

(12) 收取纳入预算管理的基金收入 5 000 元，存入银行。

(13) 以银行存款上缴上述行政性收费收入和基金收入共计 6 000 元。

(14) 计算为开展业务活动应缴纳的营业税 2 400 元。

(15) 计算出开展经营活动应缴纳的所得税 6 800 元。

要求：根据上述经济业务编制会计分录，填制记账凭证，登记相关账簿。

2. 资料：某事业单位发生下列经济业务。

(1) 对外投资，投出货币资金 500 000 元；投出专利权一项，账面价值 85 000 元，协商作价 70 000 元；投出设备一台，账面价值 40 000 元，协商作价 50 000 元。

(2) 上级主管部门拨入事业基金 800 000 元，存入银行。

(3) 获捐赠材料一批，市场价格 4 000 元，增值税率 17%。

(4) 用专项拨款购置设备后，结余款为 85 000 元，经批准留归本企业使用。

(5) 当年未分配的结余 10 000 元，转入事业基金。

(6) 出售旧设备一台，原值 4 500 元，售价 2 100 元，款项存入银行。

要求：根据上述经济业务编制会计分录，填制记账凭证，登记相关账簿。

3. 资料：某事业单位发生下列经济业务。

(1) 经批准，报废旧设备一台，原值 60 000 元，支付清理费 200 元，变价收入 600 元。按规定，该设备的变价收入转入修购基金。

(2) 本年度实现事业收入 460 000 元，经营收入 32 000 元，按 3%提取修购基金。

(3) 本年度职工人数 180 人，其中从事生产经营活动人员 60 人，按人均 400 元的标准提取医疗基金。

(4) 以存款支付办公楼修建款 85 000 元，办公楼交付使用。

(5) 以存款支付职工医疗费 3850 元。

(6) 发生办公楼维修费 200 000 元，其中专项拨款支付 150 000 元，其余以修购基金支付。

要求：根据上述经济业务编制会计分录，填制记账凭证，登记相关账簿。

4. 资料：某事业单位年终转账前有关账户余额见表 13－2。

表 13-2 有关账户余额

	借方金额	贷方金额
财政补助收入		3 000
上级补助收入		740
事业收入		4 500
其他收入		300
附属单位缴款		200
事业支出	7 800	
对附属单位补助	120	
经营收入		1 100
经营支出	830	
销售税金	45	

(1) 结转“事业结余”、“经营结余”账户。
(2) 结转“结余分配”账户。
(3) 按25%计算应交所得税。
(4) 按20%计提职工福利费。
(5) 将未分配的结余转入“事业基金”账户。
要求：根据上述经济业务编制会计分录，填制记账凭证，登记相关账簿。

项目 14　事业单位收入和支出的核算

学习目标

(1) 了解事业单位收入和支出的含义和内容；

(2) 理解事业单位收入和支出的会计核算方法；

(3) 掌握事业单位收入和支出核算中原始凭证的编制和审核实操；

(4) 掌握事业单位收入和支出核算中记账凭证的编制和相关账簿的登记实操。

案例导读

小李是B事业单位的会计人员，某日收到财政国库支付执行机构委托代理银行转来的"财政直接支付入账通知书"，是财政部门经审核，采用财政直接支付方式为该事业单位向供电公司支付的200 000元电费；此外，还收到了财政零余额账户代理银行转来的"财政授权支付到账通知书"，授权支付额度为100 000元。

【讨论】　会计主管要小李据此业务做会计分录。

【解析】

财政直接支付下，财政部门直接将款项支付给收款单位，不支付给事业单位。预算单位应于收到财政国库支付执行机构委托代理银行转来的"财政直接支付入账通知书"时，按入账通知书中标明的金额直接借记有关支出，贷记"财政补助收入"科目。

借：事业支出　　200 000

　　贷：财政补助收入　　200 000

财政授权支付是指预算单位按照财政部的授权，自行向代理银行签发支付指令，代理银行根据支付指令，在财政部批准的预算单位的用款额度内，通过国库单一账户体系将资金支付到收款人账户。事业单位收到"授权支付到账通知书"后，借记"零余额账户用款额度"科目，贷记"财政补助收入"科目。

借：零余额账户用款额度　　100 000

　　贷：财政补助收入　　100 000

14.1 收入的核算

14.1.1 收入概述

1. 事业单位收入

事业单位收入是指事业单位为开展业务活动，依法取得的非偿还性资金。这一概念有以下几层含义。

(1) 事业单位的收入是开展业务及其他活动而取得的。

(2) 事业单位的收入是依法取得的。

(3) 事业单位收入是通过多种形式、多种渠道取得的。

(4) 事业单位的收入具有非偿还性。

2. 事业单位收入的内容

事业单位收入的主要内容如下。

(1) 财政补助收入：由财政部门或上级单位拨入的各类事业经费。

(2) 上级补助收入：主管和上级单位拨入的非财政补助资金。

(3) 拨入专款：财政部门、上级单位或其他拨入的、指定用途的，并需要单独报账的专项资金。

(4) 事业收入：事业单位开展专业业务活动及辅助活动所取得的收入，包括事业单位收到的从财政专户核拨的预算外资金(不含用于自筹基建部分)和部分经财政部门核准不上缴财政专户管理的预算外资金。

(5) 财政专户返还收入：事业单位收到的从财政专户核拨的预算外资金收入。

(6) 经营收入：事业单位在专业活动及辅助活动之外开展非独立核算经营活动取得的收入。

(7) 附属单位缴款收入：事业单位附属独立核算单位按照有关规定上缴的收入。

(8) 其他收入：事业单位取得的投资收益、利息收入、捐赠收入等。

(9) 基本建设拨款收入：国家投资于事业单位用于固定资产新建、改扩建工程的拨款。

特别提示

事业单位应根据业务性质确认收入的实现。财政补助收入、上级补助收入、拨入专款、从财政专户核拨的预算外资金，以及事业单位开展专业业务活动和辅助活动所取得的收入，在收到款项时予以确认；经营收入在提供劳务或发出商品同时收讫价款或取得价款凭证时予以确认。其他收入以单位实际收到的数额予以确认。当事业单位取得的收入为实物时，应根据有关凭证确认其价值；没有凭证的参照市场价格确定。事业单位收入的内容如图14.1所示。

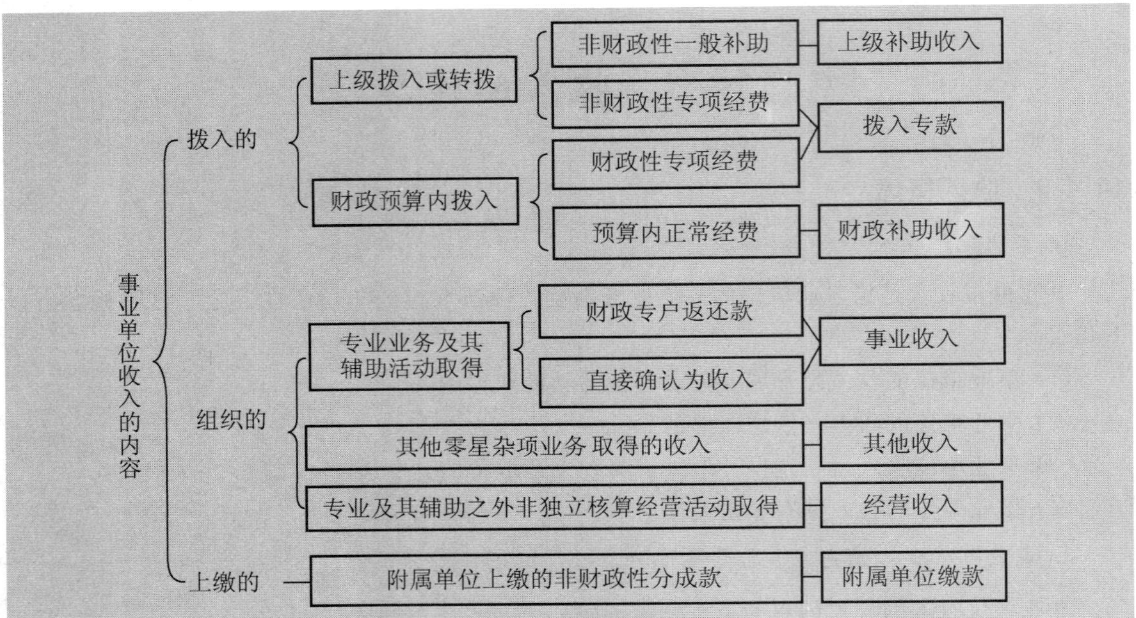

图 14.1 事业单位收入的内容

14.1.2 收入核算

1. 财政补助收入的核算

财政补助收入是指事业单位按核定的预算和经费领报关系从财政部门取得的各类事业经费。

“财政补助收入”科目核算事业单位按照核定的预算和经费领报关系收到的由财政部门或上级单位拨入的各类事业经费。年终结账时，将本科目贷方余额全数转入“事业结余”科目，借记本科目，贷记“事业结余”科目。年终结账后，本科目无余额。

事业单位应在“财政补助收入”科目下设置“基本支出”和“项目支出”二级明细科目，并在二级明细科目下按照《政府收支分类科目》中“支出功能分类科目”的“项”级科目设置明细账，进行明细核算。

财政补助支付方式有两种，分别为传统的实拨方式和国库集中支付方式。

(1) 对于没有实行国库集中收付制度的单位，采用传统的支付方式，财政实拨资金。

(2) 实行国库集中收付制度的单位，采用国库集中支付方式，此方式包括财政直接支付和财政授权支付。

财政的支付方式不同，财政补助收入的账务处理也不同。

1) 财政实拨资金

财政部门在审核后，将资金直接拨入事业单位的开户银行。

事业单位按收款通知书中所列的金额，借记“银行存款”等科目，贷记“财政补助收入”科目。

【例 14－1】 某事业单位尚未实行国库集中收付制度，收到财政部门拨入文化事业费 700 000 元。原始凭证见单据 14－1、单据 14－2。

借：银行存款　　700 000

　　贷：财政补助收入　　700 000

单据 14-1：预算拨款凭证

预算拨款凭证（收账通知）

拨款日期 2011 年 01 月 03 日　　　　第 1 号

付款人	全称	×××财政局	收款人	全称	×××事业单位
	账号或地址	201621557955		账号或地址	201621557789
	开户银行	工行广州分行		开户银行	工行广州分行
拨款金额	人民币（大写）柒拾万元整			金额（小写）¥700 000.00	
用途：基本支出				款：21　项：02	
会计分录	付款银行转账或付款日期： 记账员：李易　　出纳员：张一			上述款项已进账，如有错误，请持此联来行核对。 此致	

单据 14-2：进账单

中国工商银行进账单（收账通知）

交款日期　　　　2011 年 01 月 03 日

付款人	全称	×××财政局	收款人	全称					×××事业单位		
	账号或地址	201621557955		账号或地址					201621557789		
	开户银行	工行广州分行		开户银行					工行广州分行		
人民币（大写）	柒拾万元整			千	百	十	万	千	百	十	元	角	分
					¥	7	0	0	0	0	0	0	0
票据种类													
票据张数				款：21　项：02									
单位主管： 复核：	会计： 记账：												

2）财政直接支付

财政直接支付是指由财政部向中国人民银行和代理银行签发支付指令，代理银行根据支付指令通过国库单一账户体系将资金直接支付到收款人或用款单位账户。在财政直接支付下，财政部门直接将款项支付给收款单位，不支付给事业单位。预算单位应于收到财政国库支付执行机构委托代理银行转来的“财政直接支付入账通知书”时，按入账通知书中标明的金额确认收入。一般是大额的、重要的、经常性的支出，比如工资支出、工程采购支出、物品和服务采购支出等。

财政直接支付方式下，支付时直接借记有关支出，贷记“财政补助收入”科目。

（1）对于由财政直接支付的工资，事业单位借记“事业支出”科目，贷记“财政补助收入”科目。

（2）对于由财政直接支付的购买材料、服务的款项，事业单位借记“材料”等科目，贷记“财政补助收入”科目。

（3）对于由财政直接支付的购置固定资产的款项，事业单位借记“事业支出”科目，贷记“财政补助收入”科目；同时，借记“固定资产”科目，贷记“固定基金”科目。

【例 14-2】 某事业单位根据经过批准的部门预算和用款计划，向主管财政申请支付咨询费。财政部门经审核后，采用财政直接支付方式为其向广东咨询服务公司支付了115 000元。该事业单位收到了财政零余额账户代理银行转来的财政支付入账通知书。原始凭证见表14-1。

借：事业支出 115 000

贷：财政补助收入 115 000

表 14-1 财政直接支付入账通知书

基层预算单位：×××事业单位　　一级预算单位：×××财政局　　单位：元

预算科目				收款人全称	金额	备注
类	款	项	名称			
302	03		咨询费	广东咨询服务公司	115 000.00	
合计			115 000.00			

以上款项，已由财政国库支付局直接支付，请据以入账。

3）财政授权支付

财政授权支付是指预算单位按照财政部的授权，自行向代理银行签发支付指令，代理银行根据支付指令，在财政部批准的预算单位的用款额度内，通过国库单一账户体系将资金支付到收款人账户。财政授权支付程序适用于未纳入财政直接支付的财政性资金和零星支出。事业单位应于收到零余额账户代理银行盖章的“授权支付到账通知书”时，按到账通知书标明的额度确认收入。此种方式下通过“零余额账户用款额度”科目进行账务处理。

(1) 事业单位收到“授权支付到账通知书”后，借记“零余额账户用款额度”科目，贷记“财政补助收入”科目。

(2) 事业单位购买物品、服务等支用额度时，借记“经费支出”或“事业支出”、“材料”等科目，贷记“零余额账户用款额度”科目。

(3) 事业单位购入固定资产，借记“事业支出”科目，贷记“零余额账户用款额度”科目，同时，还应借记“固定资产”科目，贷记“固定基金”科目。

(4) 事业单位从零余额账户提取现金时，借记“现金”科目，贷记“零余额账户用款额度”科目。

【例 14-3】 某事业单位向主管财政申请财政授权支付用款额度。财政部门经审核后，采用财政授权支付方式下达了150 000元用款额度。该科研所收到了财政零余额账户代理银行转来的财政“授权支付到账通知书”。原始凭证见表14-2。

借：零余额账户用款额度 150 000

贷：财政补助收入 150 000

表 14－2　财政授权支付额度到账通知书

×××事业单位：

你单位 1 月份财政授权支付额度已经财政部核准，特予通知。

银行(签章)单位国际码：　　　　　　零余额账户账号：　　　　　　单位：元

预算科目			科目名称	项目	财政授权支付额度	备注
类	款	项				
302	13		维修(护)费		150 000	

2. 上级补助收入的核算

上级补助收入是指事业单位从上级单位、主管部门取得的非财政补助收入，是事业单位的上级单位、主管部门用财政补助收入之外的收入拨给所属单位的经费，如用自身组织的收入和集中下级单位的收入拨给事业单位的资金。

用于补助事业单位的日常业务，若是指定用于专项用途并须单独报账，则称为拨入的事业经费，只能作为财政补助收入，不能作为上级补助收入。在某些行业的会计制度中，上级补助收入与财政补助收入并称为业务补助。

“上级补助收入”科目核算事业单位收到上级单位拨入的非财政补助资金。事业单位收到上级补助收入时，借记“银行存款”科目，贷记本科目。年终，将本科目余额全数转入“事业结余”科目，本科目无余额。

【例 14－4】　某事业单位发生以下业务。

(1) 某事业单位收到上级主管部门拨入非财政补助收入 500 000 元。

借：银行存款　　500 000

　　贷：上级补助收入　　500 000

(2) 缴回多拨的上级补助款 30 000 元。

借：上级补助收入　　30 000

　　贷：银行存款　　30 000

(3) 年终，结转“上级补助收入”科目 100 000 元。

借：上级补助收入　　100 000

　　贷：事业结余　　100 000

3. 拨入专款的核算

事业单位的拨入专款是指事业单位收到财政部门、上级单位或其他单位拨入的有指定用途，并需要单独报账的专项资金。

“拨入专款”科目核算事业单位收到财政部门、上级单位或其他单位拨入的有指定用途，并需要单独报账的专项资金。收到拨款时，借记“银行存款”科目，贷记“拨入专款”科目；缴回拨款时，做相反的会计分录。年终结账时，对已完工的项目，将本科目与“拨出专款”、“专款支出”科目对冲，借记本科目，贷记“拨出专款”、“专款支出”科目。

【例 14－5】　某事业单位收到主管部门拨入专项科研课题经费 100 万元。年终，该项科研课题已经完成，并向主管部门报销了专款支出 90 万元，专项经费结余留归本单位，拨款凭证见单据 14－3。

(1) 收到拨入的专项资金时：

借：银行存款　　　　1 000 000

　　贷：拨入专款　　　　1 000 000

单据 14-3：预算拨款凭证

预算拨款凭证（收账通知）

拨款日期 2011 年 01 月 03 日　　　　第 1 号

付款人	全称	×××财政局	收款人	全称	×××事业单位
	账号或地址	201621557955		账号或地址	201621557789
	开户银行	工行广州分行		开户银行	工行广州分行
拨款金额	人民币（大写）：壹佰万元整		金额（小写）¥1 000 000.00		
用途：专项科研费			款：66　项：01		
会计分录	付款银行转账或付款日期： 记账员：李易　出纳员：张一		上述款项已进账，如有错误，请持此联来行核对。 此致 中国工商银行广州分行 高新分理处 11.01.03 (3)		

（2）支付开展科研课题研究的款项时：

借：专款支出　　　　900 000

　　贷：银行存款　　　　900 000

（3）完成科研课题并向主管部门报销专项经费支出时：

借：拨入专款　　　　900 000

　　贷：专款支出　　　　900 000

（4）专款结余留归本单位，转入“事业基金”时：

借：拨入专款　　　　100 000

　　贷：事业基金——一般基金　　　　100 000

4. 事业收入的核算

事业收入是指事业单位开展专业业务活动及辅助活动所取得的收入。按规定应上缴财政预算的资金和应缴财政专户的预算外资金，不记入事业收入；从财政专户核拨的预算外资金和部分经财政部门核准不上缴财政专户管理的预算外资金，记入事业收入。

事业单位应设置“事业收入”科目，核算事业收入的取得及结转情况。事业单位应根据事业收入种类或来源，设置明细账。事业收入一般应在实际收到款项时予以确认。

（1）事业单位取得的收入以及收到从财政专户核拨的预算外基金，借记“银行存款”科目，贷记“事业收入”科目。如果事业单位为增值税一般纳税人，在取得收入时，按实际收到的价款，借记“银行存款”科目，按实际收到的价款扣除增值税销项税额，贷记“事业收入”科目，按计算出的应交增值税的销项税额，贷记“应交税金——应交增值税(销项税额)”科目。

（2）事业单位收到从财政专户核拨的预算外资金，在实际收到款项时，借记“银行存款”科目，贷记“事业收入”科目。

（3）财政部门核准，预算外资金实行按比例上缴财政专户办法的单位取得的收入，事业单位借记“银行存款”科目，按核定的比例，贷记“事业收入”和“应缴财政专户款”科目。如果实行预算外资金结余上缴财政专户的办法，平时取得收入时，先全额通过“事业收入”科目核算，定期结算出应缴财政专户资金结余时，再将上缴财政专户部分扣除，借记“事业收入”科目，贷记“应缴财政专户款”科目。

（4）期末，将“事业收入”科目余额转入“事业结余”科目。

【例 14-6】 某科研单位销售科研过程中形成的可供出售的产品一批，共 200 000 元，增值税额为 34 000 元，款已收到。

借：银行存款　　234 000

　　贷：事业收入　　200 000

　　应交税金——应交增值税(销)　　34 000

【例 14-7】 某学校收取学杂费收入 500 000 元。

借：银行存款　　500 000

　　贷：事业收入　　500 000

【例 14-8】 某事业单位开展专业业务活动取得收入 80 000 元，款项存入银行。

借：银行存款　　80 000

　　贷：事业收入　　80 000

5. 经营收入的核算

经营收入是指事业单位在专业业务活动及辅助活动之外开展非独立核算经营活动取得的收入。

"经营收入"属于收入类账户，贷方登记取得的经营收入，借方登记冲减的营业收入，该账户贷方余额反映经营收入累计数。年终结转时，将该账户贷方余额全数转入"经营结余"账户。结转后，该账户无余额。该账户应根据收入种类设置明细账。

(1) 经营收入实现时，属于一般纳税人的事业单位，按实际收到的价款扣除增值税销项税额，借记"银行存款"、"应收账款"等账户，贷记"经营收入"账户，按计算出的应交增值税的销项税额，贷记"应交税金——应交增值税(销项税额)"账户。

(2) 经营收入实现时，属于小规模纳税人的事业单位，按实际收到的价款，借记"银行存款"、"应收账款"等账户，贷记"经营收入"账户。

(3) 当发生销货退回，不论是否属于本年度销售的，都应冲减本期的经营收入。

一般纳税人的事业单位，按不含税价格，借记"经营收入"账户，按销售时计算出的应交增值税的销项税额，借记"应交税金——应交增值税(销项税额)"账户，贷记"银行存款"账户。

小规模纳税人的事业单位，借记"经营收入"账户，贷记"银行存款"账户；事业单位为取得经营收入而发生的折让和折扣，应当相应冲减经营收入。

【例 14-9】 某事业单位(一般纳税人)发生以下业务。

(1) 销售产品 3 000 件，每件售价 100 元(不含增值税)，单位成本 50 元，该单位已收到购货单位的转账支票，适用增值税率为 17%。

取得收入时：

借：银行存款　　351 000

　　贷：经营收入　　300 000

　　　　应交税金——应交增值税(销项税额)　　51 000

结转销售成本时：

借：经营支出　　140 000

　　贷：产成品　　140 000

(2) 该单位的招待所(非独立核算)交来食宿等费用收入共 500 000 元。

借：现金　　500 000

　　贷：经营收入　　500 000

（3）该单位的运输车队（非独立核算）对外提供运输劳务获得收入 60 000 元，已存入银行。

借：银行存款　60 000

　　贷：经营收入　60 000

（4）该单位的汽车修理厂（非独立核算，一般纳税单位）对外提供服务，获取不含增值税收入 200 000 元，增值税 34 000 元，款项已收存。

借：银行存款　234 000

　　贷：经营收入　200 000

　　应交税金——应交增值税（销项税额）　34 000

6. 附属单位缴款的核算

附属单位缴款是指事业单位附属独立核算单位按规定标准或比例上缴的收入，包括附属的事业单位上缴的收入和附属的企业上缴的利润等。

“附属单位缴款”属于收入类账户，贷方登记增加数，反映实际收到的款项，借方登记减少数，反映其转入“事业结余”账户数以及发生的缴款退回数，余额在贷方，表示附属单位缴款的累计数，年度终了，将“附属单位缴款”账户贷方余额全数转入“事业结余”账户，借记“附属单位缴款”账户，贷记“事业结余”账户。结转后该账户无余额。该账户应按缴款单位设置明细账。

事业单位在实际收到款项时，借记“银行存款”账户，贷记“附属单位缴款”账户；发生缴款退回时，做相反的会计分录。

【例 14－10】　某事业单位收到 A 附属单位上缴利润 50 万元。原始凭证见单据 14－4。

（1）收到 A 附属单位上缴款项时：

借：银行存款　500 000

　　贷：附属单位缴款　500 000

（2）年终，结转附属单位上缴时：

借：附属单位缴款　500 000

　　贷：事业结余　500 000

单据 14-4：进账单

中国工商银行进账单（收账通知）

交款日期　2011 年 12 月 03 日

付款人	全称	A 附属单位	收款人	全称	×××事业单位
	账号或地址	201621557458		账号或地址	201621557789
	开户银行	工行广州分行		开户银行	工行广州分行

人民币（大写）	伍拾万元整	千	百	十	万	千	百	十	元	角	分
			¥	5	0	0	0	0	0	0	0
票据种类	中国工商银行广州分行 高新分理处 11.12.03 (3)										
票据张数		款：21　项：02									
单位主管：　会计： 复核：　记账：											

7. 其他收入的核算

其他收入是指事业单位按上述规定范围以外的各项收入，包括投资收益、利息收入、未限定用途的捐赠收入、固定资产出租收入、零星杂项收入等。

“其他收入”属于收入类账户，贷方登记取得的其他收入数额，贷方余额，表示其他收入的累计余额。年末结账时，该账户余额全部转入“事业结余”账户，结转以后，该账户应无余额。该账户应按收入的种类设置明细账。其他收入以实际收到数额予以确认。

【例 14－11】 某事业单位收到新蕾学校交来承租本单位办公用房租金 10 000 元，款项已存入银行。原始凭证见单据 14－5。

(1) 收到外单位交来办公用房租金时：

借：银行存款　　10 000

　　贷：其他收入——固定资产出租　　10 000

(2) 年终，结转其他收入时：

借：其他收入　　10 000

　　贷：事业结余　　10 000

单据 14-5：进账单

中国工商银行进账单（收账通知）

交款日期　　2011 年 01 月 03 日

<table>
<tr><td rowspan="3">付款人</td><td>全称</td><td>新蕾学校</td><td rowspan="3">收款人</td><td colspan="3">全称</td><td colspan="7">×××事业单位</td></tr>
<tr><td>账号或地址</td><td>201621557135</td><td colspan="3">账号或地址</td><td colspan="7">201621557789</td></tr>
<tr><td>开户银行</td><td>工行广州分行</td><td colspan="3">开户银行</td><td colspan="7">工行广州分行</td></tr>
<tr><td colspan="2" rowspan="2">人民币（大写）</td><td colspan="2" rowspan="2">壹万元整</td><td>千</td><td>百</td><td>十</td><td>万</td><td>千</td><td>百</td><td>十</td><td>元</td><td>角</td><td>分</td></tr>
<tr><td></td><td></td><td>¥</td><td>1</td><td>0</td><td>0</td><td>0</td><td>0</td><td>0</td><td>0</td></tr>
<tr><td colspan="2">票据种类</td><td colspan="2"></td><td colspan="10"></td></tr>
<tr><td colspan="2">票据张数</td><td colspan="2"></td><td colspan="10">款：21　　项：02</td></tr>
<tr><td colspan="2">单位主管：
复核：</td><td colspan="2">会计：
记账：</td><td colspan="10"></td></tr>
</table>

14.2 支出的核算

14.2.1 事业支出概述

事业单位支出是指事业单位开展业务活动和其他活动所发生的各项资金耗费和损失，以及用于基本建设项目的开支，主要包括以下内容，如图 14.2 所示。

特别提示

经营支出要与经营收入配比，直接用于经营活动消耗的材料、工资等费用，直接记入经营支出。由单位在事业单位支出中统一垫支的费用，应按规定比例分摊，在经营支出中列支，冲减事业支出。

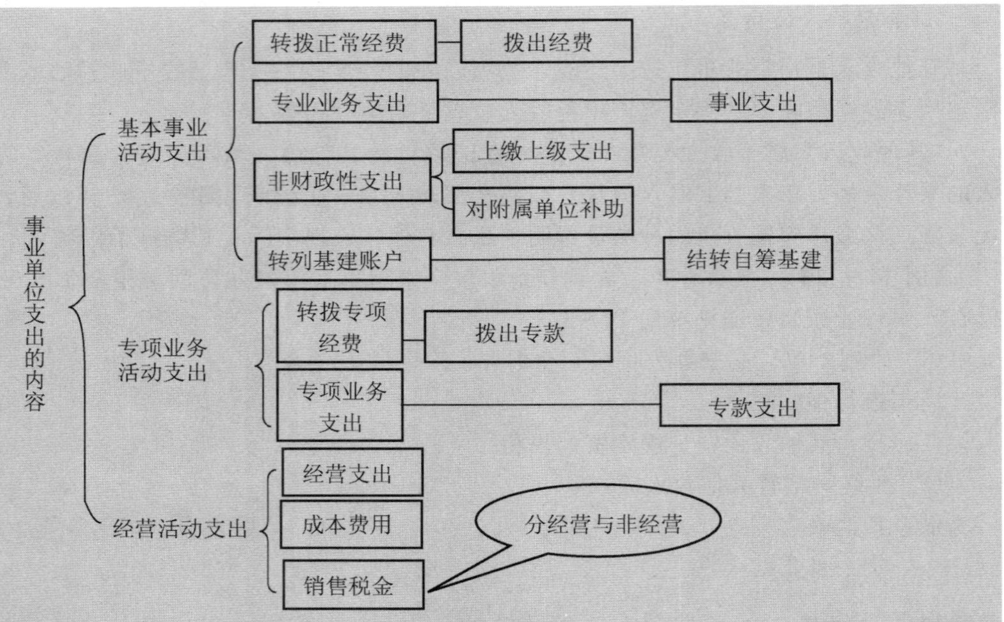

图 14.2　事业单位支出的内容

14.2.2　业务支出的核算

业务支出是指事业单位开展各项业务活动所发生的资金耗费和损失，包括事业支出、经营支出和销售税金等。

1. 事业支出的核算

1）事业支出的内容

事业支出是指事业单位开展各项专业业务活动及其辅助活动发生的支出，包括基本支出和项目支出。

根据我国《政府收支分类科目》中的“支出经济分类”，事业单位的事业支出分为 12 “类”，共 96 “款”。“支出经济分类”与“支出功能分类”，从不同侧面以不同方式反映事业单位支出活动情况。

2）事业支出的列报口径

事业支出的列报口径是指由国家统一规定的各事业单位列报各支出数字的准则，即具体规定哪些支出按什么数字列报和核销。事业支出必须按国家规定的标准开支，事业支出的报销口径如下。

（1）对于发给个人的工资、津贴、补贴和抚恤救济费等，应根据实有人数和实发金额，取得本人签收的凭证后列报支出。

（2）购入办公用品可直接列报支出。购入其他各种材料，可在领用时列报支出。

（3）社会保障费、职工福利费和管理部门支付的工会经费，按照规定标准和实有人数每月计算提取，直接列报支出。

（4）固定资产修购基金按核定的比例提取，直接列报支出。

（5）购入固定资产，经验收后列报支出。

（6）其他各项费用为了加强支出管理，有条件的单位，特别是主要从事应用开发研究和科技服务的科学事业单位，可根据专业业务及辅助活动、生产经营活动以及经济管理的实际需要，实行内部成本管理办法。

3）事业支出的核算

“事业支出”账户属于支出类账户，借方登记实际发生的支出数、实行内部成本核算的事业单位结转已销业务成果或产品的实际成本，贷方登记当年支出收回数。借方余额反映实际支出累计数或实行内部成本核算的事业单位已销业务成果及产品的实际成本数。

事业单位应在“事业支出”科目下设置“基本支出”和“项目支出”二级明细科目，并在二级科目下按照《政府收支分类科目》中“支出经济分类科目”的“款”级科目设置明细科目，进行明细核算。同时，事业单位还要设置“财政拨款支出备查簿”，逐笔登记每一项财政拨款支出的具体情况，并反映每个会计期末的财政拨款结余情况。

此外，事业单位也可以根据需要在“事业支出”科目下，按照“财政性资金支出”和“其他事业支出”分设账户，进行明细核算。“财政性资金支出”账户核算事业单位开展专业业务活动及辅助活动使用财政性资金发生的支出，“其他事业支出”账户核算事业单位使用财政性资金以外的资金发生的支出。

（1）事业单位发生事业支出时，借记“事业支出”账户，贷记“现金”、“银行存款”等账户。当年支出收回时作冲减事业支出处理。

（2）对于实行内部成本核算的事业单位，开展专业业务活动及其辅助活动发生的应记入劳务或产品成本的各项费用，先通过“成本费用”账户归集；完成劳务或产品完工时，从“成本费用”账户转入“产成品”账户；结转已销业务成果或产品成本时，按实际成本，借记“事业支出”账户，贷记“产成品”账户。

（3）年度终了，将“事业支出”账户借方余额全数转入“事业结余”账户，借记“事业结余”账户，贷记“事业支出”账户。结账后，本账户无余额。

【例 14－12】　某事业单位发生如下业务。

① 用现金购买价值600元的办公用品。原始凭证见单据14－6、单据14－7。

借：事业支出——基本支出——办公费　　600

　　贷：现金　　600

单据 14-6：发票

广东省商品销售统一发票

购货单位：×××事业单位　　发票联　　2011年1月3日

品名	规格	单位	数量	单价	金额						
					万	千	百	十	元	角	分
签字笔	黑色	箱	4	150			6	0	0	0	0
合计						¥	6	0	0	0	0
合计金额（大写）零万零仟陆佰零拾零元零角零分											

第二联　发票联

开票：刘云　　收款：李玉　　开票单位：

单据 14-7：现金支出凭单

现 金 支 出 凭 单

顺序 1 号

2011 年 01 月 3 日 第 号

付 给 文泰文具行 补购买办公用品差额 款 现金付讫	科目 方 账户
计人民币 (大写) 零拾 零万 零仟 陆佰 零拾 零元 零角 零分 收款人(盖章) 李玉 ¥ 600.00	

审批人： 主管会计： 记账员： 出纳员：张一

② 银行寄来供电局电费托收单，电费 6 000 元银行已支付。原始凭证见单据 14－8。

借：事业支出——基本支出——电费 6 000

贷：银行存款 6 000

单据 14-8：收款凭证

委托收款凭证（付款通知）

委托日期 2011 年 1 月 3 日

付款人	全称	×××事业单位	收款人	全称	广州市电力局
	账号	201621557789		账号	201625458755
	开户银行	工行广州分行		开户银行	工行广州分行

委收金额		千	百	十	万	千	百	十	元	角	分
	人民币（大写）陆仟元整				¥	6	0	0	0	0	0

款项内容	合同号	收款人联系电话	中国工商银行广州分行 高新分理处 11.01.03 (3)
电费	备注	广州市电力局 收款人签章	付款人开户银行签章

③ 财政授权支付某施工单位的办公楼维修费 5 000 元。原始凭证见单据 14－9、单据 14－10。

借：事业支出——项目支出——维修费 5 000

贷：零余额账户用款额度 5 000

④ 经批准购买客运汽车一辆，价款 40 000 元，增值税 6 800 元，支付车辆购买附加费 4 000元，款项已通过银行转账付清。

借：事业支出——基本支出——交通工具购置费 50 800

贷：银行存款 50 800

同时

借：固定资产——交通设备 50 800

贷：固定基金 50 800

单据 14-9：发票

广东省服务业专用发票

付款单位：×××事业单位　　　　发票联　　　　2011 年 1 月 3 日

服务项目	单位	数量	单价	金额						
				万	千	百	十	元	角	分
维修费					5	0	0	0	0	0
合计				¥	5	0	0	0	0	0
人民币金额合计（小写）¥5 000.00										
人民币金额合计（大写）零万伍仟零佰零拾零元零角零分										

第二联　发票联

收款单位：广州好运维修公司　　收款人：王娜　　开票人：李梅

单据 14-10：支付凭证

财政授权支付凭证（回单）2

2011 年 1 月 3 日

付款人	全称	×××事业单位	收款人	全称	广东好运维修公司
	账号或地址	201621557789		账号或地址	201678552479
	开户银行	工行广州分行		开户银行	工行广州分行
	单位国际码	YJGLJ135		单位国际码	YJGLJ478
支付金额	人民币（大写）伍仟元整			金额（小写）¥5 000.00	
用途	备用			类：　款：　项：	
（预算单位预留银行印鉴）				代理银行（签章）	

2. 经营支出

事业单位的经营支出是指事业单位在专业业务活动及其辅助活动之外开展非独立核算经营活动发生的支出。

特别提示

有经营活动的事业单位应正确划分事业支出和经营支出的界限。对于能分清的支出，要合理归集，对于不能分清的，应按一定标准进行分配，不得将应列入经营支出的项目列入事业支出，也不得将应列入事业支出的项目列入经营支出。

事业单位应设置“经营支出”科目，核算发生的各项经营支出业务。“经营支出”账户属于支出类账户，借方登记支出的增加数，贷方登记支出的收回数，借方余额反映当年经营支出的累计数。年度终了，将“经营支出”账户借方余额全数转入“经营结余”账户，借记“经营结余”账户，贷记“经营支出”账户。结账后，本账户无余额。

经营支出明细科目的设置与事业支出相同，设置“基本支出”和“项目支出”二级明细科目，并在二级科目下按照我国《政府收支分类科目》中的“支出经济分类”的“款”

级科目设置明细科目。经营业务种类较多的单位，应按经营业务的主要类别进行二级明细核算。

事业单位发生各项经营支出时，借记“经营支出”账户，贷记“银行存款”或有关账户。实行内部成本核算的事业单位，开展经营活动发生的应记入劳务或产品成本的各项费用，先通过“成本费用”账户归集；完成劳务或产品完工时，从“成本费用”账户转入“产成品”账户；结转已销经营性业务成果或产品成本时，按实际成本，借记“经营支出”账户，贷记“产成品”账户。

【例 14-13】 某事业单位非独立核算的附属单位(一般纳税人)发生如下经济业务。

(1) 生产产品一批实现销售，收入为 100 000 元，该产品的适用税率为 17%，该产品的成本 60 000 元。原始凭证见单据 14-11、单据 14-12、表 14-3。

取得收入时：

借：银行存款	117 000	
贷：经营收入		100 000
应交税金——应交增值税(销项税额)		17 000

结转成本时：

借：经营支出——基本支出——其他	60 000	
贷：产成品——甲产品		60 000

单据 14-11：发票

广东增值税专用发票

开票日期 2011 年 1 月 6 日

购货单位		密码区
名　　称：	广东宏大材料有限公司	
纳税人识别号：	450121168168168	
地址、电话：	天星市越秀区 0771-3838888	
开户行及账号：	中国工商银行天星分行越秀分理处 00381208010019	

货物或应税劳务名称	规格型号	单位	数量	单价	金额	税率	税额
甲产品		千克	1000	100.00	100 000.00	17%	17 000.00
合计					100 000.00		17 000.00
价税合计（大写）	壹万参仟肆佰零拾零元零角零分				（小写）¥	23 400.00	

销货单位		备注
名　　称：	×××事业单位	
纳税人识别号：	6201047221055784	
地址、电话：	广州市天河区　020-46258245	
开户行及账号：	工行城北区支行 250056200236789	

收款人：　　复核：　　开票人：李文　　销货单位：（章）

单据 14-12：进账单

中国工商银行进账单（收账通知）

交款日期 2011 年 01 月 03 日

付款人	全称	广东宏大材料有限公司	收款人	全称				×××事业单位					
	账号或地址	00381208010019		账号或地址				201621557789					
	开户银行	工商银行天星分行越秀分理处		开户银行				工行广州分行					
人民币（大写）		壹拾壹万柒仟元整	千	百	十	万	千	百	十	元	角	分	
				¥	1	1	7	0	0	0	0	0	
票据种类													
票据张数			款：21 项：02										
单位主管： 会计： 复核： 记账：			中国工商银行广州分行 高新分理处 11.01.03 (3)										

表 14-3 出库单

库别：产成品库　　2011 年 1 月 3 日

名称	单位	数量	单价	金额	备注
甲产品	千克	1 000	60	60 000	销售

主管：　会计：　记账：　保管员：李丽　经手人：张云

（2）银行寄来供水公司水费托收单，水费 25 000 元银行已支付。原始凭证见表 14－13。

借：经营支出——基本支出——水费　　25 000

　　贷：银行存款　　25 000

单据 14-13：收款凭证

委托收款凭证（付款通知）

委托日期 2011 年 1 月 3 日

付款人	全称	×××事业单位	收款人	全称				广州市供水公司					
	账号	201621557789		账号				201625458755					
	开户银行	工行广州分行		开户银行				工行广州分行					
委收金额	人民币（大写）贰万伍仟元整		千	百	十	万	千	百	十	元	角	分	
					¥	2	5	0	0	0	0	0	
款项内容		合同号	收款人联系电话										
电费	备注	广州市电力局 收款人签章						中国工商银行广州分行 高新分理处 11.01.03 (3) 付款人开户银行签章					

（3）支付职工培训费用 2 000 元。原始凭证见单据 14－14。

借：经营支出——基本支出——培训费　　2 000

　　贷：银行存款　　2 000

单据 14-14：发票

广东省服务业专用发票

付款单位：×××事业单位　　　　发票联　　　　2011 年 1 月 3 日

服务项目	单位	数量	单价	金额						
				万	千	百	十	元	角	分
培训费					2	0	0	0	0	0
合计				¥	2	0	0	0	0	0
人民币金额合计（小写）¥2 000.00										
人民币金额合计（大写）零万贰仟零佰零拾零元零角零分										

第二联　发票联

收款单位：广州新程培训公司　　收款人：王娜　　开票人：李梅

(4) 以银行存款支付某施工单位的厂房维修费 6 000 元。原始凭证见单据 14－15。

借：经营支出——基本支出——维修费　　6 000

　　贷：银行存款　　6 000

单据 14-15：发票

广东省服务业专用发票

付款单位：×××事业单位　　　　发票联　　　　2011 年 1 月 3 日

服务项目	单位	数量	单价	金额						
				万	千	百	十	元	角	分
培训费					6	0	0	0	0	0
合计				¥	6	0	0	0	0	0
人民币金额合计（小写）¥6 000.00										
人民币金额合计（大写）零万陆仟零佰零拾零元零角零分										

第二联　发票联

收款单位：广州好运维修公司　　收款人：王娜　　开票人：李梅

(5) 因生产所需，购入一套专用设备，增值税发票金额为 58 500 元；不含税价款 50 000 元，增值税 8 500 款已付。

借：经营支出——基本支出——专用设备购置　　58 500

　　贷：银行存款　　58 500

借：固定资产　　58 500

　　贷：固定基金　　58 500

(6) 发放从事经营活动人员工资 50 000 元，其中：基本工资 30 000 元，津贴 20 000 元。

借：经营支出——基本支出——基本工资　　30 000

　　　　　　　　　　　——津贴补贴　　20 000

　　贷：银行存款　　60 000

4. 销售税金的核算

事业单位的销售税金是指事业单位提供劳务或销售产品应负担的税金及附加，包括营业税、城市维护建设税、资源税和教育费附加等。

“销售税金”账户属于支出类账户，借方登记应负担的各种销售税金及附加，贷方登记减少数。本账户应按产(商)品类别或品种设置明细账。

该账户平时借方余额反映事业单位应缴销售税金累计数。年度终了，将“销售税金”账户余额转入“经营结余”账户(开展经营活动应负担的销售税金)或“事业结余”账户(开展专业业务及辅助活动应当负担的销售税金)，借记“经营结余”或“事业结余”账户，贷记“销售税金”账户。年终结账后该科目应无余额。

月末，事业单位按照规定计算出应负担的销售税金及附加，借记本科目，贷记“应交税金”、“其他应付款”科目；交纳税金及附加时，借记“应交税金”、“其他应付款”科目，贷记“银行存款”科目。

【例 14-14】 某事业单位发生如下经济业务。

(1) 某事业单位对外开展有偿服务取得收入 15 000 元，按照规定，应对其全部收入按 5%的税率计算应交营业税 750 元。

取得收入时：

借：银行存款　　15 000
　　贷：营业收入　　15 000
借：销售税金　　750
　　贷：应交税金——应交营业税　　750

交纳销售税金时：

借：应交税金——应交营业税　　750
　　贷：银行存款　　750

(2) 本期交纳营业税 360 000 元，按规定比例 7%和 3%分别计算出城市维护建设税 25 200元、教育费附加 10 800 元。

实际交纳营业税时：

借：应交税金——应交营业税　　360 000
　　贷：银行存款　　360 000

计算应交城市维护建设税和教育费附加时：

借：销售税金　　36 000
　　贷：应交税金——应交城市维护建设税　　25 200
　　　　其他应付款——教育费附加　　10 800

实际交纳销售税金及附加时：

借：应交税金——应交城市维护建设税　　25 200
　　其他应付款——教育费附加　　10 800
　　贷：银行存款　　36 000

(3) 假定该单位“销售税金”账户年终余额为 700 000 元，其中经营活动发生的销售税金余额为 300 000 元。

借：事业结余　　400 000
　　经营结余　　300 000
　　贷：销售税金　　700 000

14.2.3 拨出款项的核算

1. 拨出经费的核算

事业单位的拨出经费是指事业单位按核定的预算拨付所属单位的预算资金。

“拨出经费”账户属于支出类账户，借方登记事业单位实际拨出的经费数，贷方登记事业单位收回拨出经费数，该账户的借方余额反映拨出经费累计数。年末结账时，将该账户的借方余额转入“事业结余”账户。结转后，该账户无余额。

该账户应按所属单位名称设置明细账。对附属单位拨付的非财政性补助资金或专项资金不通过本账户核算(在“对附属单位补助”科目核算)。

事业单位拨出经费时，借记本科目，贷记“银行存款”科目。收回拨出经费时，借记“银行存款”科目，贷记本科目。

年终，将本科目借方余额全数转入“事业结余”科目，借记“事业结余”科目，贷记本科目。结转后本科目无余额。

【例 14－15】 某事业单位拨给下级单位经费 300 000 元。年终，收回下级单位经费结余 3 000 元。

(1) 拨出经费时：

借：拨出经费　　300 000

　　贷：银行存款　　300 000

(2) 收回经费结余时：

借：银行存款　　3 000

　　贷：拨出经费　　3 000

(3) 年末结账时(若“拨出经费”账户的借方余额为 50 000 元)：

借：事业结余　　50 000

　　贷：拨出经费　　50 000

2. 拨出专款的核算

事业单位的拨出专款是指主管部门或上级单位拨给所属单位的需要单独报账的专项资金。

“拨出专款”账户属于支出类账户，借方登记实际拨出的专项资金数，贷方登记专项拨款的收回数和所属单位报销专款支出数，借方余额反映所属单位尚未报销的专项拨款数。

该账户应按所属单位名称或项目设置明细账。

所属单位报销专款支出时，应区别情况进行账务处理。

(1) 专项资金如系上级单位拨入的，则借记“拨入专款”科目，贷记“拨出专款”科目。

(2) 专项资金如属于本单位用自有资金设置对所属单位的专项拨款，按资金渠道借记有关科目，贷记“拨出专款”科目。

【例 14－16】 某事业单位发生以下业务。

① 向下属 A 单位转拨财政部门拨入的专项活动资金 200 000 元。

借：拨出专款　　200 000

　　贷：银行存款　　200 000

② 下属 A 单位专项活动支出 150 000 元，A 单位向事业单位报账。

借：拨入专款　　150 000

　　贷：拨出专款　　150 000

③ 下属 A 单位通过银行交回多余的专项活动经费 50 000 元。

借：银行存款　　50 000

　　贷：拨出专款　　50 000

④ 用自有资金向下属 B 单位拨付专项资金 100 000 元。

借：拨出专款　　100 000

　　贷：银行存款　　100 000

⑤ 下属 B 单位专项活动支出 80 000 元，B 单位向事业单位报账。

借：事业支出　　80 000

　　贷：拨出专款　　80 000

⑥ 下属 B 单位通过银行交回多余的专项资金 20 000 元。

借：银行存款　　20 000

　　贷：拨出专款　　20 000

14.2.4　其他支出的核算

其他支出主要包括专款支出、对附属单位补助和结转自筹基建。

1. 专款支出的核算

专款支出是由财政部门、上级单位和其他单位拨入的指定项目或用途并需要单独报账的专项资金的实际支出数。专款支出主要有科研课题经费、挖潜改造资金、科技三项费用等指定项目或用途的支出。

“专款支出”账户属于支出类账户，借方登记单位按指定的项目或用途实际开支的料、工等费月，贷方登记专项资金支出收回数，借方余额反映专项支出的累计数。该账户应按专款的项目设置明细账，进行明细核算。

事业单位按指定的项目或用途开支工、料费时，借记本科目，贷记“银行存款”，“材料”等科目；项目完工向有关部门单独列报时，借记“拨入专款”科目，贷记本科目。

【例 14－17】　某事业单位申请到科研项目经费 300 000 元。在项目开展过程中，用银行存款支付科研开支 250 000 元。项目已完成，有关支出已报账给上级单位，并缴回结余经费。

收到项目经费时：

借：银行存款　　300 000

　　贷：拨入专款　　300 000

发生科研开支时：

借：专款支出　　250 000

　　贷：银行存款　　250 000

结转项目经费时：

借：拨入专款　　250 000

　　贷：专款支出　　250 000

缴回专款结余时：

借：拨入专款　　50 000

　　贷：银行存款　　50 000

2. 对附属单位补助的核算

对附属单位补助是事业单位用非财政预算资金对附属单位补助发生的支出。

“对附属单位补助”账户属于支出类账户，借方发生额反映对附属单位拨款数，贷方发生额反映对附属单位拨款的收回以及年终结账转出数额，平时余额在借方，表示事业单位对其附属单位补助支出的累计数。该账户应按接受补助的附属单位设置明细账。

对附属单位补助时，借记本科目，贷记“银行存款”科目；补助收回时，做相反的会计分录。年终结账时，将本科目的借方余额全数转入“事业结余”科目，借记“事业结余”科目，贷记本科目。结转后本科目无余额。

【例 14-18】 某事业单位发生以下业务。

(1) 某事业单位用自有资金补助所属单位经费 20 000 元。

借：对附属单位补助　　20 000

　　贷：银行存款　　20 000

(2) 年末结账时，“对附属单位补助”账户借方余额 70 000 元，转入“事业结余”账户。

借：事业结余　　70 000

　　贷：对附属单位补助　　70 000

3. 上缴上级支出

上缴上级支出是附属于上级单位的、有经营活动的、独立核算的事业单位，按规定的标准或比例上缴上级的纯收入的支出。

“上缴上级支出”账户属于支出类账户，借方登记上缴上级支出的增加数，贷方登记减少数或转入“事业结余”账户的数额，余额在借方，反映上缴上级支出的累计数。年终结账后，该账户无余额。

上缴时，借记本科目，贷记“银行存款”等科目。年终将本科目借方余额全数转入“事业结余”科目，借记“事业结余”科目，贷记本科目。

【例 14-19】 某事业单位发生如下上缴上级支出业务。

(1) 按规定的定额上缴上级单位支出 60 000 元。

借：上缴上级支出　　60 000

　　贷：银行存款　　60 000

(2) 年终，假定“上缴上级支出”账户余额为 150 000 元，转入“事业结余”账户。

借：事业结余　　150 000

　　贷：上缴上级支出　　150 000

4. 结转自筹基建的核算

结转自筹基建是指事业单位经批准用财政补助收入以外的资金安排自筹基本建设，其所筹集并转存建设银行的资金。

“结转自筹基建”账户属于支出类账户，借方登记将自筹的基本建设资金转存建设银行的数额，贷方一般无发生额，借方余额反映平时单位自筹并转存建设银行资金的累计数。年终结账时，应将“结转自筹基建”账户余额数转入“事业结余”账户，借记“事业结余”账户，贷记“结转自筹基建”账户。结账后，本账户无余额。

【例 14-20】 某事业单位经有关部门批准，自筹资金建设一栋职工公寓。业务如下。

(1) 将自筹的基本建设资金 6 000 000 元，转存建设银行。

借：结转自筹基建　　6 000 000

　　贷：银行存款　　6 000 000

(2) 年终，按规定将“结转自筹基建”账户的余额 6 000 000 元，结转“事业结余”账户。

借：事业结余 6 000 000

　　贷：结转自筹基建 6 000 000

14.2.5 成本费用的核算

《事业单位会计制度》规定："事业单位可以根据开展业务活动及其他活动的实际需要，实行内部成本核算办法。"

特别提示

实行内部成本核算的事业单位，其成本项目的确定和计算分配成本的方法，应与事业支出账户相衔接。在成本核算制度设计方面，可单设成本账户，也可不单设成本账户。

1. 账户设置

从事产品生产的事业单位，应单设以下成本账户进行核算。

(1)"成本费用"科目核算实行内部成本核算的事业单位应列入劳务(产品、商品)成本的各项费用。直接材料、直接人工等能分清归属于哪种产品的直接费用，记入本科目借方。本科目应按经营类别或产品品种设置明细账。

对于成本核算业务较复杂的单位，可根据需要自行设置必要的成本核算科目。如科学事业单位可设置"科研成本"、"技术成本"、"试制成本"、"学术成本"、"科普成本"等科目。

(2)"间接费用"科目核算事业单位为生产产品(或提供劳务)而发生的各项非直接费用，主要包括车间管理人员的工资和福利费、车间固定资产折旧和修理费、办公费、水电费、运输费、机物料消耗等。期末，将"间接费用"按一定标准分配记入有关成本计算对象后，本科目无余额。

(3)"期间费用"科目核算事业单位管理费用、财务费用和销售费用的情况。

从事多项业务活动发生的支出，应正确予以归集，无法直接归集的，应按一定标准在事业支出和经营支出中予以合理分摊。

2. 账务处理

(1) 事业单位发生的各项直接费用，借记"成本费用"账户，贷记"材料"、"银行存款"等账户。

(2) 事业单位发生的各项间接费用，借记"间接费用"账户，贷记"材料"、"银行存款"、"累计折旧"等账户。再按一定标准，将间接费用分配记入当期有关成本计算对象，借记"成本费用"账户，贷记"间接费用"账户，分配完成后，账户无余额。

(3) 事业单位产品验收入库时，借记"产成品"账户，贷记"成本费用"账户。

【例 14-21】 某事业单位所属的非独立核算的工厂生产甲产品，发生如下业务。

① 生产部门为生产甲产品领用甲材料 500 000 元。

借：成本费用——直接费用(甲产品) 500 000

　　贷：材料——甲材料 500 000

② 发放本月生产工人基本工资 20 000 元，其中甲产品生产工人基本工资 15 000 元，车间管理人员基本工资 5 000 元。

借：成本费用 ——直接费用(基本工资)(甲产品)　　15 000
　　贷：银行存款　　15 000
借：间接费用——基本工资　　5 000
　　贷：银行存款　　5 000
③ 月末，结转间接费用时。
借：成本费用——甲产品　　5 000
　　贷：间接费用——基本工资　　5 000
④ 月末，本月投产的甲产品全部完工，结转其成本。
借：产成品——甲产品　　120 000
　　贷：成本费用——甲产品　　120 000

14.2.6 政府采购的核算

事业单位的政府采购核算与行政单位的类似，具体账务处理如下。

1. 政府采购资金全部为预算内资金和纳入财政专户管理的预算外资金

采购单位根据财政部门或主管部门开具的《入账通知书》、实物调拨单及采购发货票：
借：事业支出
　　贷：财政补助收入　　（预算内资金）
　　　　事业收入　　（预算外资金）
属于固定资产管理范围的，同时做账：
借：固定资产
　　贷：固定基金

2. 政府采购资金中含单位自筹资金及经批准留用的预算外资金

（1）全额拨付方式下。
① 将单位自筹资金及经批准留用的预算外资金划入政府采购资金专户：
借：其他应收款——政府采购款
　　贷：银行存款
② 采购单位根据财政部门或主管部门开具的《入账通知书》、实物调拨单及采购发货票：
借：事业支出
　　贷：其他应收款——政府采购款　　（采购单位上缴部分）
　　　　财政补助收入　　（预算内资金）
　　　　事业收入　　（预算外资金）
属于固定资产管理范围的，同时做账：
借：固定资产
　　贷：固定基金
③ 收到财政总预算会计退回的节约资金时：
借：银行存款
　　贷：其他应收款——政府采购款
（2）差额拨付方式下。
① 将单位自筹资金及经批准留用的预算外资金支付给中标供应商时：

借：事业支出

　　贷：银行存款

② 根据财政部门或主管部门开具的《入账通知书》、实物调拨单及采购发货票：

借：事业支出

　　贷：财政补助收入　　　（预算内资金）

　　　　事业收入　　　　　（预算外资金）

属于固定资产管理范围的，同时做账：

借：固定资产

　　贷：固定基金

【例 14-22】　某事业单位发生如下业务。

(1) 将预算外资金和单位自筹资金共 40 000 元划到政府采购资金账户。

借：其他应收款——政府采购资金　　40 000

　　贷：银行存款　　40 000

(2) 利用政府采购资金专户资金 36 000 元购买办公用品。

借：事业支出　　36 000

　　贷：其他应收款——政府采购资金　　36 000

(3) 收到政府划回的政府采购专户节约资金 4 000 元。

借：银行存款　　4 000

　　贷：其他应收款——政府采购资金　　4 000

项目小结

本项目着重阐述事业单位收入和支出的概念和内容；财政直接支付和财政授权支付下财政经费的核算；经费拨款方式下财政经费的核算；其他各类非财政资金收入的核算；对支出的确认和核算；在使用零余额账户用款额度构成支出的核算；使用银行存款、现金、库存材料形成支出的核算；计提专用基金形成支出的核算；成本费用的核算。

职业能力训练

一、单项选择题

1. 某学校收到财政部门拨入的事业经费 200 万元。该学校收到该笔款项时，应记入的科目为(　　)。

　A. 财政补助收入　　B. 上级补助收入

　C. 事业基金　　D. 事业收入

2. 财政部门通过主管部门或上级单位转拨的款项应作为(　　)。

　A. 事业收入　　B. 财政补助收入

　C. 上级补助收入　　D. 其他收入

3. “附属单位缴款”账户属于(　　)。

　A. 负债类账户　　B. 支出类账户　　C. 收入类账户　　D. 资产类账户

4. 事业单位实行财政国库集中支付管理制度后，其年终结余核算专设的账户是(　　)。

A. 预算资金结余　　B. 财政补助收入

C. 事业支出　　D. 财政应返还额度

5. 事业单位在财政授权支付方式下接到《授权支付到账通知书》时借记的账户是(　　)。

A. 库存材料　　B. 零余额账户用款额度

C. 事业支出　　D. 财政补助收入

二、多项选择题

1. 事业单位收入包括(　　)。

A. 财政补助　　B. 事业收入

C. 经营收入　　D. 上缴收入

2. 附属单位缴款包括(　　)。

A. 上缴收入　　B. 上缴利润

C. 上缴费用　　D. 上缴补助

3. 事业单位支出包括(　　)。

A. 事业支出　　B. 经营支出

C. 拨出经费　　D. 经费支出

4. 事业单位在财政直接支付方式下，支付的各项开支有可能借记的账户是(　　)。

A. 事业支出　　B. 材料

C. 固定基金　　D. 固定资产

5. 事业单位“借：零余额账户用款额度，贷：财政应返还额度”的账务处理反映的业务内容可能是(　　)。

A. 恢复注销的上年末零余额账户用款额度

B. 财政批复下达的上年末零余额账户用款额度

C. 财政当年下达的零余额账户用款额度

D. 上述三项均是

三、分析判断题

1. 事业单位的经营收入是专业业务活动及辅助活动以外开展的非独立核算的经营活动取得的收入。(　　)

2. 资金具有指定用途，需单独报销是拨入专款的基本特征。(　　)

3. 上级补助收入是指事业单位从主管部门和上级单位取得的非财政性的补助收入。(　　)

4. 事业单位的费用不论采用财政直接支付还是财政授权支付，其会计核算使用的账户是一样的。(　　)

5. 事业单位收到财政批复下达的上年末零余额账户用款额度和收到本年度《授权支付到账通知》下达的用款计划时，其账务处理是基本相同的。(　　)

四、项目实训

1. 资料：某事业单位发生以下经济业务。

(1) 某事业单位收到上级拨入本月经费 300 000 元，款项存入银行。

(2) 某事业单位收到上级拨入专款资金 20 000 元，款项存入银行。

(3) 某事业单位开展专业业务活动，取得非应纳税收入 40 000 元，款项存入银行。

(4) 某事业单位开展辅助业务活动取得应纳营业税收入 60 000 元，适用税率为 3%，款项存入银行。

(5) 某事业单位取得经营收入 31 800 元，(是小规模纳税人)含增值税 1 800 元。款项存入银行。

(6) 某事业单位收到附属单位 A 公司上缴利润 6 000 元。

要求：根据上述经济业务编制会计分录，填制记账凭证，登记相关账簿。

2. 资料：某事业单位发生以下经济业务。

(1) 以财政直接支付方式支付职工工资 60 000 元，购入各种材料 7 000 元入库管理，购置办公设备一台，价款 90 000 元。

(2) 接到《授权支付到账通知书》，本期用款计划 50 000 元，以授权支付方式支付办公费 45 000 元。

(3) 从零余额账户提取现金 1 500 元，支付日常办公费用 1 000 元。

要求：根据上述经济业务编制会计分录，填制记账凭证，登记相关账簿。

项目 15 事业单位会计报表

学习目标

(1) 理解事业单位年终清算与结账的内容和程序；
(2) 掌握事业单位资产负债表、收入支出表的编制方法；
(3) 掌握事业单位事业支出明细表、经营支出明细表的编制方法。

案例导读

小李是B事业单位的会计，年末，会计主管要求小李按照《事业单位会计制度》规定的有关程序做年终清算和结账。由于小李刚到该单位，对会计业务不够熟悉，他按程序做完转账工作后，不知如何进行账簿结账工作。小李对此非常烦恼。

【讨论】 分析小李应如何做好账簿结账工作。

【解析】

年终，事业单位按程序转账后，“财政补助收入”、“上级补助收入”、“事业收入”、“附属单位缴款”、“其他收入”、“拨出经费”、“上缴上级支出”、“对附属单位补助”、“结转自筹基建”、“事业支出”、“经营支出”、“销售税金”、“事业结余”、“经营结余”、“结余分配”等账户年终无余额。单位应按规定方法结束账簿记录。将转账后无余额的账户结出全年总累计数，然后在下面画双红线，表示本账户全部结清。

对资产类、负债类和净资产类等有余额账户，应按规定程序结转下年新账。对于收入类、支出类的“拨入专款”、“拨出专款”、“专款支出”、“成本费用”有余额的账户，在“全年累计数”下行的“摘要”栏内注明“结转下年”字样，再在下面画双红线，表示旧账结束。同时按规定程序将年终有余额账户的余额结转下年新账。

15.1 年终清算与结账

事业单位在年度结束前，应根据财政部门或主管部门的决算编审工作要求，对各项收支账目、往来款项、货币资金和财产物资进行全面的年终清理结算，在此基础上办理年度结账，编报决算。

15.1.1 年终清算

年终清理结算的主要事项如下。

1. 核对年度预算

清理、核对年度预算收支数字和各项缴拨款项、上交下拨款项数字。年终前，对财政部门、上级单位和所属各单位之间的全年预算数(包括追加追减和上、下划数字)以及应上交、拨补的款项等，都应按规定逐笔进行清理结算，保证上下级之间的年度预算数、领拨经费数和上交、下拨数一致。

特别提示

为了准确反映各项收支数额，凡属本年度的应拨应交款项，应当在12月31日前汇达对方。主管会计单位对所属各单位的拨款应截至12月25日，逾期一般不再下拨。

2. 清理、核对收支款项

凡属本年的各项收入都应及时入账。本年的各项应缴预算款和应缴财政专户的预算外资金收入，应在年终前全部上缴。

属于本年的各项支出，应按规定的支出用途如实列报。年度单位支出决算，一律以基层用款单位截至12月31日的本年实际支出数为准，不得将年终前预拨下年的预算拨款列入本年的支出，也不得以上级会计单位的拨款数代替基层会计单位的实际支出数。

3. 清理核对往来账

事业单位的往来款项，年终前应尽量清理完毕。按照有关规定应当转作各项收入或各项支出的往来款项要及时转入各有关账户，编入本年决算。

4. 清查各项财产物资

事业单位年终应及时同开户银行对账，银行存款账面余额应同银行对账单的余额核对相符。现金账面余额应同库存现金核对相符。有价证券账面数字，一般应同实存的有价证券核对相符。

特别提示

年终前，应对各项财产物资进行清理盘点。发生盘盈、盘亏的，应及时查明原因，按规定作出处理，调整账务，做到账实相符，账账相符。

15.1.2 年终结账

事业单位在年终清理结算的基础上进行年终结账。年终结账包括年终转账、结清旧账和记入新账。

1. 年终转账

账目核对无误后，首先计算出各账户借方或贷方的12月份合计数和全年累计数，结出12月末的余额。然后，编制结账前的“资产负债表”，试算平衡后，再将应对冲结转的各个收支账户的余额按年终冲转办法，填制12月31日的记账凭单办理结账冲转。事业单位年终转账的步骤如图15.1所示。

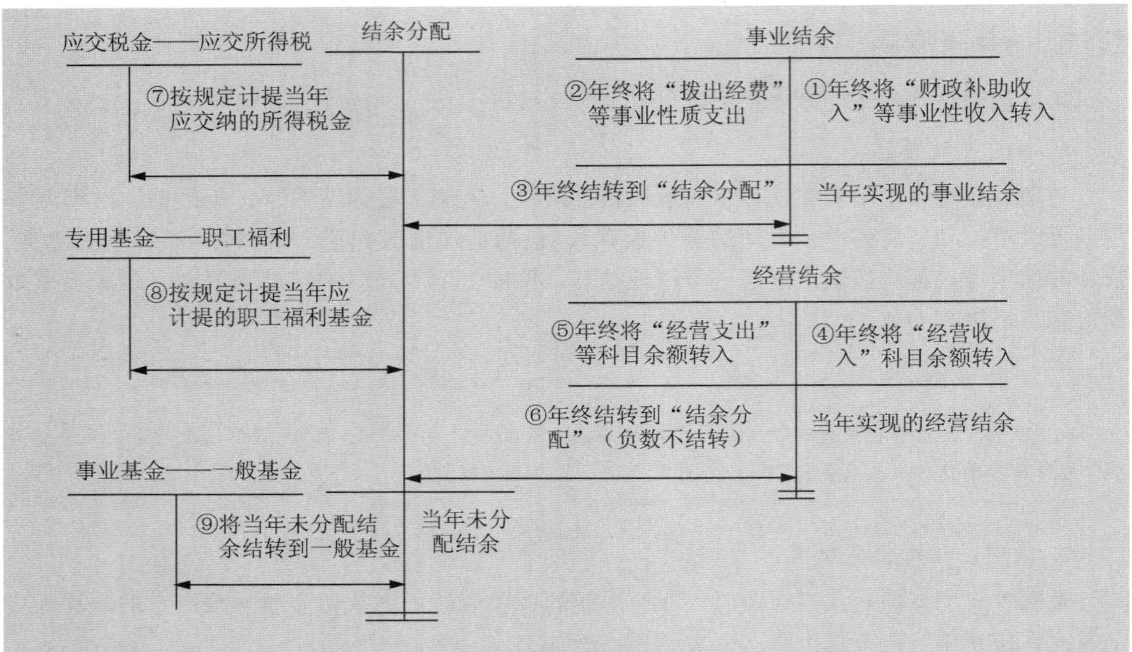

图 15.1　事业单位会计年终转账的步骤

(1) 将“财政补助收入”等收入科目余额转“事业结余”科目。

借：财政补助收入
　　上级补助收入
　　事业收入
　　附属单位缴款
　　其他收入
　　贷：事业结余

(2) 将“拨出经费”等支出科目余额转入“事业结余”科目。

借：事业结余
　　贷：拨出经费
　　　　事业支出
　　　　上缴上级支出
　　　　对附属单位的补助
　　　　结转自筹基建
　　　　销售税金(事业性销售税金)

(3) 将“事业结余”科目贷方余额全部转入“结余分配”科目的贷方。

借：事业结余
　　贷：结余分配

(4) 将“经营收入”科目结转到“经营结余”科目。

借：经营收入
　　贷：经营结余

(5) 将“经营支出”、“销售税金”科目结转到“经营结余”科目。

借：经营结余

　　贷：经营支出

　　　　销售税金(经营性销售税金)

(6) 将“经营结余”科目贷方余额全部转入“结余分配”科目的贷方。

借：经营结余

　　贷：结余分配

(7) 年终，按“经营结余”科目计算出应交所得税。

借：结余分配——计提所得税

　　贷：应交税金——应交所得税

(8) 年终，按税后的“经营结余”科目和“事业结余”科目的一定比例提取福利基金。

借：结余分配——计提专用基金

　　贷：专用基金——福利基金

(9) 年终，将未分配结余额转出。

借：结余分配——未分配结余

　　贷：事业基金——一般基金

2. 结清旧账

将转账后无余额的账户结出全年总累计数，然后在下面画双红线，表示本账户全部结清。对年终有余额的账户，在“全年累计数”下行的“摘要”栏内注明“结转下年”字样，再在下面画双红线，表示年终余额转入新账，旧账结束。

3. 记入新账

根据本年度各账户余额，编制年终决算的“资产负债表”和有关明细表。将表列各账户的年终余额数(不编制记账凭单)，直接记入新年度相应的各有关账户，并在“摘要”栏注明“上年结转”字样，以区别新年度发生数。事业单位的决算经财政部门或上级单位审批后，需调整决算数字时，应作相应调整。

15.2　会计报表的编制

15.2.1　会计报表概述

1. 会计报表的内容

事业单位会计报表是反映事业单位财务状况和收支情况的书面文件，是财政部门和上级单位了解情况、掌握政策、指导单位预算执行工作的重要资料，也是编制下年度单位财务收支计划的基础。事业单位会计报表主要包括资产负债表、收入支出表、附表及会计报表附注和收支情况说明书等。

相关链接

事业单位会计报表的作用

(1) 全面、系统、总括地反映事业单位一定时期的经济活动情况和财务状况。

(2) 可以了解事业单位资产、负债、收入、支出和结算构成，分析资金使用效果，提高事业单位社会效益和经济效益，促使提高管理水平。

（3）可以分析检查预算和事业计划的执行情况，为编制下期预算、计划提供必要的资料。

（4）可以了解事业单位遵守国家政策、财经纪律和财经制度的情况，是评价事业单位经济工作的重要依据。

（5）可以为主管部门、财政、银行、审计等部门更好地实行会计监督和为制订国民经济计划和进行综合平衡提供参考。

2. 会计报表的分类

事业单位的会计报表可按如下几个方面分类。

（1）按时间可划分为月报、季报和年报。月份会计报表应于月份终了后三日报出；季度报表应于季度终了后五日报出；年度会计报表应按财政部决算通知规定及主管部门要求的格式和期限报出。年报应抄报同级国有资产管理部门。

（2）按编报层次可划分为本级报表和汇总报表。本级报表是反映事业单位预算执行情况和资金活动情况的报表；汇总报表是各级部门对本单位和所属单位的报表进行汇总后编制的会计报表。

（3）按内容划分，一般包括资产负债表、收入支出表、附表及会计报表附注和收支情况说明书等。附表一般作为报表中某些科目的明细内容或未列入报表中的重要经济业务活动或基础材料；收支情况说明书是对报表中某些事项的补充及情况说明。

相关链接

事业单位会计报表体系

报表名称	编报期	主要内容	备注
资产负债表	月、年	单位在某一特定日期财务状况	
收入支出表	月、年	单位在一定期间的收支结余及其分配情况	
事业支出明细表	季、年	按“国家预算支出科目”列示单位在一定期间事业收支结余情况	属于收入支出表的附表
经营支出明细表	季、年	按“国家预算支出科目”列示单位在一定期间经营收支情况	属于收入支出表的附表
基建投资表	年	反映投入、借入的基本建设资金及其使用情况	有基建项目的事业单位
结余分配表	年	反映科学事业单位某一会计年度结余的构成及结余分配（弥补收支差额）情况	适用于科研事业单位
净资产变动情况表	年	反映科学事业单位在一定期间各项净资产增加、减少、结存情况	适用于科研事业单位

特别提示

事业单位会计报表要层层汇总，上级单位要在编制本级会计报表的基础上，根据本级会计报表和经审查过的所属单位会计报表，编制汇总会计报表，并将上下级之间的对应科目数字冲销后，逐级汇总上报。上报上级单位和同级财政部门的会计报表必须经会计主管人员和单位负责人审阅签章并加盖公章。国有事业单位应按本制度规定的格式、内容和期限，向财政部门或主管单位报送会计报表。中央各部门、各省、自治区、直辖市财政厅(局)可根据工作需要增设会计报表。事业单位内部管理需要的特殊会计报表，由单位自行规定。

15.2.2 资产负债表的编制

1. 资产负债表的含义和结构

事业单位资产负债表是反映事业单位在某一特定日期财务状况的报表。事业单位资产负债表分为左右两方，左方是资产部类，右方是净资产部类。

事业单位资产负债表分为月报(结账前)和年报(结账后)两种格式。

月末(结账前)资产负债表反映单位月末资产、负债、净资产、收入、支出的状况，按照“资产＋支出＝负债＋净资产＋收入”的平衡公式设置。本表资产部类总计应等于负债部类总计。

年末(结账后)资产负债表反映单位年末全部资产、负债和净资产的状况，按照“资产＝负债＋净资产”的平衡公式设置。本表的资产总计应等于负债及净资产总计。

年终时，首先应在年终转账前，根据各账户余额编制年终结账前的资产负债表，该表的支出类和收入类项目也应有数字反映，结账前的资产负债表可起试算平衡作用。试算平衡无误后，应按年终转账规定，将有关支出类和收入类账户余额分别转入有关结余账户，结账后再编制年终结账后的资产负债表，即年终决算报表，该表的支出类和收入类项目一般无数字反映。年终结账前和年终结账后资产负债表的格式见例 15－1。

2. 资产负债表的填列方法

事业单位的资产负债表主要采用直接填列法。

1) 本表“年初数”的填列

本表“年初数”栏内各项数字，应根据上年末资产负债表“期末数”栏内的数字填列。如果本年度资产负债表的各个项目名称和内容同上年度不相一致，应对“年初数”的数字按规定进行调整，填入本表“年初数”栏内。

2) 本表“期末数”的填列

资产负债表中的“期末数”应根据不同时间报出的资产负债表区别对待。

本表项目的“期末数”一般都是根据总账账户期末余额填列的。净资产项目中的“事业基金”下的“一般基金”和“投资基金”分别根据事业基金下的一般基金明细账和投资基金明细账的期末余额填列。

若是月报(结账前资产负债表)，则在本月账务结束后，表中的资产类、负债类、净资产类、收入类、支出类项目的“期末数”根据总账账户期末余额填列。

若是年报(结账后资产负债表)，资产类项目、负债类项目按截至年末总账账户的期末余额填列；然后进行年终结账工作，将本年的收入和支出进行结转，结账后大部分收入和支出账户期末余额都为零，这些收入类和支出类项目的“期末数”没有数额。

对于“拨入专款”、“拨出专款”和“专款支出”项目，如年终转账全部冲销、结余的拨入专款上缴或留归本单位使用，这 3 个账户在年终就没有余额，相应地，这 3 个项目在资产负债表中不需填列；如存在未完专项工程，年终不能转账冲销的，其年终专款支出账户余额及拨入专款的相应余额应予以填列。对于实行内部核算的事业单位，如期末存在未完工产品，“成本费用”账户有期末借方余额，需要填列本表中的“成本费用”项目。

【例 15－1】 某事业单位 12 月 31 日年终结账前资产负债表见表 15－1。

表 15－1 事业单位资产负债表(结账前)

编制单位：　　　　　　　　　2011 年 12 月 31 日　　　　　　　　　单位：元

科目编号	资产部类	年初数	期末数	科目编号	负债部类	年初数	期末数
	一、资产类				二、负债类		
101	现金		3 800	201	借入款项		24 000
102	银行存款		125 000	202	应付票据		
105	应收票据		20 000	203	应付账款		73 000
106	应收账款		155 650	204	预收账款		
108	预付账款			207	其他应付款		121 000
110	其他应付款		51 000	208	应缴预算款		
115	材料		174 000	209	应缴财政专户款		
116	产成品		145 000	210	应交税金		
117	对外投资		500 000	211	应付工资(离退休费)		
120	固定资产		4 800 000	212	应付地方(部门)津贴补贴		
124	无形资产		36 000	213	应付其他个人收入		
	资产合计		6 010 450	301	负债合计		218 000
					三、净资产类		
				302	事业基金		435 450
				303	其中：一般基金		335 450
				306	投资基金		100 000
				307	固定基金		4 800 000
					专用基金		210 000
					事业结余		
					经营结余		
	五、支出类				净资产合计		5 445 450
501	拨出经费		60 000				
502	拨出专款		10 000		四、收入类		
503	专款支出		15 000	401	财政补助收入		200 000
504	事业支出		80 000	403	上级补助收入		250 000
505	经营支出		12 000	404	拨入专款		25 000
509	成本费用			405	事业收入		8 000
512	销售税金		1 400	409	经营收入		16 000
516	上缴上级支出		8 000	412	附属单位缴款		8 400
517	对附属单位补助		32 000	413	其他收入		60 000
520	结转自筹基建		2 000				
	支出合计		220 400		收入合计		567 400
	资产部类总计		6 230 850		负债部类总计		6 230 850

单位负责人：　　　　　　　　　会计主管：　　　　　　　　　制表：

注：销售税金为经营性销售税金。专项拨款项目已完工。

结账后的事业单位资产负债表见表15-2。

表15-2 事业单位资产负债表(结账后)

编制单位：　　　　2011年12月31日　　　　单位：元

科目编号	资产部类	年初数	期末数	科目编号	负债部类	年初数	期末数
	一、资产类				二、负债类		
101	现金		3 800	201	借入款项		24 000
102	银行存款		125 000	202	应付票据		
105	应收票据		20 000	203	应付账款		73 000
106	应收账款		155 650	204	预收账款		
108	预付账款			207	其他应付款		121 000
110	其他应付款		51 000	208	应缴预算款		
115	材料		174 000	209	应缴财政专户款		
116	产成品		145 000	210	应交税金		650
117	对外投资		500 000	211	应付工资(离退休费)		
120	固定资产		4 800 000	212	应付地方(部门)津贴补贴		
124	无形资产		36 000	213	应付其他个人收入		
	资产合计		6 010 450	301	负债合计		218 650
					三、净资产类		
				302	事业基金		677 895
				303	其中：一般基金		577 895
				306	投资基金		100 000
				307	固定基金		4 800 000
					专用基金		313 905
					事业结余		
					经营结余		
					净资产合计		5 791 800
	五、支出类				四、收入类		
502	拨出专款			404	拨入专款		
509	成本费用						
	支出合计				收入合计		
	资产部类总计		6 010 450		负债部类总计		6 010 450

单位负责人：　　　　会计主管：　　　　制表：

注：期末 应交税金＝650　　专用基金＝210 000＋103 905＝313 905

事业基金(一般基金)＝335 450＋242 445＝577 895

(1) 结转事业性收入时。

借：财政补助收入　200 000
　　上级补助收入　250 000
　　事业收入　8 000
　　附属单位缴款　8 400
　　其他收入　60 000
　　贷：事业结余　526 400

(2) 结转事业性支出时。

借：事业结余　182 000
　　贷：拨出经费　60 000
　　　　事业支出　80 000
　　　　上缴上级支出　8 000
　　　　对附属单位补助　32 000
　　　　结转自筹基建　2 000

(3) 结转经营性收入时。

借：经营收入　16 000
　　贷：经营结余　16 000

(4) 结转经营性支出时。

借：经营结余　13 400
　　贷：经营支出　12 000
　　　　销售税金　1 400

(5) 结转完工项目的专项资金，冲销“专款支出”和“拨出专款”时。

借：拨入专款　25 000
　　贷：拨出专款　10 000
　　　　专款支出　15 000

(6) 结转净结余时。

事业结余：526 400－182 000＝344 400(元)

经营结余：16 000－13 400＝2 600(元)

借：事业结余　344 400
　　经营结余　2 600
　　贷：结余分配　347 000

(7) 对净结余进行分配时。

根据经营结余的25％计提所得税：2 600×25％＝650(元)

借：结余分配　650
　　贷：应交税金——应交所得税　650

根据结余的20％，计提福利基金：(347 000－650)×20％＝69 270(元)。

借：结余分配　69 270
　　贷：专用基金——职工福利基金　69 270

其余转事业基金：347 000－650－69 270＝ 277 080 (元)。

借：结余分配 277 080
　　贷：事业基金——一般基金 277 080

15.2.3 收入支出表的编制

1. 收入支出表的含义和结构

收入支出表是反映事业单位在一定期间的收支结余及其分配情况的会计报表。收入支出表由收入、支出、结余及其分配3部分组成。收入支出表分别为左右两方。左方反映收入及结余情况，右方反映支出及结余分配情况。收入支出表格式见表15-3。

2. 收入支出表的填列方法

本表“本月数”栏内各项数据，应根据有关总账账户及明细账户的本月发生额分析填列。本表“期末累计数”栏内各项数据，应根据有关总账账户及明细账户的累计发生额分析填列。

(1)“财政补助收入”、“上级补助收入”、“附属单位缴款”、“事业收入”、“经营收入”、“其他收入”项目的“期末累计数”应按以上科目发生额分析填列。“拨入专款”项目的“期末累计数”应按“拨入专款”科目从年初截至本期末的累计发生额分析填列。

(2)“拨出经费”、“拨出专款”、“专款支出”、“上缴上级支出”、“对附属单位补助”、“事业支出”、“经营支出”、“营业税金”、“结转自筹基建”项目的“期末累计数”应按以上科目发生额分析填列。“事业支出”中的“财政补助支出”和“预算外资金支出”可根据核定预算和实际使用情况，采用统计方法填列。

(3)“事业结余”项目中的“正常收支结余”应按本表中收入项目(扣除“拨入专款”和“经营收入”)与支出项目(扣除“拨出专款”、“专款支出”、“经营支出”及其税金)相抵后的余额数计算填列；“收回以前年度事业支出”应按本年使用以前年度事业支出的数额分析填列。

(4)“经营结余”项目的“期末累计数”应按“经营收入”科目与“经营支出”和“营业税金”(经营收入应负担的营业税金)相抵后的余额数计算填列。

(5)“结余分配”项目的“期末累计数”应按“结余分配”科目所属明细科目的期末余额分析填列。

表15-3 收入支出表

编表单位：　　　　年　月　日　　　　金额：元

收入			支出			结余		
项目	本月数	累计数	项目	本月数	累计数	项目	本月数	累计数
财政补助收入			拨出经费			事业结余		
上级补助收入			上缴上级支出			1. 正常收支结余		
附属单位缴款			对附属单位补助			2. 收回以前年度事业支出		
财政专户返还收入			事业支出					
事业收入			其中：基本支出					
			项目支出					

续表

收入			支出			结余		
项目	本月数	累计数	项目	本月数	累计数	项目	本月数	累计数
其他收入			销售税金（非经营业务） 结转自筹基建					
小计			小计					
经营收入			经营支出 销售税金(经营业务)			经营结余 以前年度经营亏损		
小计			小计					
拨入专款			拨出专款 专款支出			结余分配 1. 应交所得税 2. 提取专用基金 3. 转入事业基金		
小计			小计			4. 转入其他应付款		
总计			总计			5. 其他		

单位负责人：　　　　会计主管：　　　　复核：　　　　制表：

15.2.4 其他会计报表的编制

1. 事业支出明细表

支出明细表由事业支出明细表和经营支出明细表组成，是收入支出表的附表。事业支出明细表按主要业务性质及其支出用途，分别反映事业单位事业支出的构成情况。

本表以事业支出的大类项目为行，分为“基本支出”和“项目支出”；以《政府收支分类科目》的“支出经济分类科目”中的“类”和“款”级科目为列，即12“类”，96“款”。12“类”为工资福利支出、商品和服务支出、对个人和家庭的补贴、对企事业单位的补助、转移支出、赠与、债务利息支出、债务还本支出、基本建设支出、其他资本性支出、贷款转贷及产权参股、其他支出，“类”级下的96“款”。其格式见表15－4。

表15－4　事业支出明细表

编表单位：　　　　年　月　日　　　　单位：元

项目					工资福利支出							商品服务支出			
类别	科目编码		科目名称	合计	小计	基本工资	津贴补贴	奖金	社会保障缴费	伙食补助费	其他	小计	办公费	印刷费	…
	类	款	列次	1	2	3	4	5	6	7	8	9	10	11	12
基本支出															
项目支出															

单位负责人：　　　　会计主管：　　　　复核：　　　　制表：

事业支出明细表的编制说明如下。

(1) 本表各项数字一般应按事业支出明细账的有关数字分析填列。

(2) 本表合计数应与收入支出表中“事业支出”项目的数字一致。

(3) 科学事业单位在日常核算中没有按主要业务内容设账核算的，可不分项填列。

(4) 本表“事业支出”项下的财政补助支出和预算外资金支出，可根据核定预算和实际使用情况，采用统计方法填列。

(5)“预算外资金支出”中对于财政部门指定用途的，应按指定的用途填列；对于没有指定用途的，按本表所列项目分别列示。

2. 经营支出明细表

经营支出明细表按主要业务性质及其支出用途，反映事业单位经营支出的构成情况。

本表以《政府收支分类科目》的“支出经济分类科目”中的“类”和“款”级科目为列，即12“类”，96“款”。12“类”为工资福利支出、商品和服务支出、对个人和家庭的补贴、对企事业单位的补助、转移支出、赠与、债务利息支出、债务还本支出、基本建设支出、其他资本性支出、贷款转贷及产权参股、其他支出，“类”级下的96“款”。

经营支出明细表编制说明如下。

(1) 本表各栏数字，一般应按经营支出明细账的有关数字分析填列。

(2) 本表合计数应与收入支出表中的“经营支出”项目的数字一致。

项目小结

本项目着重阐述了事业单位资产负债表的内容和编制；收入支出表的内容和编制；事业支出明细表的内容和编制；经营支出明细表的内容和编制。

职业能力训练

一、单项选择题

1. 资产负债表月报的右方包括(　　)。

A. 负债、结余、收入　　B. 资产、支出、净资产

C. 负债、净资产、收入　　D. 资产、收入、结余

2. 对事业支出项目进行补充说明的报表是(　　)。

A. 收入支出表　　B. 事业支出明细表

C. 基建投资表　　D. 经营支出明细表

3. 属于事业单位主要会计报表之一的报表是(　　)。

A. 收入支出表　　B. 事业支出明细表

C. 基建投资表　　D. 经营支出明细表

4. 事业单位收入支出表中不包括(　　)。

A. 收入　　B. 支出　　C. 结余　　D. 收益

5. 经营支出明细表是(　　)的附表。

A. 收入支出总表　B. 事业支出明细表

C. 资产负债表　D. 支出明细表

二、多项选择题

1. 事业单位报表层次分类可分为(　　)。

A. 本级报表　B. 汇总报表

C. 基建报表　D. 主管报表

2. 会计报表的内容包括(　　)。

A. 表首部分　B. 表体部分　C. 表尾部分　D. 补充资料

3. 事业单位的会计报表按其经济内容分类，主要有(　　)。

A. 资产负债表　B. 收入支出汇总表

C. 附表　D. 支出明细表

4. 事业单位资产负债表分为(　　)和(　　)两种格式。

A. 月报　B. 年报　C. 结账前　D. 结账后

5. 年终结账包括(　　)。

A. 年终转账　B. 结清旧账

C. 记入新账　D. 结账

三、分析判断题

1. 事业单位资产负债表是反映事业单位在某一特定日期财务状况的报表。因此，在这一报表中不会反映事业单位的收入和支出项目。(　　)

2. 事业单位的资产负债表与企业单位的资产负债表相同，均根据“资产＝负债＋所有者权益(净资产)”这一平衡公式设置。(　　)

3. 事业单位收入支出表是反映事业单位特定日期财务状况的报表。(　　)

4. 事业单位资产负债表月报通常按照“资产＋支出＝负债＋净资产＋收入”的平衡公式设置。(　　)

5. 月份会计报表应于月份终了后三日报出；季度报表应于季度终了后五日报出；年度会计报表应按财政部决算通知规定及主管部门要求的格式和期限报出。(　　)

四、项目实训

资料：某事业单位资产负债表(结账前)见表15-5。

表15-5　事业单位资产负债表(结账前)

资产部类	年初数	期末数	负债部类	年初数	期末数
一、资产类			二、负债类		
现金		3 800	借入款项		24 000
银行存款		125 000	应付票据		
应收票据		20 000	应付账款		73 000
应收账款		2 668 650	预收账款		
预付账款			其他应付款		121 000

续表

资产部类	年初数	期末数	负债部类	年初数	期末数
其他应付款		51 000	应缴预算款		
材料		174 000	应缴财政专户款		
产成品		145 000	应交税金		
对外投资		500 000	负债合计		218 000
固定资产		4 800 000			
无形资产		36 000	三、净资产类		
资产合计		8 523 450	事业基金		435 450
			其中：一般基金		335 450
			投资基金		100 000
			固定基金		4 800 000
			专用基金		210 000
			事业结余		
			经营结余		
五、支出类			净资产合计		5 445 450
拨出经费		5 600 000			
拨出专款		1 000 000	四、收入类		
专款支出		1 500 000	财政补助收入		18 000 000
事业支出		8 000 000	上级补助收入		2 500 000
经营支出		1 200 000	拨入专款		2 500 000
成本费用			事业收入		800 000
销售税金		140 000	经营收入		1 600 000
上缴上级支出		800 000	附属单位缴款		840 000
对附属单位补助		3 200 000	其他收入		60 000
结转自筹基建		2 000 000			
支出合计		23 440 000	收入合计		26 300 000
资产部类总计		31 963 450	负债部类总计		31 963 450

要求：(1) 经营结余按25%计算所得税，税后结余按30%计提职工福利费。根据资料编制年终转账业务会计分录，填制记账凭证。

(2) 根据转账后的账户余额编制资产负债表。

附录　支出经济分类科目

科目编码		科目名称	说　明
类	款		
301		工资福利支出	反映单位开支的在职职工和编制外长期聘用人员的各类劳动报酬，以及为上述人员缴纳的各项社会保险费等
	01	基本工资	反映按规定发放的基本工资，包括公务员的职务工资、级别工资；机关工人的岗位(技术等级)工资；事业单位工作人员的岗位工资、薪级工资；各类学校毕业生试用期工资；军队(武警)军官、文职干部的职务(专业技术等级)工资、军衔(级别)工资、基础工资和军龄工资；军队士官的军衔等级工资、基础工资和军龄工资等
	02	津贴补贴	反映经国家批准建立的机关事业单位艰苦边远地区津贴、机关工作人员地区附加津贴、机关工作人员岗位津贴、事业单位工作人员特殊岗位津贴补贴
	03	奖金	反映机关工作人员年终一次性奖金
	04	社会保障缴费	反映单位为职工缴纳的基本养老、基本医疗、失业、工伤、生育等社会保险费，残疾人就业保障金，军队(含武警)为军人缴纳的伤亡、退役医疗等社会保险费
	05	伙食费	反映军队、武警义务兵、供给制学员伙食费和干部、士官出差补助等支出
	06	伙食补助费	反映单位发给职工的伙食补助费，如误餐补助等
	07	绩效工资	反映事业单位工作人员的绩效工资
	99	其他工资福利支出	反映上述项目未包括的人员支出，如各种加班工资、病假两个月以上期间的人员工资、编制外长期聘用人员、长期临时工工资，公务员及参照和依照公务员制度管理的单位工作人员转入企业工作并按规定参加企业职工基本养老保险后给予的一次性补贴等
302		商品和服务支出	反映单位购买商品和服务的支出(不包括用于购置固定资产的支出、战略性和应急储备支出，但军事方面的耐用消费品和设备的购置费、军事性建设费以及军事建筑物的购置费等在本科目中反映)
	01	办公费	反映单位购买按财务会计制度规定不符合固定资产确认标准的日常办公用品、书报杂志等支出

续表

科目编码		科目名称	说明
类	款		
	02	印刷费	反映单位的印刷费支出
	03	咨询费	反映单位咨询方面的支出
	04	手续费	反映单位支付的各类手续费支出
	05	水费	反映单位支付的水费、污水处理费等支出
	06	电费	反映单位的电费支出
	07	邮电费	反映单位开支的信函、包裹、货物等物品的邮寄费及电话费、电报费、传真费、网络通信费等
	08	取暖费	反映单位取暖用燃料费、热力费、炉具购置费、锅炉临时工的工资、节煤奖以及由单位支付的在职职工和离退休人员宿舍取暖费等
	09	物业管理费	反映单位开支的办公用房、职工及离退休人员宿舍等的物业管理费，包括综合治理、绿化、卫生等方面的支出
	10	交通费	反映单位车船等各类交通工具的租用费、燃料费、维修费、过桥过路费、保险费、安全奖励费等(军用油料费除外)
	11	差旅费	反映单位工作人员出差的住宿费、旅费、伙食补助费、杂费，干部及大中专学生调遣费，调干家属旅费补助等
	12	出国费	反映单位工作人员出国的住宿费、旅费、伙食补助费、杂费等支出
	13	维修(护)费	反映单位日常开支的固定资产(不包括车船等交通工具)修理和维护费用，网络信息系统运行与维护费用，以及按规定提取的修购基金
	14	租赁费	反映租赁办公用房、宿舍、专用通信网及其他设备等方面的费用
	15	会议费	反映会议中按规定开支的房租费、伙食补助费以及文件资料的印刷费、会议场地租用费等
	16	培训费	反映各类培训支出。按标准提取的“职工教育经费”也在本科目中反映
	17	招待费	反映单位按规定开支的各类接待(含外宾接待)费用
	18	专用材料费	反映单位购买日常专用材料的支出。具体包括药品及医疗耗材，农用材料，兽医用品，实验室用品，专用服装，消耗性体育用品，专用工具和仪器，艺术部门专用材料和用品，广播电视台发射台发射机的电力、材料等方面的支出

续表

科目编码		科目名称	说明
类	款		
	19	装备购置费	反映军队(含武警)购置装备的支出
	20	工程建设费	反映军队(含武警)工程建设方面的支出
	21	作战费	反映军队(含武警)作战、防卫方面的支出
	22	军用油料费	反映军队(含武警)军事装备的油料费支出，其他交通支出列入交通费
	23	军队其他运行维护费	反映军队(含武警)的其他运行维护费
	24	被装购置费	反映法院、检察院、政府各部门以及军队(含武警)的被装购置支出
	25	专用燃料费	反映用作业务工作设备的车、船设施等的油料支出
	26	劳务费	反映支付给单位和个人的劳务费用，如临时聘用人员、钟点工工资，稿费、翻译费、评审费等
	27	委托业务费	反映因委托外单位办理业务而支付的委托业务费
	28	工会经费	反映单位按规定提取的工会经费
	29	福利费	反映单位按规定提取的福利费
	99	其他商品和服务支出	反映上述科目未包括的日常公用支出，如行政赔偿费和诉讼费、会员费、来访费、广告宣传、其他劳务费及离休人员特需费、公用经费等
303		对个人和家庭的补助	反映政府用于对个人和家庭的补助支出
	01	离休费	反映行政事业单位和军队移交政府安置的离休人员的离休费、护理费和其他补贴
	02	退休费	反映行政事业单位和军队移交政府安置的退休人员的退休费和其他补贴
	03	退职(役)费	反映行政事业单位退职人员的生活补贴，一次性支付给职工或军官、军队无军籍退职职工、运动员的退职补助，一次性支付给军官、文职干部、士官、义务兵的退役费，按月支付给自主择业的军队转业干部的退役金
	04	抚恤金	反映按规定开支的烈士遗属、牺牲病故人员遗属的一次性和定期抚恤金，伤残人员的抚恤金，离退休人员等其他人员的各项抚恤金
	05	生活补助	反映按规定开支的优抚对象定期定量生活补助费，退役军人生活补助费，行政事业单位职工和遗属生活补助，因公负伤等住院治疗、住疗养院期间的伙食补助费，长期赡养人员补助费，由于国家实行退耕还林禁牧舍饲政策补偿给农牧民的现金、粮食支出，对农村党员、复员军人以及村干部的补助支出，看守人员和犯人的伙食费、药费等

续表

科目编码		科目名称	说明
类	款		
	06	救济费	反映按规定开支的城乡贫困人员、灾民、归侨、外侨及其他人员的生活救济费，包括城市居民的最低生活保障费，随同资源枯竭矿山破产但未参加养老保险统筹的矿山所属集体企业退休人员按最低生活保障标准发放的生活费，农村五保供养对象、贫困户、麻风病人的生活救济费，精简退职老弱残职工救济费，福利、救助机构发生的收养费以及救助支出等。实物形式的救济也在此科目反映
	07	医疗费	反映行政事业单位在职职工、离退休人员的医疗费，军队移交政府安置的离退休人员的医疗费，学生医疗费，优抚对象医疗补助，以及按国家规定资助农民参加新型农村合作医疗的支出和对城乡贫困家庭的医疗救助支出
	08	助学金	反映各类学校学生助学金、奖学金、学生贷款、出国留学(实习)人员生活费，青少年业余体校学员伙食补助费和生活费补贴，按照协议由我方负担或享受我方奖学金的来华留学生、进修生生活费等
	09	奖励金	反映政府各部门的奖励支出，如对个体私营经济的奖励、计划生育目标责任奖励、独生子女父母奖励等
	10	生产补贴	反映各种对个人发放的生产补贴支出，如国家对农民发放的农机具购置补贴、良种补贴、粮食补贴以及发放给残疾人的各种生产经营补贴等
	11	住房公积金	反映行政事业单位按人事部和财政部规定的基本工资和津贴以及规定比例为职工缴纳的住房公积金
	12	提租补贴	反映按房改政策规定的标准，行政事业单位向职工(含离退休人员)发放的租金补贴
	13	购房补贴	反映按房改政策规定，行政事业单位向符合条件职工(含离退休人员)、军队(含武警)向转役复员离退休人员发放的用于购买住房的补贴
	99	其他对个人和家庭的补助支出	反映未包括在上述科目的对个人和家庭的补助支出，如婴幼儿补贴、职工探亲旅费、退职人员及随行家属路费、符合条件的退役回乡义务兵一次性建房补助、符合安置条件的城镇退役士兵自谋职业的一次性经济补助费、对农户的生产经营补贴等
304		对企事业单位的补贴	反映政府对各类企业、事业单位及民间非营利组织的补贴

续表

科目编码		科目名称	说明
类	款		
	01	企业政策性补贴	反映对企业的政策性补贴
	02	事业单位补贴	反映对事业单位的补贴支出
	03	财政贴息	反映国家财政对国家重点支持的企业和项目给予的贷款利息补助
	04	国有资本经营预算费用性支出	反映用国有资本经营预算弥补国有企业改革成本等方面的费用性支出
	99	其他对企事业单位的补贴支出	反映除上述项目以外其他对企事业单位的补贴支出
305		转移性支出	反映政府的转移性支出
	01	不同级政府间转移性支出	反映不同级政府间的转移性支出
	02	同级政府间转移性支出	反映同级政府间的转移性支出
306		赠与	反映对国内、外政府、组织等提供的援助、捐赠以及交纳国际组织会费等方面的支出
	01	对国内的赠与	反映对国内组织、政府等提供的捐赠支出
	02	对国外的赠与	反映对国际组织、国外政府等提供的双边援助，交纳的会费以及有关捐赠方面的支出
307		债务利息支出	反映政府及各预算单位的债务利息支出
	01	国库券付息	反映当年用于偿还国内债务利息的支出
	02	向国家银行借款付息	反映向国家银行借款的付息支出
	03	其他国内借款付息	反映向其他国内借款的付息支出
	04	向国外政府借款付息	反映当年用于偿还国外政府借款的利息支出
	05	向国际组织借款付息	反映当年用于偿还向国际组织借款的利息支出
	06	其他国外借款付息	反映当年用于偿还其他国外借款的利息支出
308		债务还本支出	反映政府归还各类借款本金方面的支出。债务利息列入“债务利息支出”，不在此科目反映
	01	国内债务还本	反映政府归还各类国内借款本金方面的支出
	02	国外债务还本	反映政府归还各类国外借款本金方面的支出
309		基本建设支出	反映各级发展与改革部门集中安排的用于购置固定资产、战略性和应急性储备、土地和无形资产，以及购建基础设施、大型修缮所发生的支出
	01	房屋建筑物购建	反映用于购买、自行建造办公用房、仓库、职工生活用房、教学科研用房、学生宿舍、食堂等建筑物(含附属设施，如电梯、通信线路、水气管道等)的支出

续表

科目编码		科目名称	说　明
类	款		
	02	办公设备购置	反映用于购置并按财务会计制度规定纳入固定资产核算范围的办公家具和办公设备的支出
	03	专用设备购置	反映用于购置具有专门用途，并按财务会计制度规定纳入固定资产核算范围的各类专用设备的支出，如通信设备、发电设备、交通监控设备、卫星转发器、气象设备、进出口监管设备等
	04	交通工具购置	反映用于购置各类交通工具(如小汽车、摩托车等)的支出(含车辆购置税)
	05	基础设施建设	反映用于农田设施、道路、铁路、桥梁、水坝和机场、车站、码头等公共基础设施建设方面的支出
	06	大型修缮	反映按财务会计制度规定允许资本化的各类设备、建筑物、公共基础设施等大型修缮的支出
	07	信息网络购建	反映政府用于信息网络方面的支出。如计算机硬件、软件购置、开发、应用支出等，如果购建的计算机硬件、软件等不符合财务会计制度规定的固定资产确认标准的，不在此科目反映
	08	物资储备	反映政府、军队为应付战争、自然灾害或意料不到的突发事件而提前购置的具有特殊重要性的军事用品、石油、医药、粮食等战略性和应急性物质储备支出
	99	其他基本建设支出	反映著作权、商标权、专利权等无形资产购置支出，以及其他上述科目中未包括的资本性支出，如娱乐、文化和艺术原作的使用权、购买国内外影片播映权、购置图书等
310		其他资本性支出	反映非各级发展与改革部门集中安排的用于购置固定资产、战略性和应急性储备、土地和无形资产，以及购建基础设施、大型修缮和财政支持企业更新改造所发生的支出
	01	房屋建筑物购建	反映用于购买、自行建造办公用房、仓库、职工生活用房、教学科研用房、学生宿舍、食堂等建筑物(含附属设施，如电梯、通信线路、水气管道等)的支出
	02	办公设备购置	反映用于购置并按财务会计制度规定纳入固定资产核算范围的办公家具和办公设备的支出
	03	专用设备购置	反映用于购置具有专门用途，并按财务会计制度规定纳入固定资产核算范围的各类专用设备的支出，如通信设备、发电设备、交通监控设备、卫星转发器、气象设备、进出口监管设备等

续表

科目编码		科目名称	说明
类	款		
	04	交通工具购置	反映用于购置各类交通工具(如小汽车、摩托车等)的支出(含车辆购置税)
	05	基础设施建设	反映用于农田设施、道路、铁路、桥梁、水坝和机场、车站、码头等公共基础设施建设方面的支出
	06	大型修缮	反映按财务会计制度规定允许资本化的各类设备、建筑物、公共基础设施等大型修缮的支出
	07	信息网络购建	反映政府用于信息网络方面的支出。如计算机硬件、软件购置、开发、应用支出等，如果购建的计算机硬件、软件等不符合财务会计制度规定的固定资产确认标准的，不在此科目反映
	08	物资储备	反映政府、军队为应付战争、自然灾害或意料不到的突发事件而提前购置的具有特殊重要性的军事用品、石油、医药、粮食等战略性和应急性物质储备支出
	09	土地补偿	反映地方人民政府在征地和收购土地过程中支付的土地补偿费
	10	安置补助	反映地方人民政府在征地和收购土地过程中支付的安置补助费
	11	地上附着物和青苗补偿	反映地方人民政府在征地和收购土地过程中支付的地上附着物和青苗补偿
	12	拆迁补偿	反映地方人民政府在征地和收购土地过程中支付的拆迁补偿
	99	其他资本性支出	反映著作权、商标权、专利权等无形资产购置支出，以及其他上述科目中未包括的资本性支出。如娱乐、文化和艺术原作的使用权、购买国内外影片播映权、购置图书等
311		贷款转贷及产权参股	反映政府部门发放的贷款和向企业参股投资方面的支出
	01	国内贷款	反映政府部门向国内有关单位发放的贷款(如农业开发资金中有偿使用部分在此科目反映)
	02	国外贷款	反映政府部门向国际组织和国外政府提供的贷款(如援外支出中的有偿使用部分在此科目反映)
	03	国内转贷	中央与地方共用科目。反映政府部门向外国政府、国外金融机构或上级政府借款转贷给下级政府、相关部门和企业的款项

续表

科目编码		科目名称	说明
类	款		
	04	国外转贷	反映政府部门向外国政府、国内金融机构借款转贷给国外有关机构和企业的款项
	05	产权参股	反映政府购买国际组织股权和对企业投资参股的支出。由于政策性原因对其给予补贴，不在此科目反映
	06	国有资本经营预算资本性支出	反映用国有资本经营预算向新设企业注入国有资本、向现有企业补充国有资本和认购有限责任公司、股份有限公司股权(股份)等资本性支出
	99	其他贷款转贷及产权参股支出	反映除上述项目以外其他用于贷款转贷及产权参股方面的支出
312		其他支出	反映不能划分到上述经济科目的其他支出
	01	预备费	财政部门专用
	02	预留	有预算分配权的部门专用
	03	补充全国社会保障基金	反映由国有股减持收入和其他财政资金补充全国社会保障基金的支出
	04	未划分的项目支出	反映未按上述科目细分的项目支出
	05	国有资本经营预算其他支出	反映用国有资本经营预算收入安排的除资本性支出和费用性支出以外的支出
	99	其他支出	反映除上述项目以外的其他支出

参考文献

[1] 裴育等．预算会计[M]．北京：中国物资出版社，2011.

[2] 隋玉银．预算会计[M]．北京：清华大学出版社，2011.

[3] 中华人民共和国财政部．2011政府收支分类科目[M]．北京：中国财政经济出版社，2010.

[4] 胡静波等．行政事业单位会计[M]．北京：中国人民大学出版社，2010.

[5] 苏佳萍．预算会计[M]．上海：上海财经大学出版社，2010.

[6] 赵建勇．预算会计[M]．上海：上海财经大学出版社，2010.

[7] 张洪芬．新编预算会计[M]．北京：清华大学出版社，2009.

[8] 王小英．预算会计[M]．厦门：厦门大学出版社，2009.

[9] 刘学华．预算会计[M]．北京：立信会计出版社，2009.

[10] 贺蕊莉．新编预算会计[M]．北京：清华大学出版社，2009.

[11] 王宗江．预算会计[M]．北京：高等教育出版社，2008.

[12] 刘有宝．预算会计实务[M]．北京：高等教育出版社，2008.

[13] 刘为娟等．对预算会计制度改革的思考[J]．管理，2007（1）．

[14] 刘用铨．公共财政管理与政府会计的改进[J]．财会月刊，2007（2）．

[15] 李海波等．预算会计[M]．上海：立信会计出版社，2007.

北京大学出版社高职高专经管类规划教材书目

序号	书　名	主　编	定价	出版日期	序号	书　名	主　编	定价	出版日期
1	统计学基础	阮红伟	30	2009	52	进出口贸易实务	周学明　等	30	2008
2	统计学原理	廖江平　等	25	2009	53	商务英语学习情境教程	孙晓娟	27	2011
3	统计学原理与实务	姜长文　等	26	2009	54	金融英语	刘　娣	24	2009
4	经济法原理与实务	孙晓平　等	38	2009	55	财政基础与实务	才凤玲　等	34	2007
5	经济法实用教程	胡卫东　等	39	2009	56	财政与金融	谢利人　等	37	2008
6	财经法规	李　萍　等	35	2009	57	市场营销学	李世宗　等	28	2008
7	会计基本技能	高东升　等	26	2010	58	市场营销	钟立群	33	2010
8	基础会计	常　美	28	2010	59	管理学原理	季　辉　等	26	2008
9	基础会计教程	侯　颖	30	2009	60	管理学基础	李蔚田	34	2010
10	基础会计教程与实训	李　洁　等	28	2009	61	管理学原理与应用	秦　虹	27	2010
11	基础会计教程与实训(第2版)	李　洁　等	30	2011	62	企业管理	张　亚　等	34	2008
12	基础会计实训教程	王桂梅	20	2009	63	通用管理实务	叶　萍	39	2009
13	基础会计原理与实务	侯旭华　等	28	2009	64	现代公共关系原理与实务	张美清	25	2007
14	财务管理教程与实训	张　红　等	37	2008	65	现代企业管理	于翠华　等	38	2009
15	财务会计	张双兰　等	40	2011	66	现代企业管理	刘　磊	32	2011
16	财务会计(第2版)	李　哲　等	32	2010	67	商务礼仪	李　巍	33	2009
17	财务会计实用教程	丁增稳　等	36	2008	68	商务礼仪	金丽娟	29	2011
18	财务活动管理	石兰东	26	2011	69	现代商务礼仪	覃常员　等	24	2009
19	财务管理	翟其红	29	2011	70	商务沟通实务	郑兰先	31	2011
20	财务管理	林　琳　等	35	2011	71	人力资源管理	李蔚田	40	2008
21	Excel财务管理应用	陈立稳	33	2011	72	人力资源管理实务	赵国忻　等	30	2011
22	成本会计	李桂梅	28	2009	73	电子商务实务	胡华江	27	2009
23	成本会计	陈东领　等	25	2010	74	电子商务实用教程	卢忠敏　等	33	2011
24	成本会计	徐亚明　等	24	2011	75	电子商务英语	陈晓鸣　等	22	2010
25	成本费用核算	王　磊	27	2011	76	网络营销理论与实务	范军环　等	32	2010
26	成本会计实训教程	贺英莲	23	2008	77	商务谈判	范银萍　等	32	2009
27	成本会计实务	王书果　等	36	2011	78	市场调研案例教程	周宏敏	25	2008
28	审计学原理与实务	马西牛　等	32	2007	79	市场调查与预测	徐　林　等	27	2011
29	审计业务操作	涂申清	30	2011	80	市场营销理论与实训	路　娟	27	2011
30	审计业务操作全程实训教程	涂申清	26	2011	81	市场调查与预测	熊衍红	31	2011
31	税务会计实用教程	李克桥　等	37	2008	82	管理信息系统	刘　宇	30	2009
32	涉税业务核算	周常青	29	2011	83	商品学概论	方凤玲　等	20	2008
33	企业纳税实务	司宇佳	25	2011	84	广告原理与实务	郑小兰　等	32	2007
34	会计电算化实用教程	张耀武	28	2008	85	零售学	陈文汉	33	2009
35	会计电算化实用教程(第2版)	刘东辉	20	2008	86	消费心理学	臧良运	31	2009
36	会计英语	杨　洪	28	2009	87	营销策划技术	方志坚	26	2008
37	行业特殊业务核算	余　浩	20	2011	88	中小企业管理	吕宏程	35	2008
38	财经英语阅读	朱　琳	29	2010	89	连锁经营与管理	宋之苓	37	2010
39	资产评估	董亚红	40	2009	90	秘书理论与实务	赵志强	26	2008
40	国际结算	徐新伟	32	2009	91	现代物流管理	沈　默　等	37	2007
41	国际结算	黎国英	25	2009	92	消费心理与行为分析	王水清	30	2011
42	货币银行学	曹　艺　等	28	2009	93	会计基础实训	刘春才	29	2011
43	国际金融基础与实务	冷丽莲　等	33	2008	94	中小企业财务管理教程	周　兵	28	2012
44	国际贸易概论	黎国英　等	28	2009	95	现代推销技术	尤凤翔　等	32	2012
45	外贸单证	程文吉　等	28	2011	96	公共关系实务	李　东　等	32	2012
46	国际贸易理论与实务	程敏然　等	40	2008	97	国际贸易实务	刘　慧　等	25	2012
47	国际贸易实务	李湘滇　等	34	2011	98	企业纳税与筹划实务	郭武燕	38	2012
48	国际贸易实务操作	王言炉　等	38	2011	99	商务谈判	尤凤翔　等	26	2012
49	国际商务谈判	卞桂英　等	33	2008	100	实用统计基础与案例	黄彬红	35	2012
50	国际商务谈判(第2版)	刘金波　等	35	2011	101	预算会计	冯　萍	39	2012
51	国际商法实用教程	聂红梅　等	35	2010					